JN112418

教育の行政・政治・経営

（改訂版）教育の行政・政治・経営（'23）

装丁デザイン：牧野剛士
本文デザイン：畑中　猛

m-33

まえがき

この授業は４人の教育行政学を専門とする研究者が担当します。この授業を企画する際にまずその対象となる層を議論しました。一般に，教育行政学は教職課程が置かれる大学か，博士課程を設置している研究大学のいずれかの学生を対象にしています。前者の場合，教員採用試験に教育法規という分野が課されることや，「教育に関する社会的，制度的または経営的事項」という教職科目があることに関連して開講されます。後者の場合，歴史的に見ると教育長，指導主事，校長の免許状を授与する機能が期待されていたため，そのコアとなる科目として教育行政学が配当されていました。つまり，その出発時点において教育行政学は実務家のための実学でした。

ところで，今日の教育に関する社会での議論を見ると，教育行政学が対象としてきたもの，すなわち，教育に関する「しくみ」についての理解があまりにも希薄であることがわかります。法制度そのものやその運用実態についての理解を欠いているのを棚に上げて，文部科学省や教育委員会の責任とする論調が見受けられ，法制度を抜本的に改革すればよいといった言説も流布されます。

教育行政学を専攻する研究者として，このような状況を見るにつけ，社会のあらゆる人々が教育に関する「しくみ」について理解を深めていただく必要があると強く感じるようになりました。教育は誰もが経験しますから，参入障壁は低く，教育論議には誰もが参入します。しかし，自分が経験した事柄からしか議論できません。それを相対化するための考え方と情報を提供するのがこの授業の狙いです。

一番重視したのは社会科学的なものの見方を身につけていただくこと

です。よい／わるい，という軸で論議するのではなく，そうした価値判断をいったんおいて，「どうなっているのか」と「なぜそうなっているのか」という How と Why の問いを考えていただきたいと思います。

伝統的な教育行政学の教科書はあまりにも陳腐化してしまっています。社会の変化に追いつけていませんし，法制度の羅列にとどまっています。おそらく学生時代に教育行政学やその関連科目を受講した方は「なんてつまらない学問だろう」と思ったに違いありません。それも無理はないと思います。この授業では変化している教育に対応した内容を盛り込んでいます。そして事実の羅列ではなく，法制度がなぜ現行制度のような形となっているのか，それはどのようなメカニズムで作動するのかといった「動きのある」説明を心掛けました。

配列にも注意を払いました。この授業についての議論の中で配列に最も時間をかけました。まず，教育を社会科学的に見る意義を，教育のしくみ（制度）と関連させて説明しています（**第 1 章**）。その上で皆さんに身近な地方自治体と学校をまず説明します。特に教育行政を総合行政の中でとらえる視点（**第 3 章**），学校を教員の王国としてではなく多様な職種が集う職場としてとらえる視点（**第 7 章**）は類書にない特徴です。そして，皆さんにとってなじみの薄い，国の組織（**第 10 章**）や，国と地方の関係という視点（**第 11 章**）を盛り込みました。また，新しい領域である幼児教育・保育や高等教育・私学のしくみについて説明します（**第 12～14 章**）。最後に，教育改革の時代として現在をとらえ，教育に関する社会科学的視点を身につけ，教育のしくみについての「リテラシー」の重要性を説きます（**第 15 章**）。

本書には，法律などの固有名詞が多数出てきます。初出時にのみ正式名称を用い，そのあとは略称を用いる場合があります。巻末の索引を活用して，これらの固有名詞を手掛かりに内容の理解を深めてください。

私たち４人が教科書を作るのであればどういう分担ができるのか，そして望ましいのか議論を重ねました。教育の社会科学的研究という共通項を持ちつつ，行政，政治，経営というものの見方，切り口をそれぞれ持っていることにあらためて気づきました。「教育の行政・政治・経営」という授業題目はそれを端的に表しています。

この授業を通じて未来志向の教育論議ができる「リテラシー」を身につけていただきたいと願っています。それでは授業を始めたいと思います。

2023年2月　　青木栄一・川上泰彦・村上祐介・島田桂吾

目次

1　教育を社会科学的に見ることとは

青木栄一

《目標＆ポイント》　日本の教育論議を振り返ると，それぞれの議論が噛み合わないまま展開することが多い。教育はほぼすべての国民が経験しているため，経験則，体験談，先入観から脱却することが難しいからである。他方，エビデンスに基づいた政策が重視されるようになっているが，教育分野においてエビデンスの取り扱いは一筋縄ではいかない。エビデンスの一面的な珍重もまた個人の主観的な思い込みにすぎないが，それを敢えて政治的に有利に利用しようとすることもまたある。

社会科学は本来そのような思い込みをなるべく避けるために有用な学問分野である。社会科学とは教育のような社会的現象を適切に観察するための「レンズ」である。第1回の授業は教育の研究にこの「レンズ」を用いることはどのようなことであるか，またその意義について考える。

《キーワード》　エビデンス，リテラシー，教育改革，教育行政学，教育論議，社会科学

1．ものごとを社会科学的に見る必要性

東北大学では全学的に禁煙を行っている。キャンパス内に喫煙所が一つもない。医学的に見れば，きわめて正しい決定が組織としてなされ，構成員である教職員や学生にとって最適な解である(1)。ところが，キャンパスの内外では東北大学の構成員による喫煙が問題となっている。キャンパス内での喫煙を禁じられたために，かえって境界付近での喫煙者が現れてしまったのである。休日には学外者がキャンパスで資格試験を受験することもあり，キャンパスの境界線に沿って喫煙者が列を

なしていたこともある。合理的な決定のはずが，かえって以前よりも問題が生じてしまう典型例である（意図せざる結果）。しかし，喫煙者を非難することは困難である。構成員としての教職員や学生には一定の強制力があるが，罰則があるわけでもない。まして学外者にはあくまでお願いをするしかない。他方，禁煙の決定自体を批判することもまた困難である。

医学的に正しい組織的判断であっても，社会的に見れば必ずしも望ましい帰結となるわけではない。では，どうすればよいのか？全学禁煙を構成員に訴えかけるだけでは済まないとすれば，どのような対応が考えられるのか。どの程度コストをかければよいのか。この問いに答えようとするのが，人間の社会的行動メカニズムを解明する学問分野としての社会科学の考え方である。

東北大学のキャンパス全面禁煙クレームと回答の例1[(2)]

〈クレーム〉　青葉山キャンパス内で喫煙している人を度々見かけます。学生だけではなく事務員の方も歩道で喫煙しながら話していました。百歩譲って人通りのないところであれば他人への影響もないとは思いますが，受動喫煙や不始末による火災などの危険もあるのでやめてほしいです。

禁煙徹底の周知やキャンパス内喫煙への罰則を設けてほしいです。

〈回答〉　タバコの健康被害は喫煙者のみならず，受動喫煙の害についても医学的に明らかであるにもかかわらず，必ずしも正しい情報が普及しているとも限りません。環境・安全推進センター並びに保健管理センターでは「タバコによる健康被害」を広く伝えることに取り組んでいるところです。

平成23年10月1日より取り組んでいるキャンパス内全面禁煙は，大学構成員はもとより，本学への来学者や一般市民の皆さまにも禁煙の重要性をご理解いただいていますが，ご指摘をいただいた青葉山キャンパスだけでなく，他のキャンパスやその周辺でも喫煙が依然として見受けられます。

キャンパス内にポスターを掲示し，巡視の際の注意喚起，声掛けを行っているところですが，現在のところ罰則などは設けることが難しく，個人の健康意識や良識に訴えかけているという状況となっています。

クレームと回答の例 2(3)

〈クレーム〉 以前も出入口付近における喫煙について要望がありましたが，川内南キャンパス南東部，文系食堂そばのロータリー付近の出入口付近において，ほぼいつでも誰かが喫煙しています。ここは文系学部所属の学生も多く出入りするところであり，さらに付近には木が鬱蒼と生い茂っていて一度でもタバコの不始末があればすぐにぼやや火災に発展することが容易に想像できるところです。

以上に鑑み，この箇所について，職員等による見回りを強化し，喫煙を発見したときには，敷地内であれば直ちに止めさせ懲戒処分に付する，敷地外であっても東北大学の構成員であるときには構内全面禁煙の趣旨を汲んだ措置を講ずる等の厳格な対策が講じられることを要望します。

〈回答〉 この度ご意見を頂戴した通り，学内およびその周辺での喫煙が依然として見受けられる箇所もあり，巡視の際の注意喚起，声掛けを行っているところです。また，ご指摘の通り，無意識に捨てられたたばこの吸い殻による火災の発生も懸念されるところです。

喫煙者の中には，キャンパス周辺道路は，キャンパス外であるとの認識で喫煙をしていることが想定されますが，本学はキャンパス周辺も禁煙箇所としていること，周辺道路は公共の場所であることから，市民の皆さまから本学の禁煙推進について混乱がないよう，職員・学生へ啓発をして参ります。

（出典）東北大学ウェブサイトより筆者作成。一部，表記を改め省略した。

禁煙の例でわかるのは，**エビデンス**に基づいた対応策が人間の社会的行動を十分に考慮しておらず，結果として社会的に好ましくない帰結を招く場合があることである。それゆえ，社会科学のモノの見方が必要となる。単に全面禁煙という「制度」を設けても，構成員がそれに対して面従腹背してしまうことは往々にしてある。正しいエビデンスに基づく施策が不都合な帰結をもたらすことを考慮する想像力が必要であり，それには社会科学的**リテラシー**が必要である（国立教育政策研究所 2012)。

これに対して，教育の例からわかるのは，ある教育に関する問題が発生した際に原因の探索方法が誤っていたり，対応策が原因と対応しなかったりすることである。そこで注目されているキーワードがエビデンスであり，エビデンスに基づいた政策立案である。つまり，エビデンスと称されるものであっても，そもそもが怪しげである場合もある。このことに想像力を働かせなければエビデンスの悪用や誤用に対処できなくなる。

しかし，これもまた価値中立的な真空状態の中で得られた知見ではなく，むしろエビデンスを標榜してある種の政治的利益を得ようとする場合も観察される。もともと，教育政策ではなんらかの政策課題が提起されたり，発見されたりした場合に，その解として見出されるものが必ずしも課題の解決につながらないものであったり，政策論議の際に変質してしまったりすることがある。

たとえば，大津市の中学生の自死事案をうけて非難が集まったのは教育委員会の隠蔽体質であった。その解決策として提起されたのが教育委員会制度の改革であった。当該地方自治体内部の教育行政に関する内部統制に問題があった可能性についてはそれほど議論されず，教育委員会制度全体の問題として政策課題が設定されるに至り，制度改革へ向かった。

もう一例挙げてみよう。教員免許の更新制についてであるが，これは，当初言われた不適格教員の排除という政策目的に即した政策手段ではない。もし不適格教員の排除を行うのであれば，不適格教員の認定のしくみを設けた上で，当該教員の研修や教員以外の業務への配置転換等のしくみを同時に設けるはずである。仮に，批判する立場が指摘するように不適格教員の排除の意図が込められたしくみであるにせよ，その意図は相当程度薄められて制度化されたものであり，いわば政治からの圧力に行政が抗した結果と解釈することができる（海口 2010）。もちろん，教員免許更新制に費やされる教員，教育委員会，開講機関の多大なコストに見合った成果が得られているかどうかは別問題である。なお，文部科学省は，この制度を 2022 年度中の 6 月末に廃止し，2023 年度から新しい研修制度を始める予定である。

このように，教育に関する政策論議や制度改革を振り返ると，必ずしも合理的に展開するわけではないことが容易に理解できるだろう。このような政策論議の基盤においては，エビデンスを重視する政策論議が展開されることの意味を考える必要がある。ところで，2015 年末の経済財政諮問会議では，馳浩文部科学大臣が「エビデンスに基づく PDCA

サイクルの徹底について」を報告した（2015年12月7日）。翌2016年の年末には有識者議員が「エビデンスに基づく教育政策を確立し，教育の質向上を」を報告した（2016年12月7日）。年末にこのような攻め手と受け手に分かれて，それぞれがエビデンスを旗印にして政策論議が交わされるのは予算編成を意識してのことである。エビデンスを提示する時期に政治的配慮が絡むこと自体，エビデンスが中立的存在ではないことの証左である。端的にいえば，エビデンスの重要性が声高に叫ばれているケースでは何らかの政治的思惑があると考えたほうがよい（小野 2015）。ちなみに，政府全体でも「確かな根拠に基づく政策立案（Evidence Based Policy Making：EBPM）」が重視されている（例：EBPMのニーズに対応する経済統計の諸課題に関する研究会，内閣官房）。

2. エビデンス信仰―教育社会学から教育経済学へ

教育の政策論議に**エビデンス**（「証拠」「根拠」を意味する英単語〈evidence〉。政策決定でも重視されるようになっている）の導入を図ったのは教育社会学であった。それは三位一体の改革に呼応したものであった。その後，いったん沈静した後，教育経済学によって再び**教育改革**論議にエビデンスが登場した。そもそも，エビデンスという用語法ではなくても，数量的に加工された情報を基盤とした政策立案は志向されてきた（大槻 2011）。この場合の教育経済学が依拠するのは海外における経済学的研究である。人間行動や社会的メカニズムが一般化可能であるとすれば，文化や地域といった文脈は捨象可能となる。ここでの研究はまさにそうした一般化を前提としたものである。ここに重要な問題が潜んでいた。つまり，教育という領域はきわめて文化的，歴史的，制度的文脈が影響を与えるものであり，安易に一般化した議論ができないということである。他国に関する研究成果をもとに議論することについて，十分留意しなければならない。

医学であれば，ある治療法や薬剤の効果を検証することになるが，教育政策研究では医学と異なって留意すべき点が種々存在する。ある教育方法の効果を検証する場合，それを実施する教員の力量を考慮しなければならない。さらに，研究対象となる児童生徒の取り扱い方も慎重な配慮が必要である。たとえば，ある教育方法を実験的に行う場合，実験を適用する群とそうでない群を分けることでさえ，倫理的な配慮が必要である。そもそも，当該実験を行うこと自体許容されないかもしれない。

エビデンスに関して注目されるのがテストスコアである。あまり知られていないことであるが，全国学力・学習状況調査については，文部科学省自身は都道府県の「ランキング」を作成していない。個々の都道府県のスコアをもとにマスコミが作成しているのである。そして，上位と下位との差は年々縮小傾向となっている。そもそも，憂慮すべき差であるかどうかが議論されることもない。たとえば，2位と3位の差がどれだけ重要な差であるのか，統計学的にそれを議論しているのかははなはだ心許ない。それにもかかわらず，知事がランキングの上昇を目指し，市町村別，学校別の公表を企図するといった荒療治が行われることになる。すべての都道府県がランキングの上昇を目指せば全体の平均点はそれだけ上昇するから，相対的な位置は変わらないこともある。下位であったところが努力をすればそれなりに上昇するが，それは伸びしろがあっただけにすぎないともいえる。

地方議会では各県のテストスコアが関心を呼ぶ。たとえば山形県では少人数学級編制を全国に先駆けて本格的に実施したが，全国学力調査では下位に甘んじていると県内では見なされ，知事や県議会議員から厳しい批判が寄せられており，教育委員会が対応に追われている(4)。

> 現在，児童生徒の学力に限れば，教育県山形の名に恥じないものになっているでしょうか。毎年全国学力テストが行われておりますが，全国における本県の順位はどれくらいなのか，本県の児童生徒たちにしっかりとした学力が養われているのか，子を持つ親としても気になるところであります。
>
> そこでまず，本県の児童生徒たちの置かれた学力の状況についてどのように認識されているのか，教育長にお伺いいたします。
>
> 本県の児童生徒の学力は，残念ながら低迷しているとも聞いております。そこで，我々議会として，昨年度所属していた人材育成対策特別委員会で，全国でも児童生徒の学力トップクラスを維持しているお隣の秋田県総合教育センターを現地調査してきました。
>
> そこでは，かなり前の全国学力調査で秋田県は最下位クラスになり，そのことに相当の危機感を持ったことがきっかけになり，教育界全体が危機感を持ってさまざまな取り組みを展開し今に至り，全国から秋田県へ視察に来るほどになったという話でありました。
>
> 私は，危機感を持ち，本県児童生徒の学力を向上させなければならないと強く思うところであります。本県児童生徒の学力向上のための取り組みをどう行うのか，教育長にお尋ねいたします[(5)]。

3. エビデンスを生み出し，使いこなす組織はあるか？

エビデンス重視がいかに強調されようとも，エビデンスを算出できるデータが揃っていなかったり，肝心の行政機関に調査や分析能力のある職員や部門が配置されていなかったりすれば意味がない。実際，先述の内閣官房のEBPM研究会では文部科学省の保有する統計データの不備が経済学者から指摘された。

全省庁の中で，文部科学省本省の統計職員数はきわめて少ない（20人：**表1-1**）。第二次世界大戦後の文部省の機構についての研究によれば（渡部 2003），文部科学省の前身である文部省時代，ある時期においては，調査局が置かれていたことすらあった（1947年6月17日から1949年5月31日）。その時期は，調査課と統計課が局内に置かれていた（他に審議課）。その後，調査局は調査普及局（1949年6月1日～1952年7月31日）となり，再び調査局となった（1952年8月1日～1966年4月30日）。その後，大臣官房の調査課と統計課として調査機能は存続した（1966年5月1日～2001年1月5日[(6)]）。文部省と科学技術庁が統合され文部科学省となった2001年からは，調査機能が大臣官房ではなく生涯学習政策局の調査企画課，科学技術・学術政策局の調査調整課によって担われることになった。文部省の調査機能を引き継いだのは前者である。この調査企画課は2012年度まで存続したが，翌2013年度に調査統計企画室と「格下げ」になった。その後，2018年の機構改革では，新設された総合教育政策局に調査統計企画室を再昇格させた調査企画課が設置された。

地方自治体に目を向けても，かつて旧教育委員会法（1948～1956年）の規定では（44条1項），都道府県教育委員会の事務局には調査統計部局が必置とされていた（教育委員会法について，詳しくは第2章を参照）。宮澤の研究によれば，当時の教育委員会の調査統計部局では量と質両面で水準の高い調査統計機能が発揮されていたようである（宮澤 2016）。

表 1-1　国の統計職員数

省庁名	本省庁	地方支分部局	合計
内閣官房	2	0	2
内閣府	101	0	101
警察庁	12	0	12
総務省	583	0	583
法務省	8	0	8
財務省	31	59	90
(財務省)	31	54	85
(内閣府沖縄総合事務局)	0	5	5
文部科学省	21	0	21
厚生労働省	232	0	232
農林水産省	231	416	647
(農林水産省)	231	390	621
(内閣府沖縄総合事務局)	0	26	26
経済産業省	189	43	232
(経済産業省)	189	42	231
(内閣府沖縄総合事務局)	0	1	1
国土交通省	50	0	50
環境省	2	0	2
人事院	16	0	16
合計	1,478	518	1,996

(令和3年4月1日)

(注) 1　農林水産省の「地方支分部局」欄には，スタッフ制で業務を行っているため，統計職員数が明確に把握できない地方農政局等の支局を除き，地方農政局統計部，北海道農政事務所統計部及び沖縄総合事務局農林水産部の統計職員数を計上した。

2　財務省の「地方支分部局」欄には，内閣府沖縄総合事務局財務部の統計職員が含まれ，経済産業省の「地方支分部局」欄には内閣府沖縄総合事務局経済産業部の統計職員が含まれている。

(出典) 総務省ウェブサイト(7)より転載

教育委員会法第四十四条　都道府県委員会の事務局には，教育委員会規則の定めるところにより，必要な部課（土木建築に関する部課を除く）を置く。但し，教育の調査及び統計に関する部課並びに教育指導に関する部課は，これを置かなければならない。

2　地方委員会の事務局には，教育委員会規則の定めるところにより，必要な部課を置くことができる。

ところが，本章執筆時点では，都道府県教育委員会事務局には係レベルの組織が置かれているにとどまる。たとえば，宮城県教育委員会では総務課に行政統計班が置かれており，所掌事務の一つとして統計調査が挙げられている。埼玉県教育委員会では教育政策課に調査・統計担当が置かれている。そのような中で，エビデンスに基づく研究を地方自治体が進める動きも出てきた。たとえば，兵庫県尼崎市では2017年度に「尼崎市学びと育ち研究所」を設置し，外部研究者を招聘して研究活動を実施している。また，埼玉県では小学校4年生から中学校3年生までの児童生徒個人のデータを追跡可能な形（パネルデータ）で収集し，分析ツールも市町村，学校に配布している（三菱総合研究所 2018)。

4. 教育を社会科学的に見るとできること

社会科学的なものの見方を身につけると，これまで批判されてきた教育業界の悪い癖から脱却することができる。社会科学的素養がなければ，教育問題を善悪の二項対立としてとらえたり教育聖域論（特殊論）で片づけてしまい，思考停止状態となってしまう。たとえば，財務省はその位置づけ上，予算編成過程で文部科学省予算に対して効率化を求めるばかりか削減にまで踏み込んでくる。教育関係者はこのことをもって財務省悪者論を展開してしまう。もちろん，そのようなポーズをとることが政治的に意味があるのであればかまわないが，やはり無力である。他方，たとえ文部科学省が所管する教育という領域を重視するとしても，ただちに文部科学省を全面的に支援することが常に是認されることは検討を要する。文部科学省の予算が効率的に運用されていなければ，予算要求のあり方を再考しなければならない。このような考え方に立てるのが社会科学的なものの見方を身につけた人である。つまり，教育政策に関する主要な関係者の行動の背景が理解できるようになることがこの授業の目標となる。そのための学術的知見を提供するのが**教育行政学**である。

もう一つ例を挙げてみよう。教員・学校の働き方改革が大きな政策課題となっている。そこで批判されているのが学校，特に管理職が教員の勤務時間管理をしていないことである。一般的な教育論議では，管理職の心構えが不十分であるといった「精神論」で片づけられてしまう。しかし，社会科学的なものの見方の中で重要なものの一つは，「しくみ」に注目することである。管理職が勤務時間管理をしていないとすれば，そういう事態がなぜ生じるのかを振り返る必要がある。現在ではタイムレコーダーも安価に導入できるはずである。それに管理職が気づかないならば，研修でそういう視点を身につけさせればよい，ということになる。

教員の勤務時間に関する法律の一つに，いわゆる給特法（きゅうとくほう）と呼ばれる法律（公立の義務教育諸学校等の教育職員の給与等に関する特別措置法）がある。管理職の勤務時間管理の不十分さを批判する論調の多くがこの給特法の存在自体を問題視する。たしかに法律論でいえば，そのような側面は否定できない。しかし，給特法成立時の政策論議からは法律自体を批判するのがよいかどうかは留保が必要だとわかる。当時，給特法が制度化された後は，教育委員会や管理職が適切に勤務時間管理を行うように文部省（当時）が指導を徹底するという答弁がなされていた。つまり，ここで重視されているのは，法律の存在そのものではなく法律の運用についてである。この考え方を敷衍すれば，教員の勤務時間管理が疎かであることの原因を給特法の運用局面として認識しなければならないことに気づくだろう。このように，社会科学的なものの見方は多面的であるが，その要諦は自分の考えの組み立て方に常に疑問を持つことである。独善的な経験談，感情論，精神論で**教育論議**を展開しても得るものはなく，教育分野外の人たちからは批判されることになる。

5. 教育分野の特徴とは何か

教育分野の特徴を他分野と比較することで浮き彫りにしてみよう。教育分野は，一般に，ヒューマン・サービスと呼ばれる分野の一つである。福祉，医療などと同様に，対象にサービスを提供する主体が多数雇用される（ケースワーカー，介護福祉士，医師，看護師，教員）。つまり，人件費（教員給与）がきわめて巨額となる分野の一つであり，同時に，人的な面でのマネジメントが重要な課題となる（養成，採用，研修，異動）。

他方，サービスの提供の態様は日本の場合には「公設公営」が基本である。特に義務教育はその性格が強い。日本の他分野と比較すると，教育分野の特徴が鮮明となる。高齢者福祉（介護）は，社会福祉法人がサービス提供を担っているし，子育て行政（幼稚園，保育所）もまた公営よりも民営が多い。

サービス提供の場について見ると，ヒューマン・サービスでは一般的にその目的のための施設が設置される（学校，介護福祉施設，病院）。他方，ゴミ収集のように，サービス提供者がサービス対象者のもとを巡回する分野もある。介護ではデイケアのように一時的な施設でのサービス提供や，訪問介護のような巡回型も組み合わされている。このような中で，学校教育は原則として施設である学校に通学する。教育が重要な領域であることは間違いなさそうであるが，かといって他の分野より優先すべきと声高に叫ぶには躊躇や遠慮が必要である。他の領域と比較してそれぞれの違いや共通点を認識することこそ必要な態度である。

このように見ると，日本において学校教育に関する課題はそのサービス提供のあり方と密接に関わることがわかってくる。たとえば，公立学校の教員の給与を誰が負担するかという課題である。公務員としての教員の給与負担を仮に地方自治体が担うとすれば，財政力が異なるために，貧しい地方自治体は給与水準が低くなってしまったり，給料の遅配が起こったりするかもしれない。そこで義務教育費国庫負担金のように国からの財政援助が組み込まれているのである。このような現行制度を単に「すでにあるもの」としてとらえるのではなく，何らかの背景，要因があって，「現在のところ，均衡状態にあるもの」として制度をとらえることが求められる(8)。

6. 行政，政治，経営というものの「見方」

本授業は，教育分野の**社会科学**的ものの見方を身につけるために，伝統的に存在する三つの観点を重視する。行政，政治，経営である。これらのものの見方自体は，行政学，政治学，経営学では一般的，標準的である。しかし，教育学としては十分に咀嚼され活用されてこなかった。

行政は，法規や専門分化した行政分野についての知識を背景として，政策課題の解決のための選択肢を考えたり政策を実施したりするという機能であり，その主体である。行政を考える際に重要となるのは，専門性である。文部科学省や地方教育委員会の職員に求められる専門性は何かといった論点が含まれる。

行政の観点からは以下のようなことが見えてくる。教育委員会は学校を管理するものであり，そのこと自体が問題ではない。学校や教員が完全な裁量を保持，行使できるわけではない。考えるべきは，学校や教員という下部単位に自由度を与えるときに生じる，能力差をどう調整するかということである（標準化，平準化，均等化）。教員の広域人事はその典型であり，政策論議の例題としてふさわしい。

政治は，主として選挙によって選出された政治家が行う政策課題の発見や政策立案機能のことである。なお，関係団体が行政組織や政治家に働きかける機能もまた政治活動と見なされることがあるが，本授業で中心に扱うのは公選職である。政治を考える際に重要となるのは民主性である。公選職は民意を反映した存在であるが，白紙委任をされているわけでもない。首長が学校教育（行政）にどのように関与するかは民主性と専門性との関係の重要論点である。

政治の観点からは以下のようなことが見えてくる。政治家が教育に関与すること自体は，一概に否定されるべきではない。むしろ，教育関係者のみの意思決定が専門家による独善的運営となることもある。大分県の教員採用や管理職人事にまつわる不祥事はその典型である。発覚したのは 2008 年のことで，教育行政・学校関係者 8 人が収賄の罪で逮捕，起訴された。採用された 21 人が不正に合格したとされ自主退職や採用取り消しになった(9)。いじめによる自死をめぐる教育委員会の不適切な対応もまたそうであろう。教育関係者が考えるべきは，教育関係者が社会の他のセクターとどのように調整するかである。教育分野の場合，税金で運営される側面が強いため，政治家の関与は必然である。政治による介入は特に人事や教育内容の面で好ましくないが，歴史的に見たり世界的に見たりすれば，これらの領域が政治により決定されることはある。教育委員会制度の動向はその典型問題であり，教育関係者による自治が好ましくない状態であると判断されれば，自治の範囲や程度は変更される。

経営は，付与された資源を効率よく使用して，目的を達成する機能を指す。学校は教育委員会から予算や人員や物品を配当される。これらを効率よく使用して教育目標を達成することが求められる。資源には時間も含まれる。時間を効率よく使用することは重要なことだが，教員の長時間労働が問題になっている現状を見れば，時間という資源の活用は効率よくなされていないと考えることができる。効率性の追求自体は忌避すべきことではない。むしろ，教育の聖域視によって無条件に教育費の要求が続くほうが問題となる。効率性を軽視することになるからである。

〉〉注

(1) 東北大学メールマガジン（東北大学・東北大学萩友会）第24号「大規模大学の日本初『大学キャンパス内全面禁煙』宣言」
https://www.bureau.tohoku.ac.jp/alumni/mailmagazine/2011/jan/suji.html
(2) 東北大学ウェブサイト「学生の声　学内禁煙について　2017年7月21日」
http://www.bureau.tohoku.ac.jp/gakuseishien/gakuseinokoe/27579-1500600916.html
(3) 東北大学ウェブサイト「学生の声　文系食堂脇の出入口付近における喫煙について　2016年12月20日」
http://www.bureau.tohoku.ac.jp/gakuseishien/gakuseinokoe/21314-1482221786.html
(4) 『毎日新聞』ウェブ版山形県版（2016年10月6日，2017年8月30日）「県学力等調査　強化横断型で出題　独自のテストを開始　全国初」
https://mainichi.jp/articles/20161006/ddl/k06/100/321000c
「『本気で危機感を』　知事，小中学校教育に注文」
https://mainichi.jp/articles/20170830/ddl/k06/100/047000c
(5) 山形県議会会議録（2017年2月定例会79頁）渋間佳寿美議員の発言を一部改変。
(6) 1972年に調査課と統計課が調査統計課へ統合された。その後，1988年に調査統計企画課へ改称された。

(7) 総務省ウェブサイト「我が国の統計機構」
https://www.soumu.go.jp/main_content/000751177.pdf
(8) このように制度を捉える社会科学の潮流があり，その見方は「新制度論」と総称される。
(9)『西日本新聞』ウェブ版 2018 年 6 月 14 日付

参考文献

海口浩芳「教員免許更新制の意義と課題―導入をめぐる議論の変遷と更新講習の分析から―」『北陸学院大学・北陸学院大学短期大学部研究紀要』第 3 号，1-12 頁（2010 年）

大槻達也「エビデンス活用の試みと課題―学習指導要領改訂及び中教審 46 答申の事例から―」『国立教育政策研究所紀要』第 140 号，133-161 頁（2011 年）

大根田頼尚・中室牧子・伊藤寛武「埼玉県の学力調査はなぜ世界から注目されるのか？」『中央公論』第 133 巻第 5 号，132-140 頁（2019 年）

小野方資「教育政策形成における『エビデンス』と政治」『教育学研究』第 82 巻第 2 号，241-252 頁（2015 年）

国立教育政策研究所編『教育研究とエビデンス―国際的動向と日本の現状と課題―』（明石書店，2012 年）

中村高昭「エビデンスを求められる教育予算―厳しい財政状況下における教育への公財政支出―」『経済のプリズム』第 154 号，30-39 頁（2016 年）

三菱総合研究所『エビデンスに基づく教育政策の在り方に関する調査研究報告書』（三菱総合研究所，2018 年）

宮澤孝子「戦後改革期における教育行政組織の設置目的と機能に関する研究―文部省調査普及局と教育委員会調査統計課に着目して―」『教育制度学研究』第 23 号，76-93 頁（2016 年）

渡部宗助『資料　文部省の機構と人事（1945 ～ 1970）』（文教協会，2003 年）

学習課題

1. 国立国会図書館インターネット資料収集保存事業ウェブサイトで「教育再生実行会議」の「開催状況」を調べて，第１回以降の「議事録」を入手して，「エビデンス」という言葉が用いられている箇所を確かめてみましょう。
https://warp.ndl.go.jp
2. 文部科学省ウェブサイト「財政制度等審議会の『財政健全化計画等に関する建議』に対する文部科学省としての考え方」および『財政健全化計画等に関する建議（財政制度等審議会〈2015年６月１日〉）』を見比べ，両省の議論の争点を理解しましょう。また，両省が何を根拠として自らの主張を組み立てているかも確認しましょう。
https://www.mext.go.jp/a_menu/kaikei/sonota/1358553.htm

2　地方自治体の教育行政組織

村上祐介

《目標&ポイント》本章では地方自治体の教育行政のしくみについて，その概要と課題を解説する。

日本の地方自治体では，選挙で選ばれた首長（知事・市町村長）が，行政の責任者として多くの行政分野について一元的に権限を有している。一方，教育行政に関しては，後で述べるように首長もいくつかの重要な権限を有しているが，特に学校教育に関しては，首長から一定程度独立した教育委員会が幅広い権限を有している。こうしたしくみがなぜ採られており，どのような長所と短所があるのかを理解することが本章の目的である。

《キーワード》執行機関多元主義，責任の明確化，教育委員会制度改革，新教育長，総合教育会議，大綱，政治的中立性・安定性・継続性の確保

1．教育委員会制度の経緯

教育委員会制度は，第二次世界大戦後の1948年に創設されたしくみである。戦前は，教育は国の事務であると同時に，府県の知事や市町村長が教育行政を担当していた。当時の府県知事は現在と異なり，国（内務省）による任命であり，教育行政は中央集権的なしくみの下に運営されていた。

戦後，こうした中央集権的な教育行政は軍国主義を推し進めた一因として強い批判を受けた。また，官僚的な教育行政を排して教育の専門性を重視し，地域住民による民主的な教育行政を進めるため，教育の地方分権，教育行政の一般行政からの独立，教育の民衆統制が戦後教育行政

の三原則として打ち出された。これらの原則を具体的に体現するしくみとして発足したのが，米国の制度をモデルとした教育委員会制度であった。日本では戦後，行政の民主化を進めるために，政権からの独立性が高い行政委員会制度を導入しており，教育委員会も行政委員会の一つとして位置づけられた。国の行政委員会はその後大きく改廃されるが，地方自治体では首長への権限集中を防止するために，教育や警察などに関しては首長から独立して決定権を有する行政委員会を残す（これを**執行機関多元主義**という）ことが望ましいと考えられた。そうした理由もあり，教育委員会，公安委員会など地方自治体の行政委員会はその多くが存置された。

当初，教育委員会の委員は議会選出の１名を除き米国の制度と同様に公選で選出されていた（**公選制教育委員会**）。一方で，米国の教育委員会は市町村から独立した区域であった学区に置かれ，独自の課税権を有していたのに対して，日本では都道府県や市町村から独立した学区としては設置されず，都道府県や市町村の行政委員会として教育委員会が設置された。また予算については教育委員会で原案を作成することはできるが，独自の課税権は持たなかった。

公選制の教育委員は「教育知事」とも呼ばれるほどその存在は大きかったが，同じく公選された首長との間で紛争が生じることもあった。また，教育委員の選挙では教職員組合の支持を受けた候補者が当選することが多く，組合と対立する保守政権にとってそれは好ましいことではなかった。さらに行政が非効率的になるとの批判もあり，全国知事会などからは教育委員会制度の廃止を求める意見が強く挙がるようになった。結局，1956 年にそれまでの教育委員会法に代わって**地方教育行政法**（「地方教育行政の組織及び運営に関する法律」，地教行法ともいう）が制定された際に公選制は廃止され，現在と同様に首長が議会の同意を得て教育委員を任命する方式に改められた（**任命制教育委員会**）。また，予算の原案送付権もなくなり，教育予算についても首長が一元的に作成することになった。

その後の教育委員会制度は1990年代後半頃まで大きな変化はなく制度的に安定していたが，反面，制度の形骸化や教育委員の名誉職化といった問題が指摘されるようになり，教育委員会の活性化が課題となった。東京都中野区では1970〜80年代に，住民投票の結果を尊重して教育委員を任命する準公選制と呼ばれる試みが行われたこともあった。その後は一部の地方自治体で，教育委員や教育長（詳しくは後述する）の公募などが行われている。

1990年代半ばに国の地方に対する関与を縮減しようとする第一次地方分権改革が始まると，地方分権と同時に，活性化が課題であった教育委員会制度の存廃や見直しを問う声が強まっていった。1990年代末の第一次地方分権改革では教育委員会制度それ自体の是非が問われることはなかったが，その直後の2001年には全国知事会が制度の見直しを求め，2000年代前半の小泉政権では教育委員会設置の有無を地方自治体の選択に委ねる案が検討された。2006〜07年の第一次安倍政権では教育委員会の責任の明確化や国の関与の強化が掲げられたが，その後2009年に発足した民主党政権は教育委員会制度の見直しをマニフェストに掲げていた。しかし民主党政権では参議院が少数与党の「ねじれ国会」という情勢もあり，制度の見直しには至らなかった。

そうした状況の中で，2011年に起こった滋賀県大津市でのいじめ自殺事件で教育委員会の対応が不適切であったことを契機として，教育行政の責任の明確化を図るべきとの声が強まった。2012年末に自民党が政権に返り咲き第二次安倍政権が誕生すると，安倍政権は制度の見直しに着手した。ここでは教育委員会制度の廃止と首長への教育行政権限の一元化が有力な案として検討されたが，後述するように結果的には教育委員会制度を存続しつつも首長の権限をより強める制度改革が行われた。2014年に地教行法は約60年ぶりに大きく改正され，新しい制度に移行することになった。

2. 教育委員会制度の理念としくみ

当初の教育委員会制度は教育の民主化を図るため，①教育の地方分権，②教育行政の一般行政からの独立，③民衆統制，をその制度理念として掲げた。教育は国ではなく地方自治体の事務となり，さらに一般行政から独立した教育委員会を設置することで教育の専門性を重視する一方，地域住民による民衆統制を行うために一般市民で構成される合議制の教育委員会が教育行政を司ることとした。その上で，選挙で選出された5名の教育委員（非常勤）で構成される教育委員会が，教育行政の専門職である教育長（常勤）を任命し，その教育長が日常的な教育行政運営を行う事務局を統括するしくみを採った。こうした教育委員会制度のしくみは，複数名の教育委員で構成される合議体による民衆統制（レイマン・コントロールまたはポピュラー・コントロールともいう）と，常勤で専門職である教育長による専門的指導性が相互に抑制均衡（チェック・アンド・バランス）を働かせながら教育行政を決定・実施していくことを想定している。

その後，1956年に地教行法が制定された際に教育行政は教育長任命承認制が導入されるなど（33頁参照）中央集権的な性格が強まった。また，教育委員が公選制から任命制に移行したため，教育行政の一般行政からの独立は大幅に後退した。民衆統制に関しても，直接公選から首長による任命に変わったことから，当初の制度理念はいずれも後退したとの批判が少なくない。ただし現在のしくみでも民衆統制の考え方自体は維持されている。現在の制度では，①教育行政における政治的中立性の確保，②教育行政の継続性・安定性の確保，③地域住民の意向の反映，がその意義として挙げられており，当初の制度理念を踏まえつつ，①，②が新たに制度の意義として加えられている。

次に2014年度までの教育委員会制度のしくみを述べる。**図 2-1** は制度の概要を示したものである。「教育委員会」には広義と狭義の定義がある。通常，「教育委員会」といえば，5名の教育委員と教育長・事務

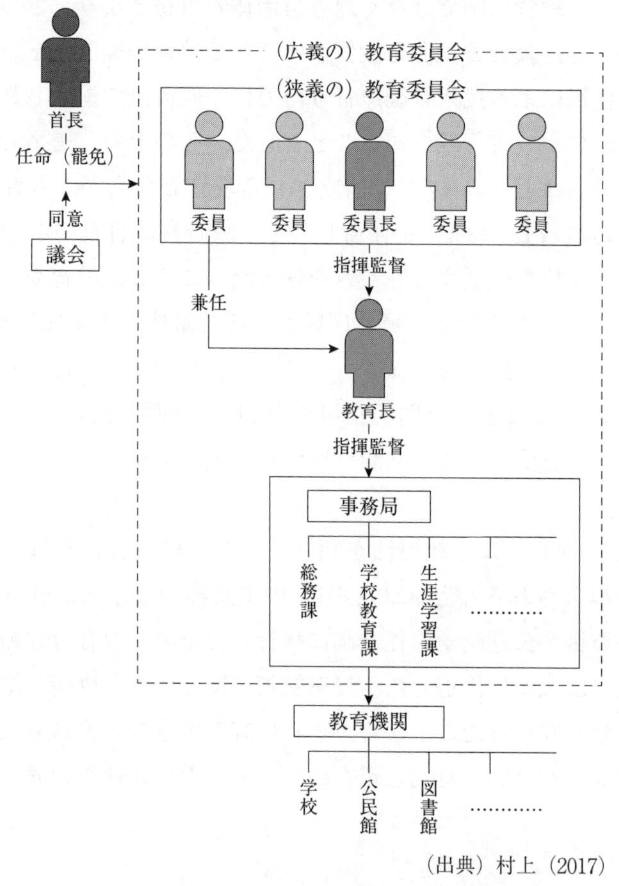

図 2-1　2014 年度までの教育委員会制度

局を合わせた（広義の）教育委員会を指すことが多い。ただし場合によっては，５名の教育委員のみの合議体を（狭義の）教育委員会と考えることもある。

５名の教育委員は首長が議会の同意を得て任命する（任期４年）。以前の制度では教育委員長（任期１年，委員の互選で決定）が教育委員会を代表していた。また，教育委員長を除く委員のうち１名は，常勤の教育長（任期４年）を兼ねていた。手続き上は教育委員の互選で教育長が決まるが，実際には教育委員としての議会同意を得る際に，どの委員が教育長を兼ねるかを首長があらかじめ決めて議会に人事案を提出していた。

教育委員は一般市民であるため非常勤で委員を務める。そのため，教育委員会の下に常勤の教育長が統括する事務局を置き，教育委員会による決定に基づいて日常の実務を教育長と事務局が執行する役割分担となっている。理念としては専門家視点に偏らない市民目線での教育行政を行うことが求められているが，現実には，常勤の教育長や事務局が教育委員に対して優位に立つことが多い。

教育長は専門職として位置づけられているため，制度創設後の数年間は免許状制度が存在していた。しかし，まもなくその制度は廃止され，1956 年に地教行法が制定された際には都道府県教育長は文部大臣，市町村教育長は都道府県教育委員会の承認を事前に得ることで教育長の資質・能力を担保するとされた（教育長任命承認制）。地方自治体の人事の中で国や都道府県の承認が必要なポストは教育長のみであったため，1999 年の地方分権一括法が制定された際に任命承認制は集権的なしくみであるとして廃止された。現在は，教育長は首長が議会の同意を得て任命することになっているが，資格要件などは実質的にほとんどなく，専門職というよりはむしろ政治任用職（資格などを問わずに首長が任命する特別職公務員）の性格が強い。ただ，教育長は地方自治体の中でも高位のポストであり，とりわけ市町村では首長，副首長に次ぐ「三役」として扱われることが多い。その職責の重要性や実際に必要な職務能力から，外部人材ではなく，教員出身者（校長経験者など），または一般行政職員から登用されることがほとんどである。大規模な地方自治体では議会対応などの行政能力が求められるため，教員ではなく行政職員出身者が教育長に登用されることが多い。逆に小規模な地方自治体では事務局職員に教員出身者が少ないため，教員出身者が教育長に任命されることが多い。

教育委員は首長が議会の同意を得て任命するが，2007 年以降は保護者（親権を行う者及び未成年後見人）を委員として含むことが義務となっている。教育委員は非常勤で他に職業を有していることが多いが，比較的よく見られるのは定年退職後の元教員，医師や大学教員などの専門職，自営業者，主婦（保護者委員であることが多い）などである。平均年齢は 60 歳程度と比較的高く，平日の昼間に会議が開かれることが多いためサラリーマンなどは少ない。教育委員は非常勤であるため，月１～２回開かれる定例会・臨時会に出席する以外は事務局のある庁舎にいることは少ないが，事前の説明や教育委員研修，学校での挨拶などの仕事もある。報酬は月５万円程度の自治体が多いが自治体規模により異なる（日額または年額支給の地方自治体もある）。教育長は常勤で重い責任を負っており，副首長に近い水準（年間で 1,000 万～ 1,500 万円程度が多い）である。

事務局はいくつかの課（大規模自治体では部・課）で構成され，教育行政の実務を担っている。事務局は首長部局の職員が教育委員会に出向するか，教員出身者が（多くは指導主事という専門職員として）勤務する場合が多い。いずれも２～４年間程度で首長部局に戻るか，または校長・教頭として学校に戻ることがほとんどである。行政職員か教員かを問わず，事務局に長期間勤務する職員は少ない。教育委員会に出向する行政職員の人事は多くの地方自治体では首長部局と一体的に運用されており，人事の面での独立性は低い。

3. 教育委員会制度改革の概要

2014年に行われた制度改革は，首長による「政治主導」を強めるしくみといえるが，制度改革の政治過程も「政治主導」で進められたといえる。以下，その経緯を確認する（村上編著 2014）。

先述の通り，制度の見直しは2000年代初め頃から潜在的な課題となっていたが，2011年に発生した大津市でのいじめ自殺事件での教育委員会の対応が不適切であったことをきっかけに，安倍首相直属の下に置かれた**教育再生実行会議**で制度見直しに関する検討が行われた。同会議は2013年4月に教育長を責任者とする方向性での改革を提言し，これを受けて翌5月からは中央教育審議会（中教審）の教育制度分科会で具体的な制度設計が議論された。

教育再生実行会議は教育長を責任者にすべきとした。一方で，教育委員会を行政委員会として，すなわち首長から独立した地方自治法上の執行機関（決定権を有する機関）として引き続き存続すべきかどうかを明確にしておらず，詳細な制度設計は中教審での審議に委ねられた。

中教審でも教育長を責任者として位置づけることに反対はなかったが，具体的な制度設計についてはとりわけ教育委員会制度の存廃をめぐって激しい議論となった。首長団体（全国知事会，市長会，町村長会）や行政学者の委員などは首長に決定権を一元化して，教育長を首長の補助機関（首長の「部下」として指揮監督下に置く）とするA案を支持した。一方，首長の一部や教育委員会関係者，教育学者の委員などは，教育委員会と教育長の両者の権限を見直しつつ，性格を改めた執行機関として教育委員会を維持するB案を支持した。与党内でも，A案を支持する議員が少なくない一方，自民党の一部と公明党の議員はA案に対して強い懸念を示すなど，意見が割れていた。中教審・与党いずれも異なる見解が並立する中で，中教審での結論は「改革案」（A案）と「別案」（B案）が事実上の両論併記として提言される異例の答申となり，議論は与党協議の段階へと移った。

与党協議では自民・公明両党の間でA案とB案の折衷案が検討され，2014年3月に改革案がまとめられた。与党合意では，教育行政の政治的中立性・安定性・継続性の確保と，教育行政における責任の明確化を図るため，教育委員会を執行機関として維持するが，同時に首長の権限の強化も行うこととした。この与党合意を基とした地方教育行政法の改正法案が国会に提出され，同年6月に可決・成立した（2015年度より施行）。

2014年の法改正は，大きく次の3点がそのポイントとして挙げられる。新制度の概要は，**図 2-2** に示した通りである。

(1) 教育委員会は地方自治法上の執行機関として，従来通り決定権を有するが，それまでの教育委員長（非常勤）と教育長（常勤）を一本化し，常勤の新「教育長」が教育委員会の代表者となる。

(2) 教育行政の大綱，教育の条件整備，緊急時の措置などに関して首長と教育委員会が協議・調整を行う総合教育会議を新設する。

(3) 首長は，教育行政の基本的方針である大綱を定める権限を有する。

以下，それぞれについて従来のしくみとどのように異なるのかを含めて説明を加える。

（1）教育委員長と教育長の一本化

教育委員会は原則5人の委員が合議で決定を行うが，その代表者はこれまで教育委員長であった。ただ，教育委員長も他の委員と同様に非常勤であるため，日常的な業務執行や緊急時の対応などは常勤の教育長が

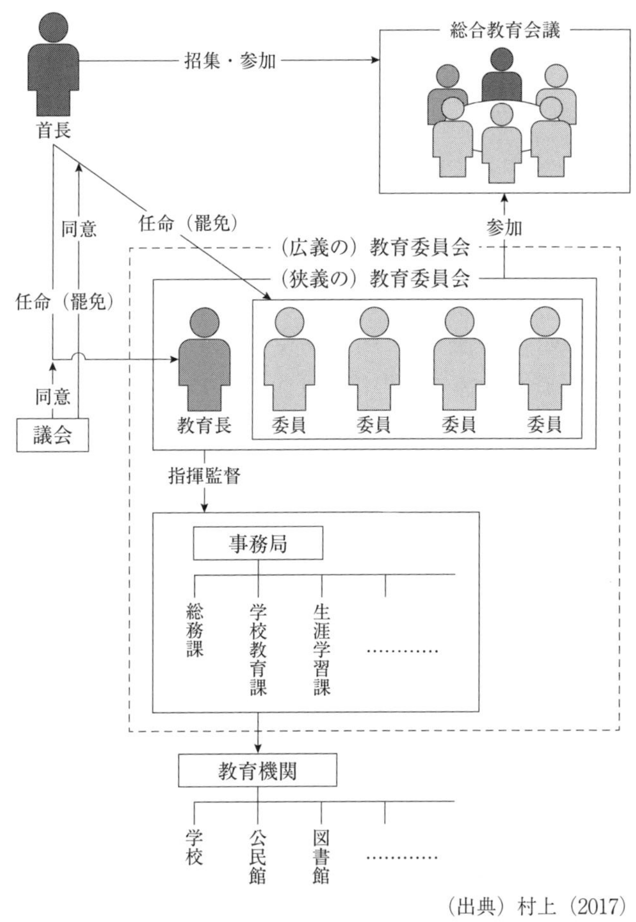

（出典）村上（2017）

図 2-2　2015年度からの教育委員会制度

実質的にトップとしての役割を果たしてきた。

2014年の改革では常勤の**新「教育長」**が従来の教育委員長の役割も兼ね，教育委員会の代表者となることで，責任の明確化を図ることとした。

なお，教育長はこれまで形式上は教育委員会が任命する一般職であったが，今回の法改正では，新「教育長」は首長が議会の同意を得て直接任免する特別職となり，実態に近い法制度になったといえる。同時に，これまでは教育委員会が教育長に対する指揮監督権を有していた（法制度上は，教育長は教育委員会の「部下」であった）が，教育長が教育委員会の代表者になったことにより，教育委員会の教育長に対する指揮監督権は削除された。

また，首長が4年の任期中のなるべく早いうちに教育長を自ら選任できるようにするため，教育長の任期は従来の4年から3年に短縮された。他の教育委員の任期は現行通り4年である。

（2）総合教育会議の新設

従来も，首長は教育行政に関して予算編成や教育委員の任命，地方自治体の中長期計画等の策定を通じて大きな影響力を発揮してきた。しかし，公式に自らの意見を述べる，あるいは教育委員会と意見交換や調整を行う場が設けられているわけではなかった。また，首長は教育委員を任命するが，教育長を兼ねる委員を除き，実態として両者が接触する機会は少なかった。

今回の法改正では，教育行政の大綱や教育の条件整備などに関して首長と教育委員会が協議・調整を行う**総合教育会議**を新設することで，首長の意見を教育行政に反映するしくみを整備するとともに，首長と教育委員会が大綱の策定や重要施策，緊急の場合に講ずべき措置などについて，協議・調整を行う場を設けることになった。

総合教育会議は首長が主宰し，その構成員は首長と教育委員会である。ただし，必要に応じて有識者等に意見を聴くことができる。

なお，総合教育会議は原則公開となっており，首長と教育委員会の間で調整された事項については，構成員は調整の結果を尊重しなければならないことになっている。

総合教育会議はすべての地方自治体に設置されるが，会議の開催頻度や具体的に協議・調整される事項，調整のための手続きといった詳細が法律には明記されていない。そのため，具体的な運用は地方自治体によって異なっている。現時点では，年に１～２回程度開催されることが多い。協議のテーマも多様であるが，学力向上やいじめ防止の他，市町村では学校等の施設整備が比較的多く取り上げられている（文部科学省 2019）。

（３）首長による大綱の策定

これまで教育行政の基本的方針を定める権限は，法律上は教育委員会にあると解釈されてきた。今回の制度改革では，地方自治体としての教育政策の方向性を明確にするため，教育行政の基本的方針である**大綱**については首長が策定する権限を有することとなった。

改正法では，教育基本法第 17 条に規定する基本的な方針を参酌して，首長が教育の振興に関する施策の大綱を策定することとしている。また首長は総合教育会議において教育委員会と協議した上で，大綱を定めることとしている。

ただし，改正法では大綱が具体的に何を指すのかが明示されておらず，文部科学省の通知でその内容については周知されているものの，実際には各地方自治体の判断に委ねられるとしている。多くの自治体ではすでに教育振興基本計画を定めており，その一部を大綱にしてもよいこととなっている。都道府県・市町村とも，約７割の自治体が新規に大綱を策定しているが，既存の計画等をもって大綱に充てた自治体も３割程度ある。

なお，2014 年の法改正では首長と教育委員会の職務権限は大綱の策定を除いて従来とほぼ変更はなかったが，その後2019年からは，教育委員会の権限であった文化財保護と社会教育施設（公民館，図書館，博物館など）の管理の権限を首長部局に移管することが可能となった。

上記に述べた3点が改正法の大きなポイントであるが，この他に国の地方への関与のあり方も見直しが行われた。具体的には，地教行法50条（文部科学大臣の指示）の規定を見直し，児童生徒の生命または身体への被害の拡大または発生を防止する緊急の必要がある場合に，文部科学大臣は教育委員会に対して指示できることとした。これまでは児童生徒の生命・身体への被害が実際に起こった場合に限って文科大臣による是正指示が認められていたが，予防的な対応に関しても指示が可能となった。

4. 教育委員会制度の課題

今回の制度改革は，従来のしくみに比して「教育行政における責任の明確化」を図ると同時に，引き続き「教育行政の政治的中立性・安定性・継続性」は維持すべきとの考え方に立っていた。

ただ，責任の明確化は特定の個人に権限と責任を与えるのがわかりやすい反面，政治的中立性・安定性・継続性は個人に権限を集中させるよりはむしろ複数名による合議体での決定のほうが望ましく，両者は相矛盾する側面を有していた。これを具体的な制度設計にどのように反映させるかが難しく，2014年の改革では教育委員会制度の存廃が社会的にも注目を集めることとなった。

結果的に教育委員会を存置した上で首長の権限を強化した今回の改革の評価はさまざまであり，論者によっても見解が分かれているが，大きく分けると次の三つの見解があると思われる（村上編著 2014）。

第一に，教育長を教育行政の第一義的な責任者とすることで，これまでよりも「責任の明確化」と「政治的中立性・安定性・継続性の確保」の両立を図ることが可能になったとの見方がある。教育における政治的中立性・安定性・継続性の確保は引き続き堅持すべきであるが，民意の反映や責任の明確化もまた重要であり，今回の制度改革は実態を踏まえたものであったとして評価する見解である。

第二に，今回の改革によって首長・教育長への権限集中が必要以上に進み，政治的中立性・安定性・継続性はこれまでよりも低下するとの批判もある。新制度の下では，教育委員会は首長・教育長の意向を追認するだけの存在になり，首長・教育長の「暴走」が起こったときに歯止めが利かなくなるのではないか，との指摘もある。また，政治主導の教育政策がいっそう進むことで，教育現場が混乱，疲弊するのではないかとの危惧もある。

第三に，教育委員会制度が存続したために責任の所在は不明確なままであり，今回の改革は中途半端で不十分である，との評価も見られる。政治的中立性・安定性・継続性よりも，選挙を通じた民意の反映や責任の明確化を優先すべきであり，教育委員会制度は廃止すべきであったとの見解である。

教育委員会制度は一応存続したが，首長の権限はこれまでよりも強まり，教育委員会の独立性は弱まったのは事実である。実態としても，たとえば2020年からのコロナウイルス感染症の流行に際しては，首長が学校の臨時休業の判断や説明を行う役割を果たすことが多く，これらの権限を本来有するはずの教育委員会（またその代表である教育長）が表に出ることは少なかったように思われる。首長の影響力がより強くなったことを示す事例と言えるだろう。

一方で，日本の首長はその権限が非常に強く（小川 2010），政治家かつ独任制（個人が最終的な権限を有する）の首長では，教育行政の政治的中立性や安定性・継続性の確保が難しいのではないかとの懸念もなお強いように思われる。また，地方自治制度としても，教育委員会が廃止されると執行機関多元主義の考え方は事実上放棄されることになり，首長への権限集中がいっそう進むことが危惧される。教育行政において政治的なリーダーシップが必要な場面はあるが，他方で特定の個人や党派の影響を受けすぎないようにすることも併せて重要であり，政治家でも専門家でもない一般市民が合議で政策決定を行う独特のしくみをどのように上手く活用していくかが問われている。

参考文献

大畠菜穂子『戦後日本の教育委員会』（勁草書房，2015 年）

小川正人『教育改革のゆくえ』（筑摩書房，2010 年）

村上祐介「教育行政」河野和清編著『現代教育の制度と行政（改訂版）』（福村出版，2017 年）

村上祐介編著『教育委員会改革 5 つのポイント』（学事出版，2014 年）

文部科学省「新教育委員会制度への移行に関する調査（令和元年 9 月 1 日現在）」（2019 年）
http://www.mext.go.jp/a_menu/chihou/1380244.htm

学習課題

1. 2013年12月の中教審答申「今後の地方教育行政の在り方について」を読み，教育委員会制度のメリットとデメリットをまとめてみましょう。また，新しい教育委員会制度の今後の課題を考えてみましょう。
2. 特定の地方自治体を一つ選び，大綱がどのようになっているのか（教育振興基本計画をもって代えているか，それとは別に作成しているか，その内容はどのようになっているか，など）を調べてみましょう。また，総合教育会議でどのようなことが協議題になっているかを調べてみましょう。

3　総合行政と教育行政

島田桂吾・村上祐介

《**目標＆ポイント**》本章では，国・地方自治体における行政の総合化の進展と教育行政との関わりについて考える。

行政の総合化とは，個別の分野ごとの専門性よりも，行政全体の総合的な調整・統括を重視する方向性への変化を指す。日本では近年，国・地方自治体を通じて行政の総合化が進んでおり，教育行政の専門性は以前ほど重視されなくなっている面がある。

この背景としては次の２点が重要と考えられる。第一に，政治主導が進み，首相や地方自治体の首長などの政治的リーダーシップが強まったことである。彼・彼女らは，行政府の長として縦割り行政を超える調整や決定を重視する。そのため，個別分野の専門性よりも行政の総合化が優先されるようになった。第二に，民間部門の経営手法を行政に導入する「新公共管理」の考え方が広まり，行政の効率化が求められるようになったことである。従来は予算編成や各種の基準設定など，事前の統制に重きが置かれていたが，「新公共管理」の普及により，数値目標を定めてその成果を事後的に評価する動きが強まってきた。

本章では，行政の総合化が進んだきた背景と，それが教育行政にもたらしてきた影響について理解を深める。

《**キーワード**》行政の総合化，政治主導，新公共管理（New Public Management），事後統制，出口管理，特別支援教育，発達障害支援，教育と福祉の連携，生涯学習・社会教育

1．国・地方自治体の行政の総合化と教育行政

（1）政治主導の強化と行政の総合化

近年，国，地方自治体を問わず「政治主導」が進み，教育行政のみならず政策・行政全般において，これまで以上に首相や自治体の首長などの政治的なリーダーシップが強まっている。また，それらの政治的リーダーを補佐する組織・個人が教育行政・政策にも影響を与えるようになっている。これらのリーダーやそれらを補佐する組織や個人，換言すれば行政における権力中枢のことを政治学では「執政」（Executive）と呼ぶことがある。

「執政」は，そのトップの多くは政治家であるが，それらを補佐する政治任用職（政治家が任用する特別職公務員で，通常の一般職公務員とは異なり能力・資格を問わない）や行政官を含めた概念である。政府の意思決定の多くは正式には内閣（地方自治体であれば首長）や議会が行うが，その過程において「執政」は大きな役割を果たしている。

総合行政化，あるいは行政の総合化とは，個別の行政分野の専門性よりも，個別分野を横断した総合的な調整・統括を重視する方向での変化である。政治主導による執政中枢の影響力の強化は，おのずと総合行政化をうながすことになる。簡単にいえば，縦割り行政よりも横割りの調整が重視される。

中枢による政治主導が進んだ背景には，国・地方自治体でそれぞれ次のような変化が起こったことが指摘できる。国レベルでは，選挙制度の改革と省庁再編の際に行われた内閣機能の強化が挙げられる。1990年代半ばに衆議院選挙がそれまでの中選挙区制（一つの選挙区から３～５名が当選する）から小選挙区制（一つの選挙区から1名のみ当選する）に改められ，一つの選挙区に同一政党から１名しか公認されないことになった。この

ことは，党執行部，すなわち与党であれば首相（たとえば自民党の場合は党首である総裁を兼ねる）の影響力が強まる帰結をもたらした。また，2001 年の省庁再編の際に内閣機能の強化が行われたことも，政治主導の強化にとっては重要であった。第一に，新たに内閣府が設けられ，各省庁より一段上の存在として国の行政全体の総合調整を行うことになった。内閣府は，内閣の重要政策に関する内閣の事務を助けることなどをその任務とする（内閣府設置法）。第二に，首相が閣議（内閣の会議）の主宰者として，内閣の重要政策に関する基本的方針について発議ができることを明記した。第三に，首相を補佐する内閣官房と呼ばれる機関が企画立案や総合調整を行うなど，その機能が強化された。

地方自治体レベルでは，地方分権改革，さらには地方財政の悪化が首長の影響力を強めた。1990 年代後半に行われた地方分権改革は，国から地方自治体への関与を縮減することを狙いとしていた。首長は制度的にはもともと権限が強いが(1)，そうした強首長制を変えずに地方分権を進めたことから，2000 年代に入って首長の影響力はさらに強くなった（村上編著 2014）。同時に，地方財政の悪化も首長の政治的なリーダーシップを強めたと考えられる。地方財政は 1990 年代以降の景気低迷に伴う落ち込みや，2000 年代半ばに地方交付税交付金が大幅にカットされたことなど，多くの自治体では苦しい状況が続いている。予算の削減は首長の意向や調整力が大きく影響するため，首長主導がさらに進んだとも考えられる。

さらに教育行政についていえば，地方政治の変化も政治主導の強化に関係している。保守と革新が激しく対立していた 1990 年代初め頃までは，教育政策ではイデオロギー対立が激しいこともあって，首長が教育政策に関与することは政治的にもリスクを伴うことであった。しかし，その後はむしろ首長が教育政策に積極的に関与することが住民へのアピールとして有効になってきた（村上 2011）。教育行政に関して積極的な関与を望む首長が増えたことも，政治主導による総合行政化が進んだ理由として考えられる。

（2）総合行政化の諸要因

行政の総合化が進んだ背景としては政治主導の強化に伴う執政中枢の影響力増大が指摘できるが，その他に次の２点も重要と考えられる。

一つは，専門職，すなわち教育に関していえば教育行政や学校，教師に対する信頼の低下である（青木 2015）。1970 ～ 80 年代の学校の「荒れ」や校内暴力，その後の管理教育の強化や体罰など児童生徒への人権侵害，いじめ問題への不適切な対応などによって，1970 年代頃までと比べて教育や教育行政の専門性に対する市民の信頼は低下した。教育専門職が中心となって公教育の決定や運営を行っていくことに対する不信が高まったことは，教育に対する政治の関与を強化する方向に働いた。このことが改革に結びついたのは 2014 年に行われた教育委員会制度改革（第２章参照）であるが，同時に教育行政の総合行政化が進んだ背景としても重要である。

もう一つは，行政の効率化が要請されたことである。国・地方自治体の財政難に伴い，1990 年代後半頃から，政府の規模を縮小して各分野の予算を削減しようとする動きが強まってきた。そのために，たとえば公的部門に民間企業の考え方を取り入れ，公的な施設の運営を民間企業などに委ねるなどして，行政の効率化を図ろうとする考え方が 2000 年代に入ってから世界的に普及した。こうした考え方は「新公共管理」（New Public Management，NPM）と呼ばれる。また，専門分野ごとの縦割り行政は行政の効率化を妨げるとして，縦割りを排して分野間の連携・協力を重視することが増えてきた。以下では，NPM の考え方と総合行政化との関連を述べるとともに，教育行政と他の行政分野との連携について，具体的な事例を挙げつつ説明する。

2. 教育行政における「新公共管理」

（1）「新公共管理」（New Public Management，NPM）とは何か

「新公共管理」（New Public Management，NPM）とは，行政の経営手法に関する新しい潮流である。1980年代以降に，英国やニュージーランドで取り入れられ，その後世界的に広まった。

NPMの定義については論者や国によって異なることもあり一義的に定まってはいないが，NPMの研究で著名なフッド（C.Hood）が示したNPMの要素をおおまかにまとめると，①組織のトップに権限を集中し，自由に管理させる，②アウトプットの統制（目標を数値で明確に示す），③組織の細分化・分権化，④競争原理の導入，⑤民間企業の手法によるマネジメントの導入，⑥決定と実施の分離，⑦厳格な資源管理による徹底，などが挙げられる（笠 2002）。端的にいえば，民間企業の手法を行政に導入すること，また組織のトップに裁量を与えて自由に管理させる代わりに，事後に成果を数値で問うこと（事前統制から事後統制へ）がその柱であるといえる。

日本では，国よりも地方自治体が先んじてNPMの手法を取り入れた。日本において先駆的な事例としては，1990年代半ばに三重県が始めた事務事業評価が知られている。その後，他の地方自治体でも類似の取り組みが行われるようになった。

日本は，英米やニュージーランド，あるいは北欧などに比べると，NPMの普及は遅れているとされるが，その影響は，後で述べるように少なからず表れているように思われる。NPMの考え方が普及する2000年代以前は，施策や事業の成果を事後的に評価することはあまりなく，

予算の査定や，基準の設定（学習指導要領，学校設置基準など）を通じて事前に教育の質を統制・確保していた。しかし2000年代に入ると，政策評価や事務事業評価，また教育行政では教員評価や学校評価などを通じて，成果を事後的に評価しようとする傾向が強くなった。事前統制，すなわち入口管理は依然として残っているが，それに加えて事後統制，つまり出口管理も行われるようになった。

（2）教育行政・政策におけるNPMの手法とその影響

教育行政においては，国レベルでは国立大学の法人化（2004年）は公務員数の削減に主眼が置かれていたが，法人化することにより国立大学の経営の自由度を拡大する狙いがあった（詳しくは第14章参照）。その他には，他の分野と同様に数値目標が設定されることが多くなり，予算を要求する際に数値による成果目標（KPI，Key Performance Indicator）を掲げなければならないことが増えている。

構造改革特区により株式会社立やNPO立による学校の設置が可能になったことも，NPMの考え方に近い改革である。学校教育法では，国と地方自治体（国立大学法人，公立大学法人を含む），および学校法人のみが学校を設置できるとされるが，特区で株式会社立やNPO立学校が認められるようになったことは，公教育の供給主体を多様化する施策であるといえる。

地方自治体レベルでは，当初からNPM的な手法を意図して導入されたかどうかは議論がありうるが，全国学力テストの実施は結果的に地方自治体や学校に大きな影響を与えている。全国学テは1960年代に中止されたあと，2006年から再度行われている。本来は学力のデータを収集して教育改善に役立てる目的であったが，テストの成績はNPM的な手法である成果に基づく評価を行う上でわかりやすい指標であったため，多くの自治体で教育振興基本計画（2006年の教育基本法改正によって地方自治体での計画策定が努力義務化された）に学テの成績目標を定めるなど，学テの結果が成果指標の一つとして評価に用いられるようになった。

教員評価や**学校評価**も，事後評価の重視というNPMの潮流に沿った施策である。1956年に成立した地教行法では教員の勤務の評定を行うことが規定されていたが，1950年代に起こった勤評闘争と呼ばれる行政と教職員組合との紛争による影響もあり，一部の都道府県を除いて実際には勤務評定は形骸化していた。しかし2000年代に入ると，東京都や埼玉県，神奈川県，京都府などが相次いで教員評価を開始し，現在はすべての都道府県・政令市が教員評価を実施している。

2015年度には地方公務員法が改正され，教員を含む地方公務員は人事評価に基づいて昇進などを行うことが明記された。今後は教員評価の結果が昇進や待遇などにより強く結びついてくることが予想される。

学校評価は学校の説明責任（アカウンタビリティ）の確保という観点から2002年に自己評価が努力義務化され，その後義務化された。現在では，これに加えて保護者や地域住民による学校関係者評価が努力義務とされ，外部機関や有識者等による第三者評価は任意とされている。文部科学省は2007年にはじめて学校評価ガイドラインを出しており，それに沿って学校評価を行うことが求められている。実態は，地方自治体や学校によっても異なるが，一部の（特に大規模な）地方自治体では，自らが策定した教育振興基本計画に沿った数値目標を学校の共通評価項目として一律に課していることがある。その場合は，地方自治体が学校に数値目標を課して，学校が自己評価によりその成果を問うという意味で，トップダウンによる目標の連鎖が生じているといえる。

他のNPM的な手法としては地方自治体で導入された指定管理者制度が挙げられる。これは，公の施設の管理を民間やその他の団体に代行させるしくみで，社会教育施設では博物館や図書館，スポーツ施設などが該当する（国の同様の施設では，独立行政法人化が進んだ）。いわゆる公設民営を行うための制度で，民間企業の経営手法を行政に導入するNPMを体現したものといえる。指定管理者制度は2003年から実施されており，国や地方自治体の直営に比べて柔軟な運営が可能なメリットはあるが，指定管理者が交代することもありその継続性や安定性に不安が生じることがある。また税金を投入した趣旨に沿った運営が行われているかどうか，といった点で疑念が生じることもある。たとえば佐賀県武雄市では，2013年にレンタル大手のCCC（カルチュア・コンビニエンス・クラブ）に図書館の運営を委ねたが，選書や運営方針が杜撰であるとして住民訴訟が起こされるなど，トラブルも生じている。

これまでに述べた施策はいずれもNPMの考え方に基づく，あるいは影響を受けたものといえるが，NPMが広く普及したことは，日本の教育行政・政策にとっていかなる意味を持っているのだろうか。

まず確認しておきたいのは，NPMの本来の理念，あるいは諸外国の事例に比べると，日本のNPMの導入は限定的な面も少なくないことである。学校教育ではとりわけそうした面が指摘できる。たとえば学校教育法では，学校設置は国，地方自治体と学校法人しか認められておらず，特区法によって例外的に株式会社立が認められている。また日本の学校はとりわけ高校以上では私立が大きな割合を占めており，すでに民間に外部化（エージェンシー化）されているともいえる（青木 2008）。「小さな政府」志向も，一般行政の人員削減に比べて，教員（また警察も）の削減は緩やかである。また教員評価も，それが予算や個人の昇進や給与に直接結びつく程度は現時点では高い（これをハイステイクスという）とまではいえず，教員評価によって予算や処遇に決定的な差が生じるには至っていない。

ただし，NPMによる影響が取るに足らないほど小さいとは言い難いのも事実である。いくつかの点では，無視できない変化が教育現場に生じていると考えられる。

第一に，地方分権や規制緩和は一定程度進んだ一方で，数値目標による管理など**成果主義**が強まったことである。このことは成果を意識して教育を行う点でメリットもあるが，数値目標を達成するために本来望ましくない行動を誘発するなどのデメリットもある。たとえば，進学校で国公立大学の現役合格者数を数値目標として掲げると，私立大学志望者に国立受験を無理強いする，本人の志望とは異なる国立大学や学部に志願変更するよう学校が強く指導する，などの弊害が起こりうる。テストの成績による学校管理が進んでいる米国では，テストの科目に入らない芸術や体育などの授業が削減される傾向が見られるという。数値目標はわかりやすいが，それが独り歩きすると本来の教育活動を損ねる危険がある。

第二に，トップへの権限集中が起こりやすいことである。NPMは，組織に権限を移譲して裁量を与えた上で事後の成果を要求するが，同時に組織のトップに権限を集中しようとする傾向がある。日本では，校長のリーダーシップが強調され，職員会議は校長の補助機関として位置づけられている。また大学では教授会の権限が限定され，学長の権限がきわめて強くなっている。このことは，トップの力量や方針次第で学校が大きく変化することを意味する。トップのリーダーシップによる改革は進めやすくなったが，反面，トップの資質・能力によって方向性が大きく左右されることになる。また，教育行政・政策や学校経営において特定の個人の意向が反映されやすくなることは，学校の「私物化」につながりやすいと同時に，特定の価値観や党派性が教育に持ち込まれることや，教育政策あるいは学校経営の安定性・継続性の点で懸念が生じやすい。

第三に，よく言われることではあるが，教育は成果が上がるまでに長期間を要することがあり，教育の効果を測ることが非常に難しい点が挙げられる。学力などの認知能力はテストの点数で測ることが多いが，自尊心や忍耐力などのいわゆる非認知能力は後になってからその効果が現れることも多い。就学前教育の効果を測定した研究（第13章参照）でも，約半世紀にわたって検証が続けられていることから教育の効果を測るには長期間を要することが窺える。しかし，NPMの考え方に基づく評価では，長くても数年間程度の成果を測ることがほとんどである。さらに，何をもって教育の効果とするかについてはさまざまな議論があり，学力テストの成績を最も主要な成果とすることには異論もある。一方で，政治主導は短期間で目に見える成果を求めがちであり，NPMと政治主導は結びつきやすい面がある。

NPMに基づく教育や学校のガバナンスには賛否両論がある。専門職支配や官僚主義の弊害を打破し，教育の受け手である子どもと保護者の権利を保障しようとしている点は意義を見いだしうる。一方で，教育の専門性や民主主義を軽視・否定しがちな点や，教育の目標をテストで測定される学力の向上に限定する傾向に拍車がかかり，教育格差を拡大する結果を招きうることも指摘できる（勝野 2020）。

諸外国と比較した際に日本の特徴として考えなければならないのは，日本は公務員数が国際的に見ても少ない「小さな政府」ということである。**図3-1**は先進国の公務員数を比較したものであるが，人口1,000人当たりでフランス89.5人，イギリス69.2人，アメリカ64.1人，ドイツ59.7人に対して，日本は36.7人と少ない。出口管理，すなわち事後統制は必然的に評価を伴うが，評価には書類作成や評価者の雇用・訓練など一定の行政コストが必要となる。近年は教育行政や学校でもさまざま

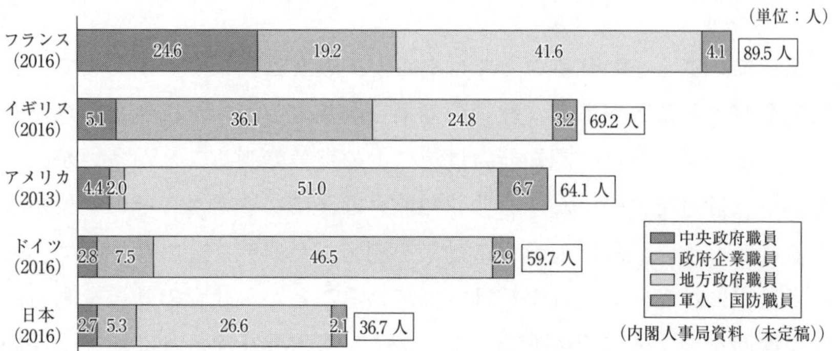

（注）1　本資料は，各国の統計データ等を基に便宜上整理したものであり，各国の公務員制度の差異等（中央政府・地方公共団体の事業範囲，政府企業の範囲等）については考慮していない。また政府企業等職員には公務員以外の身分の者も含んでいる場合がある。
2　国名下の（　）は，データ年度を示す。
3　合計は，四捨五入の関係で一致しない場合がある。
4　日本の「政府企業職員」には，独立行政法人，国立大学法人，大学共同利用機関法人，特殊法人の職員を計上している。
5　日本の数値において，国立大学法人，大学共同利用機関法人，特殊法人及び軍人・国防職員以外は，非常勤職員を含む。

（出典）人事院ウェブサイト(2)

図 3-1　人口 1,000 人当たりの公的部門における職員数の国際比較

な評価が課されて「評価疲れ」が起こっていると言われることがある。もともと「小さな政府」である日本において評価にかけるコストはどの程度が適切であるのか，小さな政府において NPM 的な考え方に基づく施策が適切であるのかどうかといった点は，これまであまり吟味されていないが，検討しなければならない課題である。

3. 教育委員会と首長部局との連携

次に教育行政と他の行政分野との連携について述べる。教育行政は，教育委員会が首長部局から一定独立していることもあり，縦割り行政の弊害が指摘されることが多かった。一方で近年は，前述した行政の効率化が要請されていることや，教育課題が複雑化して多くの分野にまたがる問題が増加していることから，とりわけ福祉などとの連携・協力が必要不可欠になっている。ここでは，その事例として特別支援教育や発達障害支援，生涯学習・社会教育などについて述べる。教育と福祉，あるいは教育委員会と首長部局の連携が重要な施策には幼児教育・保育や子育て支援もあるが，これについては第13章で詳しく扱う。

（1）特別支援教育，発達障害支援

特別支援教育は，かつて特殊教育または障害児教育と呼ばれており，障害別に盲学校（視覚障害），聾学校（聴覚障害），養護学校（肢体不自由，知的障害など）が設置されていた。一方でLD（学習障害）やADHD（注意欠陥多動性障害）など，従来の特殊教育の枠組みでは対応できない障害も明らかになってきたことから，2003年の中教審答申で従来の特殊教育に代わり一人ひとりの教育的ニーズに個別に対応する特別支援教育の理念が提言され，従来の盲・聾・養護学校は特別支援学校に改称された（自治体の判断で従来の名称を継続しても可）。ただし実際には従来の障害別の対応が行われているのが実態である。

特別支援学校は都道府県に設置義務があり，小・中学校の特別支援教育に対するセンター的な役割も期待されている。学級編制については特別支援学校が6名（重複障害は3名），特別支援学級が8名である。

特別支援学校以外のしくみとしては，小・中学校の多くに特別支援学級（支援級とも呼ばれる）が置かれている。さらに，通常の学級に在籍しつつ必要に応じて別の場で教育を受ける通級指導と呼ばれるしくみもある。

小・中学校では，LDやADHDなどの発達障害を有する児童生徒への対応が学校現場での課題の一つになっている。医学的な裏づけは十分ではないが，小・中学校に通う児童生徒の約6%が何らかの発達障害を

有するとの指摘もある。

発達障害支援における課題の一つは，就学前後の「つなぎ」が必ずしも円滑ではない場合が見られることである（日本都市センター 2014）。発達障害支援は就学前については主に福祉部局が対応するが，そこでの情報が就学後に学校にうまく引き継がれないことがある。福祉，教育，医療など，複数の分野がネットワークを構築して情報共有を円滑に行うことが重要である。

他には，第 12 章で取り上げる子どもの貧困対策も教育と福祉の連携が必要な施策である。ただ，教育は子ども全体の利益や学力保障などの学習面を重点的に考えるのに対して，福祉は子ども全体というよりは困難な状況の子どもに焦点を当てる。同時に学習面よりは生活保障や居場所づくりなど，生活面を重視する傾向がある。教育と福祉の連携の必要性を唱えることは容易であるが，実際には両者の視点は異なることが多いため，首長部局（福祉）と教育委員会（教育）の密接なコミュニケーションや相互理解が不可欠である。

（2）生涯学習・社会教育

生涯学習・社会教育も教育行政と他の分野との連携が重要になる政策分野である。学校教育以外の意図的・計画的な教育活動を総じて社会教育と呼ぶ。それに対して生涯学習は学校教育や組織化されていない自発的・個人的な学習も含むなど，社会教育よりも広い概念である。

国レベルでは 1980 年代後半に生涯学習体系への移行が提唱され，地方自治体レベルでも国の施策を受けて生涯学習関連の部署が多く設置された。生涯学習は地域づくり・まちづくりや文化政策などさまざまな政策分野が関連するため，首長部局に置かれることが多かった。2019 年からは，社会教育施設である公民館，図書館，博物館，青少年教育施設などの管理を首長部局に移管することが可能になった。生涯学習や社会教育は，学校教育に比べてNPMや政治主導の影響を受けやすい面があるといえよう。

最近では，社会教育は学校教育との連携（学社連携）に重心を置くようになっている。2008年には約50年ぶりに社会教育三法（社会教育法，図書館法，博物館法）が大きく変わり，地域住民等による学習の成果を活用した学校等における教育活動の機会の提供や，図書館および博物館で学習の成果を活用して行う教育活動の機会を提供することが社会教育の役割として明記された。

4. 今後の方向性―総合行政化のメリットとデメリット

本章で見たように，国・地方自治体とも，とりわけ1990年代後半以降は行政の総合化が進んでいる。その背景としては本章で述べた通り，政治主導の強化やNPMの普及といった要因が挙げられる。同時に，首長部局と教育委員会との連携・協力が以前にも増して必要になっている。特に，少子化が進行している地域では，公共施設マネジメントの観点と併せて学校再編計画を策定するケースが増えている。第2章で述べた教育委員会制度改革では，首長の権限を強化するしくみとして首長と教育委員会が協議・調整を行う総合教育会議が設置されたが，これを首長部局と教育委員会のトップ同士が連携・協力を図るしくみとして活用することも考えられる。

総合行政化は，行政の効率化や行政分野間の連携といった点で長所があるのは確かである。一方で，個別分野の専門性の低下や，短期間で目に見える数値目標を達成しようとする傾向が強まるなど，必ずしも良い面ばかりでない部分もある。戦後の教育行政は，一般行政からの独立を志向していたが，現実には総合行政の一分野であることも否めない。総合行政化が進む中で，教育行政の専門性をどのように高めて活かしていくのか，それを市民や他の分野の専門家など教育行政の外部の人々にどう説明していくのかが問われている。

〉〉注

(1) 日本の地方自治体は首長と議会をそれぞれ選挙で直接公選する二元代表制である。似たようなしくみとして米国の連邦政府（中央政府）が挙げられるが，米国の大統領は予算や法案を自ら議会に提出できないのに対して，日本の首長は予算案を自ら作成し，条例案を議会に提出できるなど，その権限が強いとされる（小川 2010）。

(2) 人事院ウェブサイト　https://www.jinji.go.jp/pamfu/profeel/03_kazu.pdf

参考文献

青木栄一「評価制度と教育の NPM 型ガバナンス改革」『評価クォータリー』(4)・(5)（2008 年）

青木栄一「教育行政の専門性と人材育成」『年報行政研究』(50)（2015 年）

小川正人『教育改革のゆくえ』（筑摩書房，2010 年）

笠京子「NPM とは何か」『香川法学』21 巻 3・4 号（2002 年）

勝野正章「学校のガバナンス改革」勝野正章・村上祐介編著『新訂　教育行政と学校経営』（放送大学教育振興会，2020 年）

日本都市センター『発達障害支援ネットワーク構築に向けて』（2014 年）

村上祐介編著『教育委員会改革 5 つのポイント』（学事出版，2014 年）

村上祐介『教育行政の政治学』（木鐸社，2011 年）

学習課題

1. 日本で行われているNPM的と思われる教育政策を一つ以上挙げ，どのような点でNPM的な手法といえるのか，またどのような成果や課題があるのかを考えてみましょう。
2. 特定の地方自治体を一つ選び，教育委員会と首長部局と連携・協力としてどのようなことが行われているかを，地方自治体のウェブサイトや広報紙などで調べてみましょう。

4　教育財政のしくみ

青木栄一

《**目標＆ポイント**》教育改革論議ではそれぞれの信じる教育論がぶつかり合う。それを実行する段階となれば，直ちに直面するのは資源の制約である。日本では高齢者が急増しているため，年金，医療，介護予算に限られた財政資源を振り向けなければならない（橋野 2017）。これに対して少子化が進んでいるため，教育費は削減対象となりやすい。

今回はまず，教育分野に関する中央政府と地方自治体を通じた財政制度を解説する。日本の教育分野は，これまで融合型政府間財政関係が確立してきたことを確認する。その上で，どうして融合型政府間財政関係が教育分野で選択されたのか，その機能は何かを考えてみたい。

《**キーワード**》義務教育費国庫負担金，公立学校施設整備費負担金，融合型政府間教育財政関係，予算編成過程

1. 東日本大震災後になぜ学校教育は早期復旧したのか？

東日本大震災後の学校教育の復旧のスピードは他の分野（水産，農業等）と比較して非常に早かった。その背景には日本の教育財政制度がある。アメリカのハリケーン・カトリーナの被災地では，公立学校の教員は一旦解雇され多くの非常勤講師が雇用された。公立学校は閉校され，新たにチャータースクールが設立された。かつての学校の校舎は廃墟と化している。これに対して，東日本大震災の被災地ではいち早く学校の教育活動が再開され，校舎も現地あるいは別の場所に再建された。教員も震災のための加配（追加の配置）がなされ，従来と比較して手厚い教育環境が提供された（青木 2015）。

この背景には日本では中央政府から地方自治体に対する財政移転が手厚いことがある。教育分野もその典型例の一つである。小中学校の教員給与と学校施設建設費については，特に手厚い財政移転制度が用意されている。二つの国庫負担金が象徴的存在である。**義務教育費国庫負担金**は公立小中学校の教員給与を国が負担するものであり，**公立学校施設整備費負担金**は学校施設の建設費を負担するものである。この負担金は，義務教育は国も地方も挙げて遂行するべきものであるという考えを背景として，国の責任を果たすために設けられている。教員と学校施設がそこでは重視されている。平時でさえ手厚いこのしくみが大規模災害の際にはさらに手厚くなる。

なぜ財政移転制度が教育を支えているのだろうか。地方自治体が支出するのであれば，その分の国税を地方税に切り替えればよいのではないかと思うだろう。しかし，税源の偏在という問題がある。歴史的に見て，義務教育の教員人件費のような巨額の予算費目の負担主体をめぐっては国と地方を通じた大論議を繰り返してきた（小川 1992，井深 2004）。貧しい地方自治体がその税収だけで義務教育を賄うことになれば，教員給与の遅配や引き下げ，学校施設の老朽化が起こり，義務教育の持続可能性すら危ぶまれることになる。これはアメリカの学区が自前の税収で教育を展開するしくみであるために富裕学区と貧困学区との格差が問題となっていることから見ても，日本でも現代的問題になりうる。この税源の偏在を踏まえて，全国で格差のない学校教育を展開するため，中央政府から地方自治体への手厚い財政移転制度（**融合型政府間教育財政関係**）が整備されている。

2. 融合型の政府間教育財政関係

都道府県と市町村の歳出総額はそれぞれ約49兆3,000億円，59兆4,000億円である（**図4-1**）。地方自治体の目的別歳出額[(1)]について見ると，地方自治体全体で教育費は17%強である。都道府県については，2割を超え最大の費目となっている。市町村については，1割強であり民生費に次いで2番目の費目である。

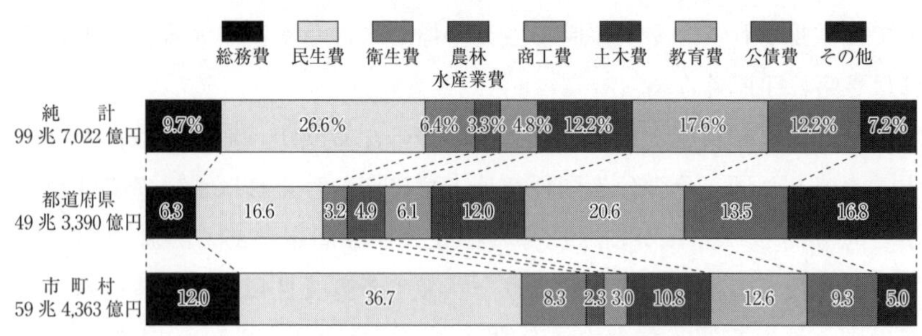

（注）数値は2019年度のもの（以下同じ）

（出典）総務省『地方財政白書』2021年版[(2)]

図4-1　地方政府の目的別歳出決算額の構成比

日本の教育財政の特徴は中央政府（国）から地方自治体への財政移転が大きいことである。このことをもって，日本の政府間財政関係が融合的であるということができる。目的別に見ると，地方自治体が支出するのは学校教育費全体の実に9割近い87%である（**図4-2**）。これは衛生費（保健所，ゴミ処理等）に次ぐものである。また，少子化が進んでいるとはいえ，中央政府と地方自治体を通じた歳出に占める学校教育費のシェアは（公債費を除くと）8.9%と第2位である（第1位は民生費であり，老人福祉といった高齢化に伴いシェアが急増している)。他方，防衛費は中央政府が全額を支出している。この対比からも教育が中央と地方とで分担しつつ行われていることがわかるだろう。

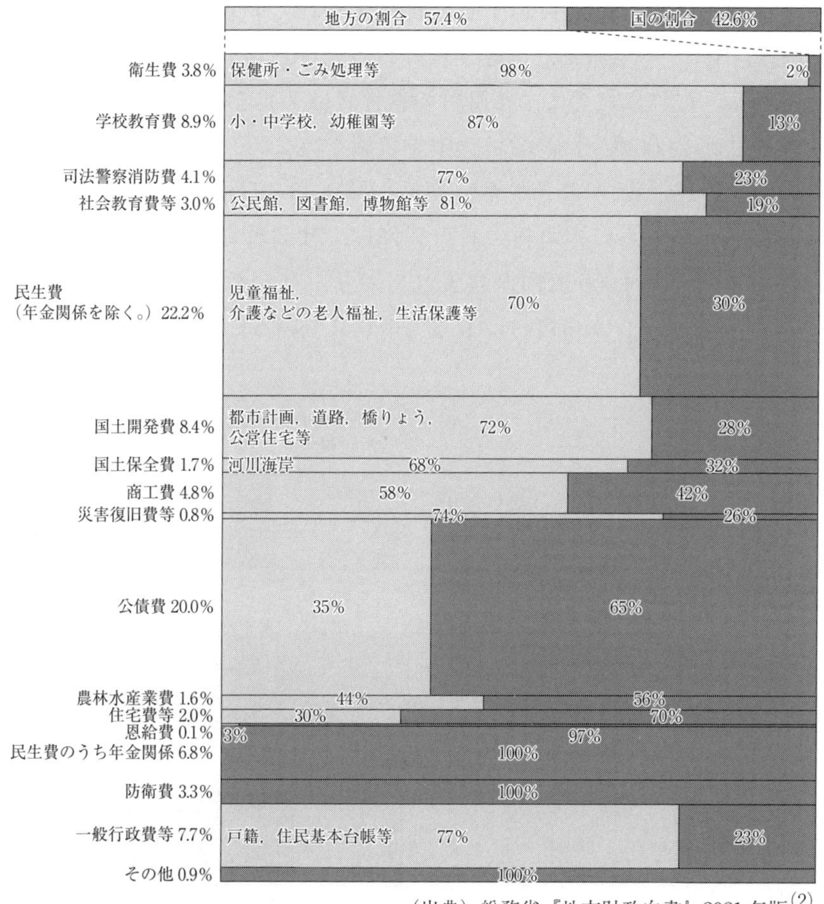

（出典）総務省『地方財政白書』2021 年版(2)

図 4-2　中央・地方を通じた純計歳出規模（目的別）

日本では都道府県と市町村それぞれが教育に関わっている。都道府県の教育費は総額約 10 兆 2,000 億円である（**図 4-3**）。

目的別内訳から見てみよう。都道府県の場合，小学校費 2 兆 8,000 億円（27.3%），中学校費 1 兆 6,000 億円（16.0%）には，公立小中学校の教員人件費を都道府県が負担する経費が含まれている。高等学校費 2 兆 1,000 億円（20.4%）には，高等学校の教員給与と学校施設整備費が含まれている。これに対して，市町村の教育費は 7 兆 5,000 億円である。小学校費 2 兆 2,000 億円（28.8%），中学校費 1 兆 2,000 億円（15.4%）には，小中学校の運営費（水道光熱水費，消耗品費等）および学校施設整備費が含まれている。さらに市町村の教育費には，社会教育費 1 兆 1,000 億円，保健体育費 1 兆 4,000 億円が含まれており，社会教育（公民館，図書館，博物館）やスポーツが市町村によって担われていることがわかる。

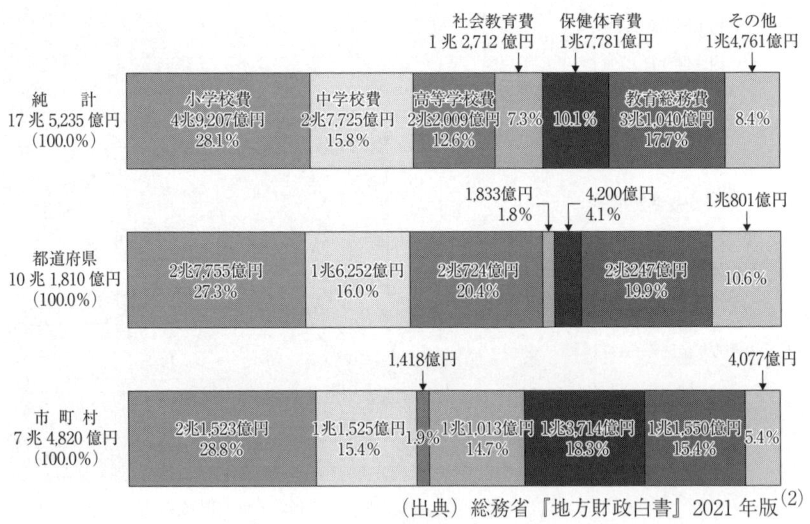

（出典）総務省『地方財政白書』2021 年版(2)

図 4-3　教育費の目的別内訳

他方，性質別内訳（**図 4-4**）を見ると，都道府県の教育費の 8 割近くが人件費であることがわかる。これは，都道府県が高等学校等の県立学校の教職員の人件費に加えて公立小中学校の（政令市が設置するものを除く）教職員の人件費も負担しているからである。市町村の教育費については，人件費が 3 割，普通建設事業費が 3 割，物件費が 3 割である。人件費については，2017 年度からスタートした政令市による公立小中学校教職員の人件費負担（3.（2）で後述）のほか，市町村職員としての学校の教職員（給食の調理員，用務員，そして少数であるが市町村費負担教職員等），および教育委員会の事務職員（指導主事を含む）に関するものである。普通建設事業費は学校の建設費や土地の取得費に使われる。ただ，少子化のため学校の新築はあまり行われなくなっており，建設費の多くは増改築や大規模改造に使われている。最後に物件費によって水道光熱水費，印刷製本費，消耗品費等が賄われる。

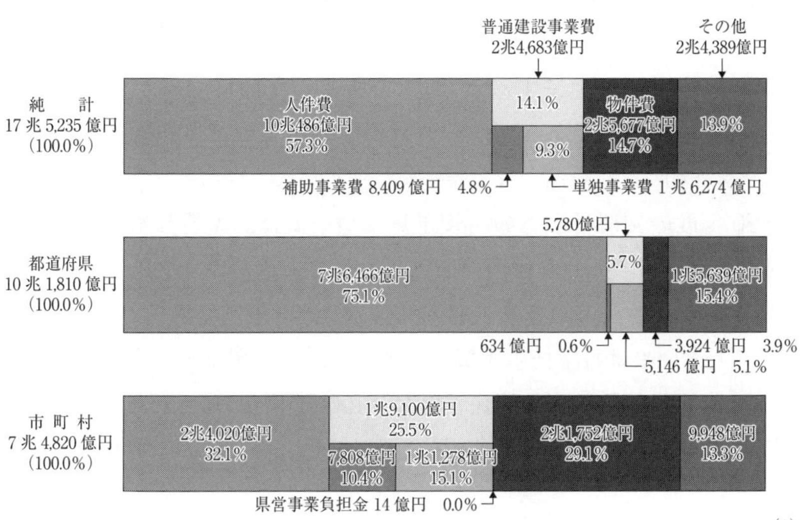

（出典）総務省『地方財政白書』2021 年版(2)

図 4-4　教育費の性質別内訳

3. 文部科学省の予算と二つの負担金

（1）文部科学省予算

中央政府で教育予算を担当するのは主として文部科学省である。文部科学省の所管する予算は国の予算全体（一般歳出に地方交付税交付金と国債費を合わせた額）およそ101兆円のうち5兆3,000億円（5.3%）である（図4-5）。省庁別に見ると，最も多いのが医療，介護を担当する厚生労働省の33兆円（32.7%）であり，次に地方自治体に配分される総務省所管の地方交付税15兆8,000億円（15.7%）である。公共事業を担当する国土交通省所管は6兆1,000億円（6.0%）であり，文部科学省はそれに次ぐ。防衛を担う防衛省所管予算が5兆3,000億円（5.2%）である。国債の返済費用である国債費と地方交付税交付金を除いたものが一般歳出と呼ばれるものである。一般歳出でみると，文部科学省予算のシェアは厚生労働省と国土交通省に次いで第3位である。

国の予算のうち，2020年度で文部科学省予算は約5兆3,000億円であり，国全体の予算の5.3%であることはすでに述べた通りであるが，2001年度時点では8.0%であった（表4-1）。また，2020年度の一般歳出全体に占めるシェアにすると8.6%である。文部科学省が設置された2001年度は13.5%であったから，所管する予算シェアが低下傾向であることがわかるだろう。

2020年度の文部科学省の所管予算については，先述した**義務教育費国庫負担金**が1兆5,000億円（28.7%）と最も大きなシェアを占める。次いで，国立大学法人運営費交付金で1兆1,000億円である（20.4%）。その次に大きいのは科学技術予算の1兆円（18.4%）である。私立学校に対する助成である私学助成関係予算は4,100億円（7.7%）である。民主党政権期に制度化されたいわゆる「高校無償化」のための予算である高校

表 4-1　文部科学省予算の変遷

単位：億円

年度	国の予算					文部科学省予算		国の予算に占める文部科学省予算の割合	
	一般会計		左のうち一般歳出		一般歳出／一般会計			文部科学省／国の一般会計	文部科学省／国の一般歳出
	予算額	増加率	予算額	増加率		予算額	増加率		
		%		%	%		%	%	%
1994	730,817	1.0	408,548	2.3	55.9	60,068	2.4	8.2	14.7
1995	709,871	△ 2.9	421,417	3.1	59.4	61,319	2.1	8.6	14.6
1996	751,049	5.8	431,409	2.4	57.4	62,832	2.5	8.4	14.6
1997	773,900	3.0	451,067	4.6	58.3	63,912	1.7	8.3	14.2
1998	776,692	0.4	445,362	△ 1.3	57.3	63,760	△ 0.2	8.2	14.3
1999	818,601	5.4	468,878	5.3	57.3	64,860	1.7	7.9	13.8
2000	849,871	3.8	480,914	2.6	56.6	65,129	0.4	7.7	13.5
2001	826,524	△ 2.7	486,589	1.2	58.9	65,784	1.0	8.0	13.5
2002	812,300	△ 1.7	475,472	△ 2.3	58.5	65,798	0.02	8.1	13.8
2003	817,891	0.7	475,922	0.1	58.2	63,220	△ 3.9	7.7	13.3
2004	821,109	0.4	476,320	0.1	58.0	60,599	△ 4.1	7.4	12.7
2005	821,829	0.1	472,829	△ 0.7	57.5	57,333	△ 5.4	7.0	12.1
2006	796,860	△ 3.0	463,660	△ 1.9	58.2	51,324	△ 10.5	6.4	11.1
2007	829,088	4.0	469,784	1.3	56.7	52,705	2.7	6.4	11.2
2008	830,613	0.2	472,845	0.7	56.9	52,739	0.1	6.3	11.2
2009	885,480	6.6	517,310	9.4	58.4	52,817	0.1	6.0	10.2
2010	922,992	4.2	534,542	3.3	57.9	55,926	5.9	6.1	10.5
2011	924,116	0.1	540,780	1.2	58.5	55,428	△ 0.9	6.0	10.2
2012	903,339	△ 2.2	517,957	△ 4.2	57.3	54,128	△ 2.3	6.0	10.5
2013	926,115	2.5	539,774	4.2	58.3	53,558	△ 1.1	5.8	9.9
2014	958,823	3.5	564,697	4.6	58.9	53,627	0.1	5.6	9.5
2015	963,420	0.5	573,555	1.6	59.5	53,378	△ 0.3	5.5	9.3
2016	967,218	0.4	578,286	0.8	59.8	53,216	△ 0.2	5.5	9.2
2017	974,547	0.8	583,591	0.9	59.9	53,097	△ 0.2	5.4	9.1
2018	977,128	0.3	588,958	0.9	60.3	53,093	0.1	5.4	9.0
2019	994,291	1.8	599,359	1.8	60.3	53,062	0.1	5.3	8.9
2020	1,008,791	1.5	617,184	3.0	61.2	53,060	△ 0.0	5.3	8.6

(注) 1　平成 9 年度の一般歳出予算額は,「産業投資特別会計へ繰入等」を含んだ金額である。
2　平成 12 年度以前の文部科学省予算額は，文部省予算と科学技術庁予算の合算額である。
3　平成 16 年度一般会計の予算額には,「NTT 無利子貸付償還時補助金等（235 億円)」を含む。
4　平成 17 年度文部科学省予算額には,「NTT 無利子貸付償還時補助金等（1,321 億円)」を含む。
5　令和元年度，令和 2 年度予算には，臨時・特別の措置の金額を含まない。
6　令和元年度予算額の「臨時・特別の措置」は，国の一般会計予算額：2 兆 280 億円，文部科学省予算額：2,084 億円。
7　令和 2 年度予算額の「臨時・特別の措置」は，国の一般会計予算額：1 兆 7,788 億円，文部科学省予算額：1,092 億円。
8　増加率は，前年度予算額（平成 27 年度以降の文部科学省予算については，子ども・子育て支援新制度移行分を除いた額）に対する増加率である。
9　国の一般歳出は，国の一般合計予算から国債費，地方交付税交付金等を除いたいわゆる政策的経費である。

(出典) 文部科学省『文部科学白書』より筆者作成

生等への修学支援4,500億円（8.5%）は財政危機の中での政治判断によって大きな予算が新規に認められた好例である。このように，文部科学省予算の特徴は，自ら使用せず，そのほとんどを他の主体へ予算を配分するところにある。かつては義務教育費国庫負担金のように，教育サービスの提供主体に配分する傾向が強かったが，最近では高校生等への修学支援のように，サービスの受け手に配分するようになってきた（ただし，修学支援金に関する業務は高等学校が行っており，事務的負担が増えている）。

(1) 国の予算　　(2) 文部科学関係予算の構成

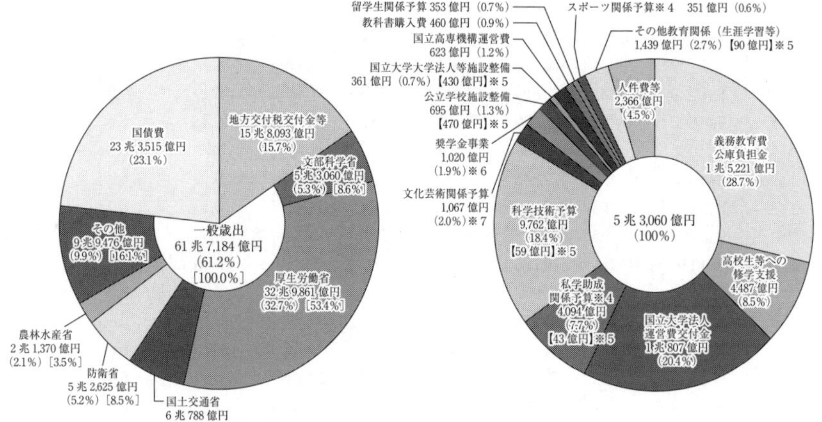

（注）1.（　）は，国の予算全体に対する割合。
2.［　］は，一般歳出に対する割合。

（注）1. 幼児教育・保育の無償化に伴う予算組替後の数字。
2. 子ども・子育て支援新制度移行分を含めると，5兆3,072億円（対前年度10億円増）。
3.「臨時・特別の措置」（防災・減災，国土強靱化関係）については別途1,092億円を計上。
4. 私学助成関係予算，スポーツ関係予算については重複計上がある。
5.【　】に「臨時・特別の措置」の金額を外数として参考記載。
6. 幼児教育・保育の無償化に係る経費3,410億円の内数及び，高等教育の修学支援新制 度に係る経費4,882億円を別途内閣府予算として計上。

（出典）文部科学省『文部科学白書』2020年度

図4-5　文部科学省予算（2020年度）

文部科学省の予算はかつて義務教育に重点が置かれていた。それは義務教育の教員給与を負担する義務教育費国庫負担金のシェアが文部科学省所管予算の4割を占めていたことでも明らかである。ところが，三位一体の改革の結果，国庫負担率が2分の1から3分の1に引き下げられ，おおよそ8,000億円が地方交付税に振り替えられた。シェアは三位一体の改革直前の41.5％（2004年度）から32.7％（2006年度）へと大きく下がった（**図4-6，図4-7**）。そして，2020年度現在では少子化の影響を受け教職員定数が減少していることもあり，そのシェアはさらに28.7％にまで下がっている（**図4-5**）。

(1) 国の予算

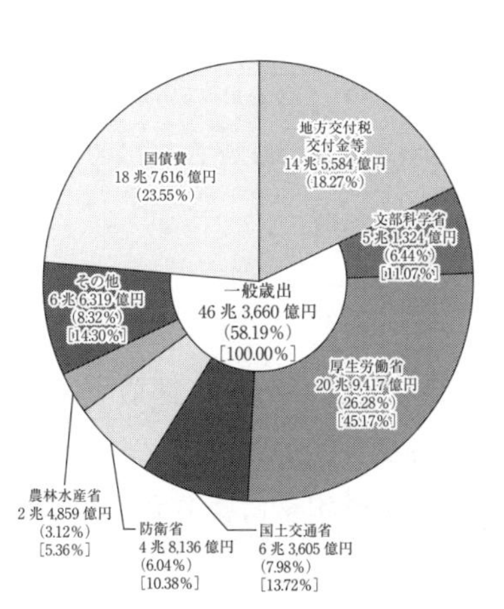

(注) 1（　）は，国の予算全体に対する割合である。
2［　］は，一般歳出に対する割合である。

(2) 文部科学関係予算の構成

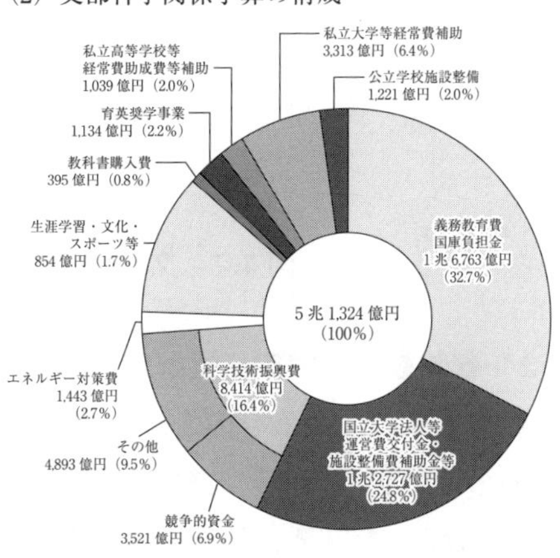

(注)「義務教育費国庫負担金」は，義務教育無償の原則に基づき，国が公立義務教育諸学校の教職員給与費等の1／3を負担しているものである。

（出典）文部科学省『文部科学白書』2006年度

図4-6　文部科学省予算（2006年度）

(1) 国の予算　　　　　　(2) 文部科学関係予算の構成

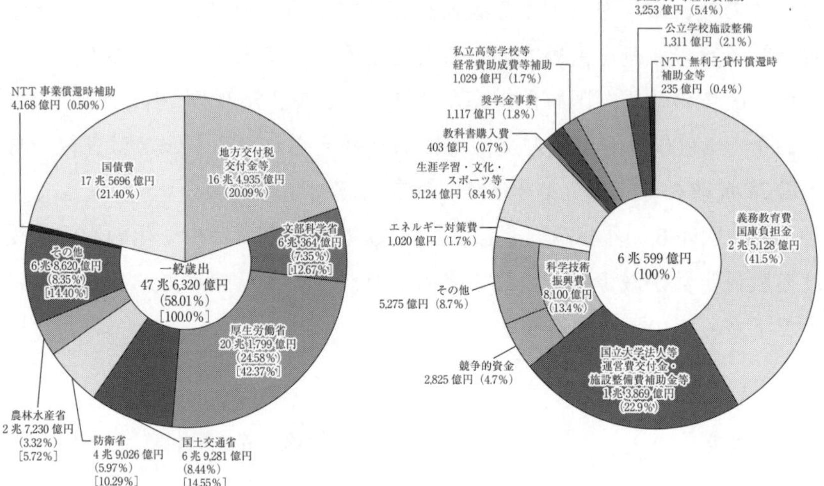

（注）1（　）は，国の予算全体に対する割合である。
　　　2［　］は，一般歳出に対する割合である。

（注）「義務教育費国庫負担金」は，義務教育無償の原則に基づき，国が公立義務教育諸学校の教職員給与費等の1／2を負担しているものである。

（出典）文部科学省『文部科学白書』2004 年度

図 4-7　文部科学省予算（2004 年度）

（2）義務教育費国庫負担制度

教育財政に関するもので最も重要なのがこの制度である。都道府県が域内市町村立学校の教員給与を負担するが（県費負担教職員制度），そのうちの3分の1を文部科学省所管の**義務教育費国庫負担金**により負担する。残りの3分の2は総務省所管の地方交付税によって賄われる。ただし，政令市については，2017 年度から道府県を経由せず文部科学省から直接政令市に財政移転がなされるようになった（給与負担の移譲）。これにより，政令市は「『国の標準』を標準として」学級編制を行えるようになった。なお，高等学校については，教員の給与も学校施設の整備費用も地方税や地方交付税によって賄われる。国庫負担金の算定は，国が定めた給与単価と教職員数を掛け合わせて行われる。

なお，三位一体の改革のまっただ中に改革姿勢を見せるため，文部科学省は2004年度から総額裁量制というしくみを導入し地方自治体の裁量を大幅に認めた（図4-8）。従来，給与は給料や諸手当等の費目別に算定されており，それぞれの費目間での流用ができなかった。さらに，教職員数も自由に決定できなかった。総額裁量制の導入後は給与水準を引き下げた分，教職員を増員するといったことが可能となった。

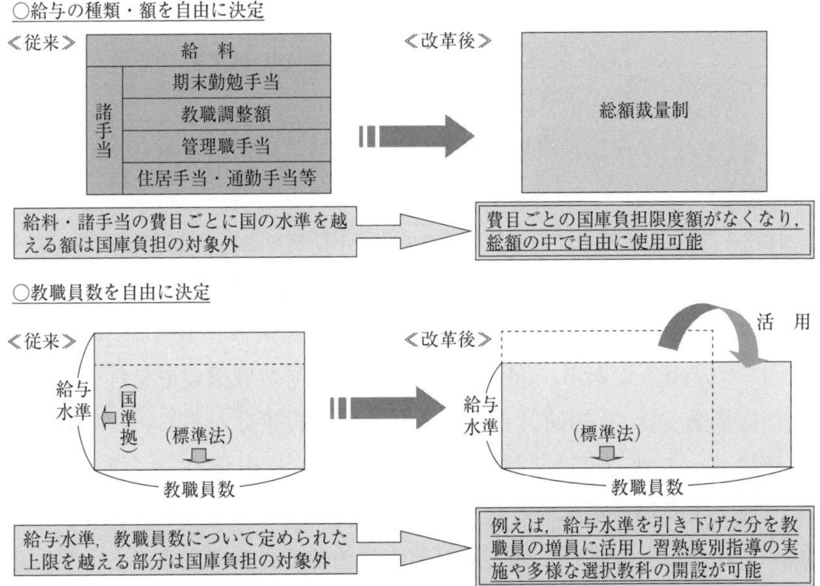

（出典）文部科学省ウェブサイト
「義務教育費国庫負担制度」中「総額裁量制の導入について」

図4-8　総額裁量制

(3) 公立学校施設のための財政制度

公立の小中学校，中等教育学校（前期課程），特別支援学校（小中学部）の校舎，体育館（屋内運動場）を新築・増築する場合にも国から負担金が支出される。これを**公立学校施設整備費負担金**という。国庫負担事業として認められた工事面積（資格面積という）に建築単価を掛け，それに事務費を加えた金額の2分の1が負担額となる（**図4-9**）。

（出典）文部科学省ウェブサイト「公立学校の施設整備」「国庫補助事業について」

図4-9　公立学校施設整備負担金の算定式

もう一つ，学校施設環境改善交付金がある。これは改築（老朽化した既存の学校建物を建て直す）や大規模改造（一定の年数が経過することにより通常発生する学校建物の損耗，機能低下に対する復旧措置や建物の用途変更に伴う改装等を指すもの）が含まれ，事業費の3分の1が交付される。

なお，公立学校施設整備事業に対しては地方財政措置（地方債と地方交付税による支援）がある。**図4-10**のように，国の負担金や交付金が支出される事業では，「補助裏」といわれる地方負担分がある。この地方負担分について地方財政措置がとられる。地方負担分の一定割合について，地方債の起債が認められ，さらにその元利償還金に対する交付税措置がとられる。つまり，地方債は地方自治体の借金であるから，借金の元利返済について地方交付税を充てることができるわけで，実質的な地方負担はより少なくなる。小・中学校の新増築事業では，実質的な地方負担は20.0％と低い地方負担率となっている。同様に統合改修も新増築

小・中学校，義務教育学校

新増築（負担率　1/2）

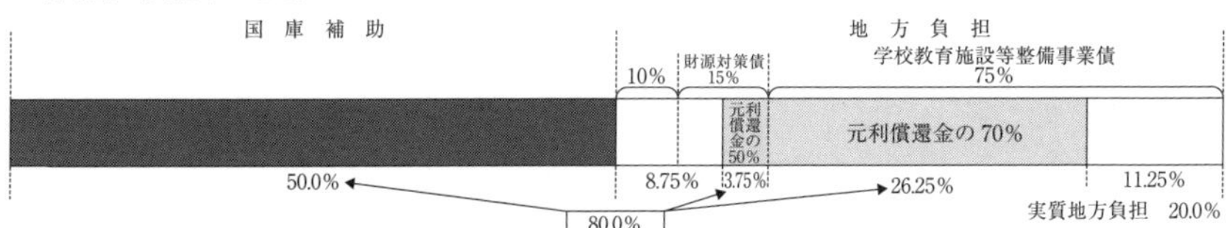

危険改築，不適格改築（全面改築，適正配置等）（交付金算定割合　1/3）

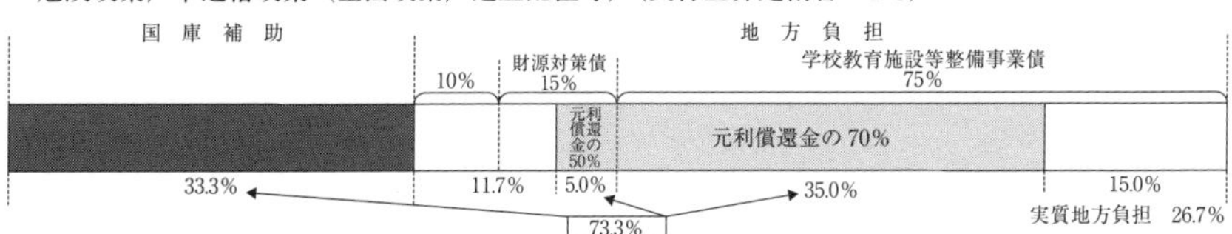

統合改修（交付金算定割合　1/2）

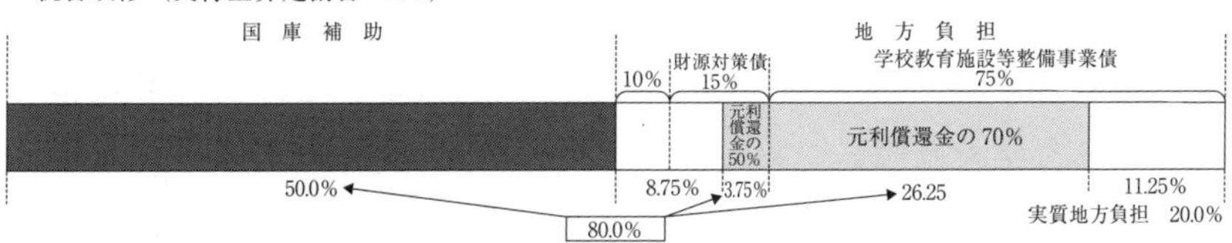

大規模改造（交付金算定割合　1/3）

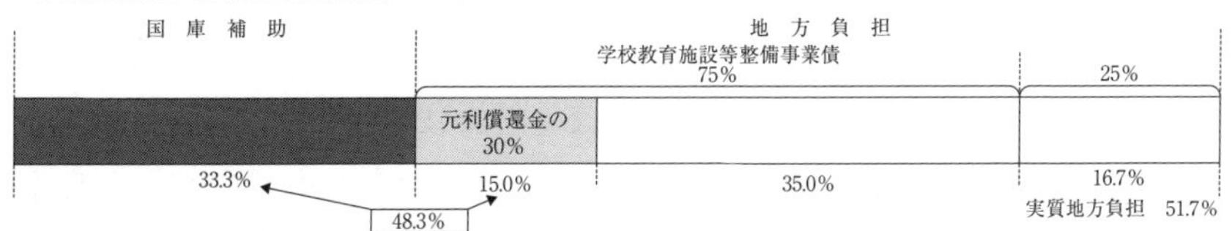

（出典）公立学校施設法令研究会（2021）
『公立学校施設整備事務ハンドブック―令和 3 年―』101-107 頁

図 4-10　公立学校施設整備（建物）のための財源措置（2021 年度）

事業と同じ地方負担率であり，文部科学省が学校統合の推進を図っていることがうかがえる。これに対して，危険改築，不適格改築と大規模改造では交付金算定割合が 3 分の 1 であるほか，実質的な地方負担はそれぞれ 26.7%，51.7%となっている。

現在では少子化のために新築事業の数は少なくなっているが，このように国庫負担制度が存在するのは，義務教育の場である学校施設の整備費用についても中央政府が責任を持つことが要請されるからである。地方自治体が単独で行うと，財政力の不均衡によって地方自治体間の格差が生じやすくなる。地方自治体にとっては，このような手厚い財政援助が受けられるため，先進的な学校施設を建設したり，大規模災害から早期に復旧したりすることが可能となっている（青木 2004，青木 2015）。

（4）耐震化率

教員給与は教職員定数との関連で常に政策論議の中心となっている。しかし，教育が提供される場である学校施設整備もまた重要な領域である。特に第二次ベビーブーム世代が小学校に入学した1980年代前後に建設された学校施設については，経年劣化への対応や耐震化が必要となった。2000年代はじめからこのことが大きな課題となり，耐震化が進められた。その結果，2002年度には耐震性のない建物は7万棟を超えていたが，2015年度には文部科学省の表現によると学校施設の耐震化は「おおむね完了」した。公立学校の耐震化率は2002年度にわずか44.5%であったが，2020年度には99.2%にまで上昇した。なお，この取り組みに際して，文部科学省は市町村別の耐震化率等の指標を公表し市町村の取り組みを促した[(3)]。

4．予算編成過程

（1）中央政府の場合

予算編成過程の流れは**表 4-2** の通りである。ただし，新型コロナウイルス対応のため通例より1ヶ月ほど遅れがでたものもある。経済財政諮問会議が例年6月に翌年度予算の基本方針を決定し，それが閣議決定

表 4-2　中央政府の 2021 年度予算編成日程

2020 年 7 月 17 日	「経済財政運営と改革の基本方針 2020」（骨太の方針 2020）閣議決定
7 月 21 日	概算要求方針「令和 3 年度予算の概算要求財務大臣発言要旨の具体的な方針について」閣議了解
10 月 7 日	概算要求
12 月 21 日	2021 年度予算政府案閣議決定
2021 年 1 月 18 日	2021 年度予算政府案国会提出
3 月 26 日	予算成立

（出典）藤本（2021）を参照し，筆者が一部加除修正

される。7 月に財務省が概算要求基準を示す（閣議了解）。各省庁はこれに沿って予算要求案（概算要求）を策定し，8 月末に提出する。その後，財務省と各省庁との間で予算折衝が行われ，12 月末に政府予算案が決まる（閣議決定）。年明けの通常国会で予算審議が行われ，年度内に予算が成立するのが通例である。小泉政権よりも前は財務省が予算編成権限を一手に担ってきたが，小泉政権以降の自民党政権では経済財政諮問会議が予算編成の基本方針を立案する重要な場となっている。

予算編成には見せ場がある。たとえば，財務省が文部科学省の予算要求について切り込む局面である。2017 年度予算編成において，教職員定数の削減に向けた見直しが財務省から提起されたのは 2016 年 11 月の財政制度等審議会である。概算要求基準が示されたのち，予算編成の過程で財務省側から文部科学省側へ打撃を加えたことになる。これに対しては，文部科学省からの反論が出された(4)。さらに，関係団体からも声明が発せられた。いわゆる「教育関係 23 団体アピール」（正式名称は子どもたちの豊かな育ちと学びを支援する教育関係団体連絡会）であり，2014 年から 4 年連続で 11 月に提出された。2016 年には「子供たち一人一人

にきめ細かな教育を実現するための教職員定数改善等を求めるアピール」が出された[5]。実は，財務省が 11 月に文部科学省予算に切り込むのはなかば年中行事となっている（青木 2016）。文部科学省予算の根幹を占める義務教育教員給与に関わることであるから，文部科学省もまた反論に全精力を使う[6]。

（2）地方自治体の場合

地方自治体の場合，中央政府の予算案が判明した後に予算編成が本格化する。すでに見た通り，中央政府からの財政移転の額がわからないと予算編成ができないからである。大阪府の例では，**表 4-3** のようなスケジュールとなっている[8]。

表 4-3　大阪府の 2021 年度予算編成

2020 年 11 月 18 日	当初予算編成要領
12 月 1 日	要求書の公表
2021 年 1 月 4 日	査定書の公表
1 月 12 日	財務部長復活要求書の公表
2 月 1 日	財政課長後調整要求書・査定書の公表
2 月 1 日	財務部長復活査定書の公表／内示の概要
2 月 18 日	財務部長後調整要求書・査定書の公表
2 月 18 日	最終調整要求書・査定書の公表
2 月 18 日	当初予算案の公表
2 月 25 日	大阪府議会に 2017 年度大阪府一般会計予算案を知事が提出
3 月 24 日	大阪府議会で原案可決

（出典）注(7)に示したウェブサイトを参照し，一部修正

5. 教育費のシェアが高い地方自治体はよい地方自治体か？

（1）地方自治体の熱心さの指標？

教育費については地方交付税措置がなされている。代表的な例が図書費と教材費である。図書費は学級数に応じて地方交付税措置がなされる。小学校では18学級の学校で42万円程度（2002年度，制度開始当初）である[9]。教材費は2005年度決算で，18学級の小学校で340万円である[10]。地方交付税は地方自治体が自由に使途を決められる財源であるから，地方交付税措置をされても必ず当該費目に充当されるわけではない。

図書費について見ると，2004年度の都道府県別では全国平均が42万円，最高が69万円，最低が19万円であった[11]。教材費について見ると，2005年度決算で最高が小中学校平均で652万円，最低が94万円であった。なお，いわゆる「充当率」は73.1％であった。この充当率は基準財政需要額（地方交付税）を100としてどの程度実際に支出したかを示すものである。これは教育という事業を所管し，必要経費を財務省や総務省に要求する立ち位置の文部科学省にとっては必然的な姿勢である。これとは対照的に，総務省は地方交付税については，充当率という考え方自体ナンセンスだという考え方に立つ。基準財政需要額はあくまで積算のためのバーチャルな指標であり，実際の支出は地方自治体のニーズや判断によって決まるという立場だからである。

都道府県別の充当率データは文部科学省が教育費の拡充を主張しなければならない，あるいは教育費のいっそうの削減に抵抗しなければならない場合に示される。2022年度時点では教材費や図書費の都道府県別データは示されていない。示されるのは三位一体の改革に代表される危機的状況のときだけだといえる。

教材費や図書費といった個別費目の都道府県別データとは別に，毎年度の文部科学省統計（「地方教育費調査」）では都道府県別の教育費の基準財政需要額に対する実支出額の比率が都道府県別に掲載されている[12]。

これによると，2019 会計年度における都道府県の支出については，全国平均，小学校費 1.08，中学校費 1.10，高等学校費 1.37，特別支援学校費 1.12 である。市町村の支出については，全国平均，小学校費 1.77，中学校費 2.09，である（**表 4-4**）。都道府県の小中学校費は主として小中学校教員の給与費であるから，全国平均で見るとそれほど基準財政需要額から乖離しない。比率が 1 に近いからといって，都道府県全体として努力が足りないとか教育に熱心でないというわけではなく，むしろ国の基準が明確に存在している義務教育の教員給与という制度上の要因でそれほど都道府県の政策選択の裁量がないということを示している。これに対して，高等学校は教員給与も施設整備も一般財源であり，義務教育と比較して都道府県の政策選択の自由度が高い。それを反映して，都道府県間の差も義務教育よりも大きい。

市町村については，政令指定都市への義務教育費国庫負担金相当額の税源移譲の関連で基準財政需要額の算定に変更があった。そのため，政令市を有する道府県における市町村の数値が高めに出るようになったため，以前よりも小学校，中学校ともに都道府県間の差が大きくなった。市町村の小学校費の値のうち，最小値は島根県の 1.04 であり最大値は神奈川県の 4.18 である。中学校費も同様に，最小値は宮崎県の 1.18 であり最

表 4-4　教育費の基準財政需要額に対する実支出額の比率の記述統計量

	度数	最小値	最大値	平均値	標準偏差
都道府県・小学校費	47	0.82	1.24	1.08	0.06
都道府県・中学校費	47	0.87	1.27	1.10	0.07
都道府県・高等学校費	47	1.16	1.68	1.37	0.10
都道府県・特別支援教育費	47	0.96	1.35	1.12	0.09
市町村・小学校費	47	1.04	4.18	1.77	0.73
市町村・中学校費	47	1.18	4.22	2.09	0.86

（出典）文部科学省『地方教育費調査報告書』2019 会計年度より筆者作成

大値は神奈川県の4.22である。このことから，神奈川県の市町村は基準財政需要額に比べて倍以上の小中学校費を支出している一方で，市町村が基準財政需要額とほぼ同額の支出を行う県も存在する。

もう一点これらのことから指摘できるのは，特に市町村は地方交付税の算定単価や費目では把握しきれない現場ニーズに対応しているために，基準財政需要額を大きく上回る支出を行っていることである。従来，これを市町村の教育に対する熱心さとしてとらえる傾向が強かったが，実際には熱心というよりは切迫しているともいえよう。他方，基準財政需要額とほぼ同率の支出を行う市町村については，不熱心，不見識であると見るより，ニーズに対応できず，いわばサービス水準が底割れしている可能性を疑ったほうがよいだろう。

政策論議の観点からいえば，ここまで基準財政需要額を上回る市町村が存在しているのであれば，なんらかの税財政改革（増税）のテーマとなるといえる。

なお，大都市近郊であるなどの理由から現在でも子育て世帯が引っ越し先として選択するような市町村も存在する。このような市町村では依然として児童生徒数の増加も見られる。たとえば，愛知県安城市では2019～2021年度の教育費の一般会計に占める比率が順に15.8％，18.2%，14.5％と全国平均の5割程度大きい。こうした市町村では現代の教育に特有なニーズに加えて児童生徒数の増加という政策課題にも対応しなければならず，きわめて難しい対応を迫られている。

（2）学校のコスト

学校に関するお金は，文部科学省から都道府県，市町村，学校へと流れている。実際に学校教育が提供される個別の学校のコスト情報は重要であるが，それが公開されることはまれである。ここでは東京都の高等学校についての2019年度のデータを紹介する(14)。1校あたりの人件費の割合は70.7％であった（教職員平均58人，人件費603,241千円÷総コスト853,325千円）。生徒1人当たりのコストは1,181千円であった（生徒数723人）。税金の割合は89.1％，保護者等負担率は9.2％であった。このデータから，学校単位でみても教育分野は人件費の割合が非常に高いとわかる。

このように，人件費が大部分を占めるのが教育財政の特徴である。そのため教員給与や教職員配置に関する政策論議は常にホットイシューとなる。

〉〉注

(1) 目的別歳出額とは，教育費，民生費といった行政目的別（行政領域別）の数値のことである。これに対して，性質別歳出額とは，人件費，建設費のような経費の経済的な性質に着目した分類のことである。

(2) 総務省『地方財政白書』2021年版
https://www.soumu.go.jp/menu_seisaku/hakusyo/chihou/r03data/2021data/r03czb01-02.html#z012

(3) 文部科学省ウェブサイト「公立学校施設の耐震化の推進」
https://www.mext.go.jp/a_menu/shotou/zyosei/taishin/

(4) 文部科学省ウェブサイト「財政制度等審議会財政制度分科会における教職員定数に関する主張に対する文部科学省としての考え方」
https://www.mext.go.jp/a_menu/shotou/hensei/1291348.htm

(5) 全国連合小学校長会ウェブサイト「全連小の主張」。なお，23団体とは，日本PTA全国協議会，日本教育会，全国市町村教育委員会連合会，全国都市教育長協議会，中核市教育長会，全国町村教育長会，全国連合小学校長会，全日本中学校長会，全国公立小・中学校女性校長会，全国特別支援学校長会，全国連合退職校長会，全国高等学校長協会，全国公立学校教頭会，全国特別支援教育推進連盟，全国へき地教育研究連盟，日本連合教育会，全国養護教諭連絡協議会，全国公立小中学校事務職員研究会，全国学校栄養士協議会，日本教職員組合，全日本教職員連盟，日本高等学校教職員組合，全国教育管理職員団体協議会である。

(6) この前年にも，財務省と文部科学省との間での政策論議があった。このときには 2015 年 6 月 1 日に財政制度等審議会が財務大臣に対して行った「財政健全化計画等に関する建議」において教職員定数の削減を求めた。これに対して文部科学省は反論文「財政制度等審議会の『財政健全化計画等に関する建議』に対する文部科学省としての考え方」を 6 月 5 日に公表した（中村 2016：33）

(7) 内閣府ウェブサイト「2016 年第 19 回経済財政諮問会議資料」
https://www5.cao.go.jp/keizai-shimon/kaigi/minutes/2016/1125/agenda.html

(8) 大阪府ウェブサイト「予算編成過程公表サイト」
https://www.pref.osaka.lg.jp/yosan/
大阪府議会ウェブサイト「会議報告（議決結果一覧）」
https://www.pref.osaka.lg.jp/gikai_giji/hokoku/index.html
ただし，コロナ禍対策のため例年よりも予算編成のスケジュールは半月ほどズレこんだ。

(9) 文部科学省初等中等教育局児童生徒課長通知「公立義務教育諸学校の学校図書館の図書の購入に要する経費の地方財源措置について」2002 年 4 月 15 日

(10) 文部科学省資料「『教育財政』関連資料」の「教材費の措置状況（都道府県比較）」
https://www.kantei.go.jp/jp/singi/kyouiku/1bunka/dai10/siryou3.pdf

(11) 文部科学省資料「『教育財政』関連資料」の「図書費の措置状況（都道府県比較）」
https://www.kantei.go.jp/jp/singi/kyouiku/1bunka/dai10/siryou3.pdf

(12) 文部科学省「地方教育費調査報告書」各会計年度版

(13) 安城市ウェブサイト「予算」
https://www.city.anjo.aichi.jp/shisei/zaisei/yosan/index.html

(14) 東京都教育委員会 「高等学校 1 校当たりの平均運営コスト」
https://www.kyoiku.metro.tokyo.lg.jp/school/special_needs_school/management/

参考文献

青木栄一『教育行政の政府間関係』（多賀出版，2004 年）
青木栄一編著『復旧・復校へ向かう地域と学校』（東洋経済新報社，2015 年）
青木栄一「教育分野の融合型政府間財政関係」『学校のポリティクス』（岩波講座「教育　変革への展望」）第 6 巻，65-99 頁（岩波書店，2016 年）
井深雄二『近代日本教育費政策史―義務教育費国庫負担政策の展開―』（勁草書房，2004 年）
小川正人『戦後日本教育財政制度の研究』（九州大学出版会，1992 年）
中村高昭「エビデンスを求められる教育予算―厳しい財政状況下における教育への公財政支出―」『経済のプリズム』第 154 号，30-39 頁（2016 年）
萩原真由美「平成29年度予算案の概要」『調査と情報』第937号，1-12頁（2017年）
橋野晶寛『現代の教育費をめぐる政治と政策』（大学教育出版，2017 年）
藤本守「令和 3 年度予算案の概要」『調査と情報』第 1132 号，1-14 頁（2021 年）
本多正人編著『公立学校財務の制度・政策と実務』（学事出版，2015 年）

学習課題

1. あなたの住む都道府県もしくは近隣の都道府県のウェブサイトを調べて，「地方教育費調査報告書」を入手しましょう。それと，文部科学省のウェブサイトを通じて入手できる全国版の「地方教育費調査報告書」を比較しましょう。あなたの住む都道府県の教育費支出は全国と比べてどのような特徴がありますか。
2. あなたの住む市町村のウェブサイトを調べて，教育予算があなたの住む市町村の予算のうち何パーセントを占めているか，教育予算の中で最もシェアが大きいものは何かを調べましょう。それを裏付ける統計資料として，総務省ウェブサイトから入手できる「市町村別決算状況調」があります（「地方財政状況調査関係資料」→「市町村別決算状況調」）。

5　学校をとりまく変化

川上泰彦

《**目標＆ポイント**》学校の管理や運営のとらえ方は近年大きく変化している。学校を教育行政組織の末端としてではなく，自主的・自律的な組織としてとらえた上で，各学校単位での組織マネジメントを追求し，さまざまなステークホルダー（利害関係者）との相互作用を視野に入れた学校経営が追求されつつある。ただし，同時に教育行政における地方分権化も進展したため，学校は立地自治体や設置者（都道府県・市町村）の政治・行政からも影響を受けるという構図ができあがった。学校組織に影響を与える外部環境が格段に多様になった，という近年の変化は，学校の管理運営を複雑なものにしている。
《**キーワード**》学校マネジメント，学校経営の自主性・自律性，学校評価，学校選択制度，学校評議員，学校運営協議会

1.「学校マネジメント」の誕生

（1）これまでの学校運営

学校教育は，誰の考えや価値判断のもとに進めるのが適切だろうか。児童生徒本人の好みや将来設計に沿って進められるべきものだろうか。それとも保護者の考えのもとで行われるべきものだろうか。この他にも，学校を取り巻く地域の人々の価値観が反映されるべきだという考え方もあれば，その学校を設置・運営する自治体や学校の立地する自治体といった，地方自治体の方針に添うべきであるという考え方に加え，国（中央政府）の方針こそが尊重されるべきである，という考え方もできる。また，これらとは別に，教育の専門家としての教師の意向に従って

学校教育が行われるべきであるという考え方もでき，その解は一様でない。実際は，そうした多様な立場や意向が交錯する場として学校教育をとらえるのがむしろ妥当で，さまざまな意向が必ずしも一致するとは限らない状況下で，どのような優先順位をもって「望ましさ」を実現してゆくのかというのが，現実的な問いであると言えよう。

さて，こうした「学校はどう運営されるべきか」という考え方の違いは，学校組織のとらえ方に反映されており，1960年代には既に，その比較と整理が試みられていた（市川 1966）。その第一とされたのが，公教育の整備に関するさまざまな法制度を根拠に，行政組織のモデルで学校の管理をとらえる「官庁的組織化」論で，主に行政関係者がこの認識をとるとされた。「官庁的組織化」論では公立学校の経営管理を地方自治体による事業経営ととらえるため，校長はミドルマネージャー・現場管理者に位置づけられるものとされた。

これと対極にあるとされたのが第二のとらえ方で，教職員による教育活動の自律性を重視し，教職員の集団討議による民主主義的な学校運営を進めようとする「学校民主化」論であった。「学校民主化」論では教育の中立性や教職の専門性を重視する見地から教師（集団）の自由・職務権限の独立が主張されたため，「官庁的組織化論」が想定するような権限関係（命令・服従・秩序）は否定的にとらえられた。

そして第三の立場とされたのが，会社，工場などの企業組織をモデルに，教育学者が経営学説を下敷きに主張する「経営近代化」論であった(1)。「経営近代化」論では，管理者としての校長を中心に，学校が主体となって効率的・効果的な学校運営が追求されるとされた。しかし，国家的・客観的な法規定の枠を所与の条件とするため，内部管理の能率化・合理化に閉塞してしまう，という傾向が指摘された。

学校組織のとらえ方には，このような理念型が示されていたが，いずれも組織内部での一貫性が重視され，組織外部との相互作用を重視していないという点では共通していた。先に挙げた第一の立場では官僚制組織における管理の一貫性が，第二の立場では教職員組織内部での合意が，第三の立場では組織内部の効率化がそれぞれ重視されていたが，これらは学校組織を取り巻く外部環境を安定的なものととらえ，変化への対応をそれほど重視しない状況に適合的な組織観であった。また，変化への対応や外部環境への適応を前提としない組織観は，経験則に基づく現場任せの管理（成り行き管理）や前例踏襲的な経営を当然視する傾向を生みだしていた。教員間の相互関係性を高める必要度もさほど高まらず，個業型の組織形態がとられていた（曽余田 2011）。

こうした組織と環境のとらえ方は，学校教育の質保障の方法にも反映されていた。1990 年代以前の教育行政および学校経営では，国から地方を経て学校に至る上意下達の関係のもと，国が主に学校教育の質保障に責任を持っていた。上位機関（国）はあらかじめ詳細なルールや基準を定めることによって，また下位機関はそうしたルールや基準を遵守することによって，それぞれ質保障の役割を果たしていた（事前規制）。そして，あらかじめ定めたルールや基準が適用できない事態が生じたときは，上位機関の裁量により下位機関の対応や行動が規定されていた（裁量行政）。事前規制や裁量行政のもとでは，個々の学校が主体的に課題を発見したり改善を図ったりする必要性は薄く，そのため組織運営における裁量性も特に重視されるものではなかった。財政や人事といった経営資源の他，教育課程や運営上のルールについても，学校での自由裁量はさほど認められてこなかった。

また当時より，学校組織のとらえ方については「鍋蓋型」と「ピラミッド型」の二者が対立的に想定されていたが，このうち「鍋蓋型」の組織観は，先に挙げた「学校民主化」論と親和的であった。教師が互いに自律した判断力を持つ専門家であるとの前提に立ち，その集合としての多数決（民主的決定）が重要視された。組織の経営行動は前例踏襲的になりやすいが，組織を取り巻く環境の変化に対応する必要性が低い間は，多数者の納得を組織に反映する意味で合理的な組織観であった。

一方，これに対置される「ピラミッド型」組織観は，責任者と中間管理職による多層的な決定・実施と，それに伴う責任が重要視されたが，組織外部の環境変動に適応する必要性が低い間は，内部の管理運営を効率的に進める官僚的な組織観として機能していた。

（2）学校マネジメントの誕生

しかし，その後の社会の変化と教育の量的拡大は学校教育にさまざまな問題を発生させた。1971（昭和 46）年の中教審答申「今後における学校教育の総合的な拡充整備のための基本的施策について」（いわゆる「四六答申」）以降，教育政策を検討する際の課題認識には，一貫して急激な社会変動への対応が掲げられるようになったが，その中で，従来型の学校運営についての弊害も指摘されるようになった。すなわち，①行政依存的な学校経営による責任回避主義，②慣行重視の学校経営によるコンフリクト回避，③学年セクト・教科セクトによるルーズな学校組織運営，④教育病理に対する対症療法的な学校経営，⑤閉鎖的な学校経営による学校責任の不明確さ，といった課題である（大脇 2001）。先に挙げた組織特性との関係で言えば，安定的な環境への効率的な適応に特化してきた学校組織が，社会や環境の変化がもたらす児童・生徒の変化に適応できなくなり，それが学校教育課題への対応のまずさとして露見した結果，学校の運営体質が批判の対象になった，と説明できる。

こうした機能不全への批判は集権的・事前監督的な地方教育行政や学校運営の見直しと，機動的な学校組織の整備を促した。教頭職の法制化

(1974〈昭和49〉年) と主任の法制化 (1975〈昭和50〉年) が，大きな軋轢を生みながらも，相次いで進められた。続いて1984 (昭和59) 年から1987 (昭和62) 年にかけて設置された臨時教育審議会では教育の自由化・弾力化・多様化の方向性が打ち出されたが，これも各地域レベル，各学校レベルでの最適追求を通じた学校教育の改革・改善に親和的であった。さらに1990年代以降は地方制度全般にかかる分権化の進展を受け，教育行政においても国と地方の権限配分が見直されるなど，学校が自主的・自律的に組織運営を進めるための条件整備は直接的・間接的に進められた。

そして1990年代以降の地方分権改革の中では，上位政府による関与(事前規制や裁量行政) の縮減と，自律的な活動領域の拡大を通じて，環境の変化に対応しやすい組織体制づくりが志向された。具体的には，学校管理規則の見直しや，教育委員会による指示命令と指導助言の峻別などが進められ，個々の学校 (長) による裁量範囲の拡大と明確化が進められた。

学校経営上の資源という側面で見ると，教員人事については校長による意見具申が尊重されるよう地方教育行政法 (第38条および第39条) が整備された他，学校配当予算の執行における校長裁量を拡大する自治体も見られるようになった (末冨 2016)。教育委員会と学校との全般的な関係についても，従来の管理・運営を重視した関与から支援的な関与へと転換が進められた。

このように，教育行政における地方分権化と**学校経営の自主性・自律性**の確立を志向する条件整備が進む中で，学校には拡大した裁量を適切に行使するためのリーダーシップやマネジメントの確立が求められることになった。従来の学校経営では，人材，インフラ，教えるべきカリキュラムや教材などが一方的にあてがわれる中で，授業実践などの限定的な領域において裁量性が発揮されて「学校づくり」が行われてきたが，新たな学校経営では，地域性や学校のミッション，設置者や経営者によるビジョンに基づいて人材を獲得・配置し，インフラ等の条件整備や教材教具の選定を進めるなど，幅広いオプションの中で教育活動が検討できるようになった。

いわば国・地方の政治や行政の末端としての位置から，独立性の高い経営主体へと役割期待に変化が生じたのであり，これに応じて学校の活動可能領域は全般的な財・サービスの管理に広がった。このような経緯を経て，**学校マネジメント**の概念が「誕生」するに至ったのである。

2. 学校マネジメントから学校ガバナンスへ

（1）学校の自主性・自律性とアカウンタビリティ

組織を取り巻く外部環境の変化に対応すべく，学校ではマネジメント可能な活動領域が増え，個々の領域における裁量の幅も広げられた。当然，こうした変化は，学校組織内部の統制にも影響を及ぼした。外部環境への適応を進める中では，構成員による合意よりも経営責任者による機動的な判断が重視されるため，校長の権限と責任が強調され，それを機能させる体制として階層型（ピラミッド型）組織の整備が続けられた。各学校で行われる職員会議についても，校長が主宰し，校長の職務の円滑な執行を補助するという性格が明示された。また，学校マネジメントを担う新たな中間管理職として，副校長，主幹教諭，指導教諭が学校教育法に規定され（2008〈平成20〉年），学校組織の多層化が進んだ。

このような学校の裁量権の拡大に伴い，学校には，これを十分に行使できるような体制が求められるようになった。具体的には，経営責任者（校長）の権限強化や，補助的なマネジメント人材の拡充である。ただし，この変化は，経営責任者の「間違い」や「暴走」が学校にとって従来以上に大きなリスクになることを意味しており，こうした事態の発生をどのように抑制するのか，という課題が浮上することになった。

従来のように上位政府が強い事前規制を行う環境下であれば，学校はそのルールや規制の遵守をもって活動の正当性を示すことができ，ルールや規制内容の是非は上位政府の問題とされてきた。しかし，事前規制を弱くすることで活動の裁量性が高まると，学校はただルールを守っていることだけをもって，その正当性を主張することができなくなった。自主的・自律的な運営を確立すべく，学校マネジメントが「誕生」したことにより，学校は活動の方針（経営方針）や方法について，正当性を説明することが必要になった（説明責任：アカウンタビリティ）。また，活動後は成果を示すことで事後的に正当性を説明し，改善を要する点があった場合は，従来のように上位政府の分析に基づく改善方針（指示・命令）をただ受容するのではなく，自ら成果を振り返り，改善の方向性と方法を分析・決定することが求められるようになった。

そして，学校がアカウンタビリティ（説明責任）を実現し，かつP（plan：計画）D（do：実行）C（check：評価）A（action：改善）で構成されるマネジメントサイクルを実現するという二つの必要性から，学校の情報公開と評価が促進されるようになった。2002（平成14）年に改正された学校設置基準では，各学校が自己評価を実施し結果の公表に努めることと，保護者等に対する情報提供を積極的にすることが示された。2007（平成19）年には学校教育法と同法施行規則が改正され，自己評価と学校関係者評価の実施と公表，評価結果の設置者への報告が規定された。文部科学省も**学校評価**に関するガイドラインを2006（平成18）年に策定し，2008（平成20）年と2016（平成28）年に改訂を行いながら，機能性のある学校評価の普及に努めている。

これらの施策を経て，現代の学校では，期待されるミッション（使命・役割）や現状の分析をもとに経営のビジョン（目標・方向性）を公表し，学校設置者や保護者を始めとする利害関係者（ステークホルダー）から活動の正当性について支持・承認を受けることが目指されるようになった。そして活動後は，評価を通じて，その過程や成果が適切なものであったことを利害関係者に示し，事後的にも活動の正当性を得ることが目指されるようになった。このように，活動の質を自律的に高める（P-D-C-A の）サイクルとしては，たとえば学校や学級における児童・生徒の学力（ある領域・課題に関する得意／不得意など）の分析をもとに，授業方法や教材選定の改善を計画し（Plan），一定期間それを実施（Do）したのちに，意図したような効果が出ているかを評価し（Check），その成果を授業・教材のさらなる改善に活かす（Action），といったものが挙げられる。そして日常的な学校教育活動では「改善」が次のサイクルの「計画」と連動し，1サイクル目での成果・反省をふまえた改善が次（2サイクル目）の計画に反映されることが重視される。このような継続的・円環的な活動（$P_1 \to D_1 \to C_1 \to A_1 \to P_2 \to D_2 \to C_2 \to A_2$…という連続性）を通じて改善点を導きだし，方向性を修正することは，活動の正当性を高め，利害関係者の支持や承認を得やすくする効果も期待される。

なお，継続的・円環的な学校経営において，学校評価とその公表は「アカウンタビリティの実現」と「改善に向けた反省」という二つの意味合いを持つため，ある種の難しさを伴うことがある。すなわち，アカウンタビリティを重視する学校評価において，学校は「成果」の発信を志向するが，一方で改善を重視した学校評価において学校に求められるのは，「反省点」の列挙である。学校が，評価を通じて成果を発信しつつ，一方では不断の改善を自律的に進め，利害関係者から理解・承認と支援を得るには，高度なバランス感覚での評価活動が求められる。また，評価情報を受け取る側にも，本質的とは言えない「成果」の追求に与せず，かつ課題や反省点の発信を萎縮させない工夫が求められるのである。

（2）学校への参加と学校ガバナンス

自主的・自律的な学校経営が促進される中で，どのようにすれば経営責任者の間違いや暴走を抑制できるのか，という課題は，学校ガバナンスに関する議論にも接続する。先に挙げたように，学校情報の公開と学校評価の進展は，どのような方針のもとで，どのように学校運営が行われ，どのような成果に対して，どのような反省点や課題を見出しているのか，といった情報への接続を改善した。これを適切な経営行動の継続，経営責任者の「暴走」の抑制，問題発生時の対応（修正）などにつなげる方法が求められ，大きく二つの制度として実現した。

一つは市場経済のシステムを想定した**学校選択制度**で，保護者（や児童・生徒本人）が，通学する学校を選択できるようにするというものである。より適切な経営を行う学校には多くの顧客がつき，一方で適切でない経営を行う学校からは顧客が離れるため，市場からの退出（廃校）もしくは人気（再）獲得に向けた改善や方針転換を余儀なくされるだろう，との想定が行われている。

高等学校や大学については，私立学校による供給量が多く，従来より一定程度の学校選択が行われており，部分的には市場経済のシステムが質保証の機能を果たしていると見ることもできる。一方で公立学校が大半を占める小学校や中学校については，従来は就学すべき学校が強く指定されてきた。しかし，1997（平成9）年の文部省（当時）通知「通学区域制度の弾力的運用について」により，各市町村教委の工夫の一つとして学校選択制度の導入が可能となった[(2)]。自由選択制，ブロック校選択制，隣接校選択制などのバリエーションのもとで制度の導入が進み，一定程度の定着が見られる一方で，選択制度をやめるような自治体も現れている。

もう一つの選択肢が**学校評議員**や**学校運営協議会**に見られるような学校参加制度である。保護者や地域住民を始めとする学校外部の関係者が，学校の運営方針等についての事前的なチェックや事後的な評価に参加することで，関係者の関心や意向を踏まえた学校経営が進展し，質の改善が図られるだろう，という想定である。

学校評議員制度は2000（平成12）年の学校教育法施行規則の改正に伴って制度化された。制度の導入は設置者の判断によるとされ，学校評議員は校長の求めに応じて，校長の学校運営について意見を述べることができるとした。多くの学校への導入が進み，保護者や地域住民の意向の把握，協力の獲得，状況の周知などの役割を果たしている。

また学校運営協議会は，2004（平成16）年の地方教育行政法改正によって制度化され，2017（平成29）年の地方教育行政法改正では設置の努力義務が設けられた。学校運営協議会は，校長が作成する学校運営の基本方針を承認する他，学校運営に関する意見を教育委員会または校長に述べることができ，教職員の任用に関しても，教育委員会規則に定める事項について，教育委員会に意見を述べることができる。学校運営協議会の置かれる学校（**コミュニティ・スクール**）では，学校運営への地域住民の参加と，地域の力を生かした学校教育活動の展開を通じて，学校と地域住民等が力を合わせて学校の運営に取り組む「地域とともにある学校」が目指されており，今後はさらなる設置拡大が見込まれている。

このように，保護者や地域住民等の意向を反映することで学校運営の適切性を実現しようとする動きの一方で，国と地方自治体の関係における分権化の進展を受け，学校教育は地方の政治・行政の影響下にも置かれるようになった。文教行政の領域内における「タテ」の関係（国〈文部科学省〉— 都道府県〈教育委員会〉— 市町村〈教育委員会〉— 学校）で学校運営の適切性を追求する動きに加え，地方自治体における総合行政の一環として，「ヨコ」の関係の中で教育行政・学校経営の適切性を実現しようとする動きが見られるようになった。

さらに2015（平成27）年に施行された地方教育行政法の改正により，首長の任命する教育長が自治体教育行政の責任者となった。また，新たに設けられる総合教育会議において，首長は教育政策について公の場で議論できるようになった他，教育に関する「大綱」として自治体の教育政策の方針が（首長関与のもとで）策定されることとなった（村上 2014)。こうした変化から想定されるのは，地方政府の中でも特に首長部局が学校ガバナンスに影響を与える可能性の拡大である。総合的な自治体行政，たとえば総合的なまちづくり行政や，福祉部局も含めた総合的な子育て支援行政といった政策の一環として学校教育がとらえられると，学校ガバナンスを構成する関係者の範囲は大きく広がることになるだろう。

3. 学校教育をめぐる「周辺」の拡大 —多様な教育供給

多様な教育ニーズへの対応や，学校教育の充実といった観点から，さまざまな組織と連携した学校教育の実践や，教育供給の方法そのものを多様なものにする試みがみられつつある。学校や地域の状況によって，また提供する教育プログラムの主旨によって連携・協働する「外部」も異なるため，それぞれの活動におけるガバナンスの形態やそれに伴う課題も，また違うものになっている。

こうした事例としてまず挙げられるのは，公民館・図書館・博物館などの社会教育施設や関連団体との協働である。学校教育と社会教育が学習の場や活動などを部分的に重ね合わせながら，一体となって子どもたちの教育に取り組むという学社融合の考え方は1996（平成8）年の生涯学習審議会答申で示され，取り組みの蓄積が進んでいる。

現在は，NPOや民間企業，さまざまな団体・機関等を含む幅広い地域住民等の参画・連携による**地域学校協働活動**が提唱されている。地域の状況に応じて，地域学校協働本部[(3)]によるさまざまな活動（学校支援活動，土曜日の教育活動，放課後子供教室・地域未来塾，家庭教育支援活動，地域活動，学びによるまちづくりなど）の総合化・ネットワーク化が構想され，地域全体で子どもたちの学びや成長を支えるとともに「学校を核とした地域づくり」が目指されている[(4)]。このうち放課後子供教室は放課後児童クラブ（児童福祉法に規定する放課後児童健全育成事業）とあわせて「新・放課後子ども総合プラン」を構成しており，全ての児童が放課後を安全・安心に過ごし，多様な体験・活動を行える環境の整備に向けた，文部科学省と厚生労働省の連携の場ともなっている。

また，学校教育活動の周辺においては，学校の授業時間外における補充的学習に，塾などの教育産業が関わる例が見られる。自治体等が学習塾を開設（・運営）する公設型学習塾の他，自治体や学校の実施する補充学習講座等において，特定の塾に教材や指導のノウハウ提供を委託するケースも見られる。より間接的な関与としては，地方自治体や学校での補充学習の場において，地域人材として塾が関わるケースや，塾を利用する家庭に対して地方自治体がその費用の補助や貸し付けを行うケースなど，幅広いバリエーションがある。これらは，近隣に塾が開設されていないなど，通塾の難しい環境に対応する施策という側面と，通塾できる／できないに，家庭の経済状況等を影響させないため，という側面が指摘できる。

さらに，学校教育やそれに代わる教育の提供についても，方法や主体の多様化が指摘できる。このうち学校教育については，構造改革特区制度等を活用した例として，会社組織の設置・運営する学校の他，公設民営方式により自治体が設置し民間の学校法人等が運営にあたる学校など，従来の私立学校とも異なる方式による学校教育の供給が見られる。

また不登校の児童生徒に対する支援では，教育支援センター（適応指導教室）や不登校特例校，ICTを活用した学習支援，フリースクール，夜間中学など教育供給の多様化が見られる。このうち教育支援センターは，教育センター等学校以外の場所や学校の余裕教室等において開設され，児童生徒の在籍校と連携をとりつつカウンセリングや指導等を行うものである。また不登校特例校は，不登校児童生徒を対象とする特別の教育課程を編成して教育を実施するものである。さらにICTを活用した学習支援については，訪問等による対面指導を前提に，インターネットや電子メール，テレビを使った通信システムや郵送，ファクシミリなどを活用して提供される学習活動が想定されている。

2017（平成29）年には「義務教育の段階における普通教育に相当する教育の機会の確保等に関する法律」（教育機会確保法）が施行された。上記の支援方策の確保・充実の他，夜間中学等の設置を促進し，不登校などさまざまな事情から実質的に十分な教育を受けられないまま学校の配慮等により卒業したものの，中学校等で学び直すことを希望する者を受け入れることなどが期待されている。

このように，学校教育の周辺に位置づく教育機会の提供についても，学校教育の提供主体についても，さらには教育機会の供給方法自体についても多様化が見られる。それぞれの取り組みがどのような機能を果たすのかについてはもちろん，新しい教育提供が公教育の範囲を拡大させるものなのであれば，アカウンタビリティや開かれたガバナンスなどの価値や規範はどのように保障されるのか（もしくは保障の範囲外となるのか），新たな検討課題を読み取ることもできるだろう。

〉〉注

(1) 組織をシステムとみなす「システムズ・アプローチ」の考え方は，1960年代以降論じられた。組織と環境，組織と下位システムの間にある種の適合関係を見出し，その適合性が確保されたときに組織が高いパフォーマンスを示すというコンティンジェンシー理論についても，1970年代以降における経営学の支配的な研究動向であった（高橋・山口・磯山・文 1998)。したがって，ここでいう「経営近代化」論は,「システムズ・アプローチ」前夜における「近代化論」といえる。

(2) なお，このとき学校選択を通じて追求されるのは，保護者や子供本人にとっての「適切さ」に限定される。地域社会などにとっての「適切さ」の追求手段とはならないことには留意が必要である。

(3) 各校区・地域の実情に合わせて，幅広い層の地域住民や団体等が参画して緩やかなネットワークを形成し，地域学校協働活動を推進するための体制として，中教審答申「チームとしての学校の在り方と今後の改善方策について」の中で提言された。

(4) 高等学校における「地域との協働による高等学校教育改革推進事業」においても，高等学校と市町村，地元企業，大学等が連携し，高校生に地域課題解決等を通じた探究的な学びを提供することと，地域振興の核となる高等学校教育の実現が目指されている。

参考文献

市川昭午『学校管理運営の組織論―現代教育の組織論的研究―』(明治図書，1966年)

大脇康弘「指導・助言の見直しと学校の自律性確立」堀内孜〔編〕『開かれた教育委員会と学校の自律性（地方分権と教育委員会3)』(ぎょうせい，2001年，160-163頁)

佐久間邦友「制度化される学習支援」末冨芳〔編〕『子どもの貧困対策と教育支援』(明石書店，2017年)

末冨芳〔編〕『予算・財務で学校マネジメントが変わる』(学事出版，2016年)
曽余田浩史「経営思想・組織論の展開から見た『学校の有効性』」佐古秀一・曽余田浩史・武井敦史『学校づくりの組織論』(学文社，2011年，26-43頁)
高橋正泰・山口善昭・磯山優・文智彦『経営組織論の基礎』(中央経済社，1998年)
中央教育審議会「今後の地方教育行政の在り方について（答申)」(1998年)
村上祐介『教育委員会改革5つのポイント』(学事出版，2014年)
文部科学省ウェブサイト「コミュニティ・スクール（学校運営協議会制度)」
http://www.mext.go.jp/a_menu/shotou/community/
文部科学省　不登校に関する調査研究協力者会議（2016)「不登校児童生徒への支援に関する最終報告」

学習課題

1. 参考資料に挙げた「不登校児童生徒への支援に関する最終報告」や，文部科学省ウェブサイトの「夜間中学の推進について」
http://www.mext.go.jp/a_menu/shotou/yakan/index.htm
などを参考に，多様な学習機会の確保の具体策について，それぞれの内容を確認してみましょう。
2. 近隣の学校など，興味のある学校を2～3校選び，それぞれどのような学校評価を行い，結果を公表しているか確認してみましょう。可能であれば「学校評価ガイドライン」に記載された評価方法や評価項目との比較もしてみましょう。

6　学校の組織と運営

川上泰彦

《**目標＆ポイント**》学校の「管理」「運営」「経営」とは，具体的にどのような行為を指すのだろうか。地方教育行政法第33条には，教育委員会による学校の管理運営について「施設，設備，組織編制，教育課程，教材の取扱その他」と定めており，学校の管理運営として人的管理・物的管理・教育管理・運営管理の各側面を読み取ることができる。一般的な組織においては，しばしば「ヒト」「モノ」「カネ」「情報」が経営資源とされるのに比べると，ここでいう「教育管理」の側面は学校教育という活動の特性を反映しているものである。本章では，学校における人的管理，物的・金銭的管理，教育管理のそれぞれの側面について検討し，学校の組織と運営について全体像を把握してみたい。
《**キーワード**》教職員構成の多様化，ダイバーシティ・マネジメント，学校裁量予算，学校評価，学校評議員，学校運営協議会

1．学校組織の人的管理（職員管理）

学校にはさまざまな種類の教職員が配置され，それぞれ教育活動等を担っている。一見，あたり前のことのようにも感じられるが，実は，どのような教職員が何名程度配置されるかについては，それぞれ一定の根拠があり，「思いつき」や「なんとなく」で行われているわけではない。これには，法律に定める学校としての活動水準を担保するため，適切な教職員配置を確保するという意味がある他，特に公立学校においてはその運用コストを公費で賄う関係上，野放図な人件費支出をしないためにも教職員の配置にルールが求められる，という意味も含まれている。

ここでいう教職員配置の根拠やルールとは，法令と財源のことを指している。たとえば，公立の小・中学校では，学校教育法と義務標準法（公立義務教育諸学校の学級編制及び教職員定数の標準に関する法律）の規定が，学校規模（学級数）に応じた教職員（校長・副校長・教頭・主幹教諭・指導教諭・教諭・養護教諭・栄養教諭・事務職員など）の配置を定めている。そして，このようにして算出された人数（定数）分の人件費のうち３分の１については，義務教育費国庫負担法を根拠に，国が負担金を直接支出している。残りの人件費（3分の2）についても，地方交付税交付金の基準財政需要額に組み込まれる形で，都道府県には必要額が補充されている。このように，小・中学校の教職員については，配置の根拠となる法令と財源が，強い形で保障されているのである。

一方で高等学校については，高校標準法（公立高等学校の適正配置及び教職員定数の標準等に関する法律）が教職員（校長・副校長・教頭・主幹教諭・指導教諭・教諭・助教諭・講師）の定数を定めているが，義務教育費国庫負担金のような直接的な財源保障はない。地方交付税交付金の基準財政需要額に組み込まれる形で財源保障は行われているが，そもそも地方交付税交付金には算出根拠通りに使用する制約は課されておらず（竹前 2011），使途が厳しく限定される負担金に比べて拘束力は弱い。私立学校については，義務標準法や高校標準法が教職員配置の根拠として機能する一方で，人件費に直接つながる形での財源保障は行われていない。このように，高等学校や私立学校については，教員の配置に関する法令上の根拠が強い一方で，それを保障する財源上の根拠については若干弱いものとなっているのである。

また，上記のように都道府県が（県費負担によって）雇用・配置する教職員とは別に，公立小・中学校では設置者（市町村）が学校事務職員や学校司書，特別支援教育支援員，用務員，給食調理員などを雇用している。こうした職員の人件費は地方交付税交付金の基準財政需要額の算出根拠に含まれているため，一定の財源保障が行われているといえるが，先にも述べたように使途に関する拘束力は負担金ほど強いものではなく，職員の配置に関する法令上の拘束も弱いことから，実際の配置は設置者（市町村）の事情に左右されている。実際，市町村費による学校事務職員や学校司書，給食関係職員は，その配置数が算出根拠に比べて十分でなく，また，職員が配置されている場合であってもパートタイマーや臨時的雇用といった非正規雇用が多いということが指摘されている（川上 2015）。

さらに近年では，法令上の根拠や国による財源保障の範囲外で教職員を雇用するケースも目立ち始めている。一部の市町村では，少人数教育の実施や複式学級の回避といった独自の方針のもと，設置管理する学校に常勤の教員（講師等）を雇用している。また，多くの市町村では不登校児童・生徒への支援，授業における個別学習支援，ICT 機器活用の補助といった目的で非常勤の職員を雇用・配置している。これらの教職員は雇用・配置に関する法令上・財源上の根拠が強くない(1)ため，資格要件（たとえば教員免許等を要するか否か，など）や雇用形態などの労働条件は，設置者の財政状況や政策判断の影響を強く受けている。

このように，現在の学校にはさまざまな法令や財源を根拠とする教職員が雇用・配置されている。2017（平成 29）年 4 月からは義務標準法の一部改正により，障害に応じた特別の指導（通級による指導），日本語能力に課題のある児童生徒への指導，初任者研修，少人数指導等の推進のための基礎定数がそれぞれ新たに設けられた。同時に義務教育費国庫負担法も一部改正され，都道府県が設置する義務教育諸学校のうち，不登校児童生徒を対象とするものと夜間等の特別な時間に授業を行うものについて，教職員給与が国庫負担の対象に追加された。教職員の雇用・配置の根拠や財源に関するルールの改正は，今後の学校組織における教職員構成にも影響を及ぼすものと考えられる。

こうした**教職員構成の多様化**が公立学校において進んだ背景としては，教育行政の分権化が挙げられる。具体的には，各地域の財政状況や政策に応じた形で教職員を追加的に雇用・配置できる制度改革が進められたのに加え，法令と財源の双方に強い根拠を持つ小・中学校の県費負担教職員についても，定数の一部を常勤講師や非常勤講師に振り替えられるようになった。**表 6-1** は，ある学校（小学校・中学校）の教職員組織を 2000 年と 2014 年で比較したものだが，主幹教諭や指導教諭といった「新しい職」のみならず，さまざまな臨時的雇用によるサポート職（学習支援員，生活指導員，ICT 支援員など）の導入が進んでいる様子を読み取ることができる。

表 6-1　ある小学校・中学校のスタッフ構成の変化（2000 年－2014 年）

学校	年												
A 小学校	2000	児童数 589	学級数 19	校長 1	教頭 1			教諭 22			養護教諭 1		主任学校栄養職員 1
	2014	児童数 604	学級数 22	校長 1	教頭 1	主幹教諭 1	指導教諭 1	教諭 25	講師 2	非常勤講師 1	養護教諭 1	養護助教諭 1	栄養教諭 1
	2000	事務長 1	主査 1	事務 1	事務嘱託 1	用務員 3			学校医 1	学校歯科医 1			学校薬剤師 1
	2014		主査 1	事務嘱託 2	図書嘱託 1	図書日々雇用 1	生活指導員 3	ICT 支援 1	学校医 1	学校歯科医 1	学校眼科医 1	学校耳鼻科医 1	学校薬剤師 1
B 中学校	2000	生徒数 504	学級数 14	校長 1	教頭 1	教諭 25	講師 1		養護教諭 1	事務長 1	主査 1	事務 1	
	2014	生徒数 390	学級数 13	校長 1	教頭 1	教諭 24	講師 2	非常勤講師 1	養護教諭 1	事務主幹 1	主査 1	事務嘱託 2	
	2000	司書 1	司書補 1						学校医 1	学校歯科医 1			学校薬剤師 1
	2014	司書 1	司書補 1	サポート相談員 1	学習支援員 1	SC 1	ALT 1	ICT 支援 1	学校医 1	学校歯科医 1	学校眼科医 1	学校耳鼻科医 1	学校薬剤師 1

川上（2015）より抜粋

また，各学校の教職員組織では，学校運営を進めるために業務の分担（**校務分掌**）が行われているが，これも新たな局面を迎えつつある。教職員の雇用形態が多様化する中で，従来のような教職員組織（フルタイム雇用・正規雇用）を前提とした分担では無理が生じてきているのである。すなわち勤務日や勤務時間帯が限定される教職員を含まず，従来通りの雇用形態の者のみで分担を進めれば，一人当たりの業務が過重になることが予見されるものの，多様な雇用形態を前提とする分掌組織のデザインは十分進んでいると言いがたく，学校運営における新たな課題となっている。

さらに近年では，「チーム学校」を志向して多様な人材を学校教育に参入させる動きが見られる。臨床心理に関する専門知識を生かして学校現場で児童・生徒，保護者，教職員に相談・支援を行うスクールカウンセラー（SC）に加えて，社会福祉等に関する知識を生かして学校内外でチームを組み，児童・生徒が置かれた環境（家庭・友人関係等）に働きかけて課題解決への対応を図るスクールソーシャルワーカー（SSW）の導入も進みつつある(2)他，医療・福祉・警察などの専門家・専門職とも協働して児童・生徒の支援や学校課題の解決に取り組むことが期待されている。その一方では，地域の多様な人材が学校教育を支援する制度（学校運営協議会や地域学校協働本部など）の整備も進んでおり，学校教育の質的向上や教職員の多忙化対策といった効果が期待されている。

このように，学校組織の構成については，教職員の雇われ方・働き方の多様化が進展している一方で，さまざまな外部人材との連携・協働が進んでおり，そうしたニーズはさらに高まりつつある。この変化は，同質的な雇われ方・働き方のもとで運営されてきた学校組織に対して，多様性（ダイバーシティ）への対応という課題を突きつけている。どのようにして学校教育に関わる大人たちの属性や働く条件の多様性を受容し，それを組織の強みにつなげられるかという，**多職種協働**や**ダイバーシティ・マネジメント**が求められているのである（佐藤・武石 2017)。

2. 学校における物的管理・金銭的管理

(1) 学校財務・学校配当予算

学校での教育活動は教師と児童・生徒が互いに徒手空拳で行うわけではなく，学校や教室といった施設が使用され，各種の教材や教具といった設備が利用される。したがって学校運営においても，これに伴う物的管理や金銭管理が必然的に発生する。近年では学校の自主的・自律的経営の一環として，設置者レベル・学校レベルでの機動的な物的・金銭的な管理運営に注目が集まっている。

学校の施設・設備の管理は，設置者管理主義・設置者負担主義の原則のもと，学校を設置する団体（公立小中学校の多くは市町村が，公立高等学校の多くは都道府県が，私立学校は学校法人がそれぞれ設置者となる）が行っている。このうち公立学校について見ると，教育委員会が管理・執行する事務は地教行法第21条に列挙され，その一つに「校舎その他の施設及び教具その他の設備の整備に関すること」が示されている。一方，同法第22条は地方公共団体の長が管理・執行する事務を列挙し，「教育財産を取得し，及び処分すること」「教育委員会の所掌に係る事項に関する契約を結ぶこと」「教育委員会の所掌に係る事項に関する予算を執行すること」については首長の職務権限下にあるとしている。ここからは，公立学校における物的管理・金銭的管理について，財産の取得や処分，契約や予算執行は首長が行いつつ，施設・設備の整備や管理は教育委員会が行うという関係を読み取ることができる。

とはいうものの，特に学校数の多い大規模自治体においては，各学校の施設・設備の管理をすべて教育委員会が直接行うのは難しい。また，児童・生徒を対象に教育活動を行うというそもそもの性質上，学校の活動は年度当初の予定通りにすべて進むとは限らない。そこで日々の教育活動で生じる細かなニーズに学校がある程度対応できるよう，各自治体では学校管理規則や財務・会計に関連するルール[(3)]の中で，学校予算の執行や施設・設備の管理について学校長に権限を与えている[(4)]（**学校裁量予算**）。これにより，教材や各種消耗品購入を始めとする日常的な学校運営にかかる支出を各学校の判断で行うことができるものの，現状では裁量額がどの程度かは自治体によって大きく異なっている（末冨 2016）。

公立小・中学校への予算配分は，学校数割（学校１校当たりの配分額）・学級数割（１学級当たりの配分額）・児童生徒数割（児童生徒１人当たりの配分額）等の基準（とその組み合わせ）が基本であった。しかし，各学校が児童生徒の状況等に応じた特色ある教育を行えるよう，経営方針に則した予算を査定し，各学校に配分する自治体や，裁量性のある予算枠（フレーム予算）を設定する自治体が見られるようになった。また，この学校配当予算の使用に際しては，当初予算をただ厳格に運用するのではなく，一定程度の費目間流用を認めるなどにより，学校にとっての「使い勝手の良さ」を追求している自治体も見られる。

学校がそのミッションを自覚し，これに基づくビジョンや経営計画を具体化するために学校予算を要求し，裁量性をもってこれを執行することは，学校教育の質をさまざまな形で向上させることに寄与すると考えられる。ただし，学校にとって「使い勝手の良い」学校財務のあり方を過度に追求することは，一方で無計画・野放図な学校財務を容認することにもつながりかねない。いわゆる「公金」を学校運営に充てている以上，その財務規律が守られ説明責任を果たすことは不可欠である。学校経営における物的・金銭的管理の裁量性向上は，こうした財務規律や説明責任との間で，一定の緊張関係が想定されなくてはならないのである（本多 2015）。

（2）学校教育における「私費」と「公費」

多くの小・中学校では，教職員の給与や施設設備費，小・中学校における教科書代といった「公金」以外の費用として，給食費や教材費などが家計から徴収されている。文部科学省の「子供の学習費調査」によると，学校教育費（保護者が子供に学校教育を受けさせるために支出した経費で通学費を含むもの）の平均値は公立小学校で年間6万円強，公立中学校で年間14万円弱となっている。学校教育における費用の個人負担（家計負担）は一定のルールのもとで定着しているといえるが，地方財政法27条の4には「市町村は，法令の規定に基づき当該市町村の負担に属するものとされている経費で政令で定めるものについて，住民に対し，直接であると間接であるとを問わず，その負担を転嫁してはならない」として，税外負担を禁止している点にも注目しておきたい。教育の機会均等や子どもの貧困対策といった観点で，これらの点をどうとらえるのかについては，議論の余地がある。

たとえば習字用具，水彩用具，裁縫用具等のように「通常家庭にある品物，あるいは家庭になくても家庭生活上必要な品物で，学校における学習指導上必要な場合は個人の所有物として学校に持参し得るもの」や給食費や卒業アルバム代など「家庭にない品物等で，家庭教育上特に必要というわけではないが，そのもの，またその利益が個人に還元されるもの」は，その費用を個人負担にすべき，と例示されてきた（中村 2013）。しかし，給食費を無償化して家計負担の軽減や子育て支援を図る市町村が出現するなど，このルールを不変のものとはしない実践例も見出されつつある。

さらに，都道府県・市町村への地方交付税交付金を見ると，学校での教育活動に必要とされる印刷製本費，光熱水道費，教材用図書および備品，学校図書館図書，理科設備備品，教育用コンピュータなどの費用は基準財政需要額算定の根拠に含まれている（地方財政協会 2021）。追加的な学校教育費を家計負担に頼る前に，これらの積算分が学校教育活動に反映されているかどうかについても注意が必要である。学校教育における私費負担・公費負担の区分と，そのあり方については，今後一層の検討が求められる重要なテーマと言えるだろう。

ところで，教材費や給食費といった**学校徴収金**は，これまで多くが私会計として処理されてきていた。すなわち公会計として設置者である自治体がその出納を管理するのではなく，各学校や各学級単位で金銭管理がなされていたのであり，公会計と違って役所の関与する手続きがないことから，学校・教員にとってはある種「使い勝手」のよいものとなっていた。しかし一方では，その徴収額が適切か，合理的に使用されているか，残金の管理が適切かといったチェック（監査）を十分にするのが難しく，財務規律上大きなリスクを抱えるものでもあった。また未納金についても学校・学級の単位で対処することが求められるため，未納対応を教員が行ったり，不足分によって教材や給食の供給が不十分になる事態の他，教員・管理職等が（ポケットマネー等で）不足分を充当するといった不適切な事例も散見された。

そこで一部の自治体では学校徴収金全般を公会計化し，学校事務職員が分任出納員となって現金管理を一元化して財務規律を向上させる例が現れている。学校における「働き方改革」の検討においても，学校徴収金の徴収・管理は「基本的には学校以外が担うべき業務」とされ，分担関係による教員の負担感・多忙の解消を目指すことが提言された。このうち特に学校給食費については，平成 31（2019）年の中教審答申（「新しい時代の教育に向けた持続可能な学校指導・運営体制の構築のための学校における働き方改革に関する総合的な方策について」）において「公会計化及び地方公共団体による徴収を基本とすべき」との指摘があった。これを受けて「学校給食費徴収・管理に関するガイドライン」が策定され，学校給食費を自治体の会計に組み入れて，保護者からの学校給食費の徴収・管理業務を自治体の業務とすること（**公会計化**）を促している。今後は学校事務職員等を活用した学校の金銭的管理のさらなる適正化・透明化が期待されるが，そこには裁量性と財務規律・説明責任との緊張関係が生じることになるのである。

さらに最近では「地域とともにある学校」が志向される中で，学校教育に関連する金銭管理に新たな課題が現れている。すなわち，地域住民を学校教育活動に招き入れたり，児童生徒が地域に出てさまざまな活動をするときや，そうした活動を推進するために学校運営協議会や地域学校協働本部が活動するときなど，さまざまな場面で発生する費用を，どのようにして賄うかという課題である。学校運営協議会や地域学校協働本部は学校の外部に設置されるため，各学校の物的管理・金銭的管理と一体的に進めるのが適切かどうかについては議論の余地がある。そうした中で，十分な活動を担保するだけの資金をどう準備し，その資金をどう適切に管理・活用し，透明性や説明責任をどう果たすのかについては，実践の積み重ねの中で議論を整理する必要が指摘できるのである。

3. 学校における教育活動の管理と評価

学校の「本業」ともいえる児童・生徒への教育活動を始め，学校で行われる諸活動を効果的で質のよいものにするためには，それを志向した日常的な管理運営を行うことと，一定期間の活動を振り返って次への改善に役立てたり，行政機関，地域社会，従業員（教職員），顧客（児童・

生徒や保護者）などのステークホルダー（利害関係者）に説明を行って成果や課題を共有することが重要となる。特に近年では，教育行政における地方分権の進展や学校の自主的・自律的経営が志向される中で，学校教育においても，国による事前規制・入口管理よりも設置者・各学校単位での創意工夫を重視し，事後的にその成果を問う事後規制・出口管理を志向する傾向にある。その結果，学校経営においては現場レベルでの日常的な教育活動の管理（マネジメント）と事後の評価を一連のサイクルとしてとらえ，その中で質の向上を目指すという考え方が主流となっている。

このうち児童・生徒にどのような教育を提供するのが最適か，という教育課程の管理については，近年**カリキュラム・マネジメント**として注目が高まっている。これまでは，学習指導要領が教育内容を規定し，国による検定を通じて内容等のチェックを受けた教科書がそれを具現化する教材として機能してきた。しかし 1998（平成 10）年の学習指導要領改訂から導入された「総合的な学習の時間」では，各学校で教育目標や教育内容を定めることが求められた他，2003（平成 15）年の改訂では，学習指導要領に示されていない内容を追加的に指導できる旨が明記されるなど，学校単位で学習内容を自律的に定められる部分が拡大してきた。そして 2017（平成 29）年改訂の学習指導要領では，学校全体として教育内容や時間の適切な配分，必要な人的・物的体制の確保，実施状況に基づく改善などを通して，教育課程に基づく教育活動の質を向上させ，学習の効果の最大化を図るよう，カリキュラム・マネジメントを確立することが求められるに至った。「教育課程の政治・行政・経営」については，今後の学校経営における最重要点の一つであり，改めて第 8 章で扱う。

教育課程を含む学校教育活動全体について，学校は周囲の諸環境から受けている役割期待と自らの志向するビジョンをもとに経営方針を立て，これに基づく学校経営を振り返り，その成果と課題を明らかにして，次の改善に生かす，というマネジメントサイクルの確立が求められている。このサイクルにおいて，「評価」は活動の振り返りと改善のツールであり，学校外部（特に行政機関と保護者・地域住民）への説明責任を果たす一方で，ステークホルダーとの連携協力を高めるために学校の経営状況について共通理解を高める機能も期待される。

学校評価は，誰が評価者となるのかによって，各学校の教職員が行う「自己評価」と，保護者，地域住民等の学校関係者が行う「学校関係者評価」と，学校運営に関する外部の専門家を中心とした評価者が行う「第三者評価」に分類される。文部科学省の「学校評価ガイドライン」によると，学校関係者評価は保護者，地域住民等の学校関係者などが評価委員会等を構成し，自己評価の結果について評価することを基本として行うとされている。また第三者評価の実施者については学校とその設置者が実施者となるとされ，自己評価や学校関係者評価の実施状況も踏まえつつ，教育活動その他の学校運営の状況について専門的視点から行うとされている。

これらを比べると，自己評価・関係者評価・第三者評価の順に当事者性を反映しやすい点が指摘できる。前者ほど，いわゆる「うちの学校の事情」や「この地域の特色」を織り込んだ評価が行われやすいことになるが，半面では望ましくない学校運営の状況についても「現状なら仕方ない」「この地域ならこの程度で」といった現状追認に傾くおそれがある。一方で評価の客観性は第三者評価・関係者評価・自己評価の順に高いが，上記の通り各学校・地域の事情を織り込む余地は狭くなる。そのため，第三者評価等で得られた振り返りの結果や改善に向けた意見を，実現可能な経営計画に反映するためには，「わが校」「うちの地域」の事情に合わせたアレンジや翻訳が求められることになる。

さらに言えば，外部性・客観性の高い評価（第三者評価）を実効性あるものにするためには，当事者性の高い評価（自己評価・関係者評価）を良質なものにする必要性がある。というのも，自己評価が関係者評価や第三者評価の基礎資料になっている現行制度では，信頼性の低い自己評価から信頼性の高い関係者評価や第三者評価を導くことができないからである。また，客観的な評価結果から，どのようにして当事者にとって納得感の高い改善策を導き出すのか，というアレンジや翻訳の過程を考えても，自己評価や関係者評価がより正確な現状把握になっていることが重要といえるだろう。

なお，既に第5章においても説明したように，学校運営の適切さを求める文脈と，学校の成果を振り返り改善するという二つの文脈から，外部人材（特に地域住民）による学校への参画が，近年特に強調されている。具体的な施策としては，2000（平成12）年の学校教育法施行規則改正による，**学校評議員**の導入とその後の設置拡大，2004（平成16）年の地方教育行政法改正による**学校運営協議会**の導入が挙げられる。2017（平成29）年の地方教育行政法改正では，学校運営協議会の設置が努力義務化された他，複数校（たとえば中学校区単位など）で一つの協議会を設置することも可能になった。

学校運営協議会の設置される学校（コミュニティ・スクール）において，学校運営協議会は校長が作成する学校運営の基本方針を承認し，学校運営について教育委員会又は校長に意見を述べることができるとされた。また，教職員の任用に関しては，教育委員会規則に定める事項について，教育委員会に意見を述べることができるとされた。

地域・社会の幅広い連携の下で学校教育活動の充実を図ろうとする実践からは，さまざまな成果が指摘される（佐藤 2017）ものの，一方では

「地域に開かれた学校」の追求により，地域の権力構造や保護者の社会的な地位の優劣がそのまま学校運営に反映されてしまう危険性も指摘されている（仲田 2015）。地域住民の意向を反映した学校経営という建前をとりながら，実際は一部の権力者や有力者などの意向が過剰に反映される形で学校運営が行われるというリスクに対し，どのようにしてさまざまな立場の保護者や地域住民の声を集め，学校経営に反映させるのかという課題が残されている。また，地域住民や保護者の意向をすべて学校経営に反映することは難しく，学校・教師による専門的判断との葛藤の他，人的・物的な資源の限界についても考えておかねばならない。こうした学校ガバナンスにおける民主性と専門性の相克の問題も，学校経営における古くて新しい問題として指摘することができるだろう。

〉〉注

⑴ 特定の職員を置くこと自体については，根拠となる規則等が設けられている一方で，雇用にあたっての財源が規定されていることは，ほとんどない。

⑵ いずれも「スクールカウンセラー等活用事業」「スクールソーシャルワーカー活用事業」により国・都道府県が補助金を支出して配置・活用を促進しているが，各学校への配置時間は十分と言えず，さらなる充実が期待される。特に近年の「コロナ禍」では，感染症への不安だけでなく，社会の変化，学習環境の変化（学校の臨時休業等）による不安・ストレスが児童生徒やその保護者に及ぶことが懸念され，SC および SSW による積極的な支援の必要性が注目された。

⑶ 学校予算の執行や施設・設備の管理について「学校財務事務取扱要綱」などが規定されているが，詳細は自治体によって異なる。

⑷ より正確には，教育長が教育委員会の事務を校長に委任するケースや，校長が教育長の事務の補助執行者になるケースなどがある。

参考文献

川上泰彦「学校スタッフの量的拡大と非正規雇用化」『佐賀大学文化教育学部研究論文集』19号，53-64頁（2015年）

佐藤晴雄『コミュニティ・スクールの成果と展望：スクール・ガバナンスとソーシャル・キャピタルとしての役割』（ミネルヴァ書房，2017年）

佐藤博樹・武石恵美子〔編〕『ダイバーシティ経営と人材活用：多様な働き方を支援する企業の取り組み』（東京大学出版会，2017年）

末冨芳〔編〕『予算・財務で学校マネジメントが変わる』（学事出版，2016年）

竹前希美「地方交付税制度の財政的課題」国立国会図書館『調査と情報報—ISSUE BRIEF—』730号，1-12頁（2011年）

地方交付税制度研究会〔編〕『令和3年度　地方交付税制度解説（単位費用編）』（2021年）

仲田康一『コミュニティ・スクールのポリティクス：学校運営協議会における保護者の位置』（勁草書房，2015年）

中村文夫『学校財政』（学事出版，2013年）

本多正人『公立学校財務の制度・政策と実務』（学事出版，2015年）

中央教育審議会『チームとしての学校の在り方と今後の改善方策について（答申）（中教審第185号）』（2015年）

中央教育審議会　学校における働き方改革特別部会「新しい時代の教育に向けた持続可能な学校指導・運営体制の構築のための学校における働き方改革に関する総合的な方策について（中間まとめ）」（2017年）

文部科学省ウェブサイト「子供の学習費調査」
http://www.mext.go.jp/b_menu/toukei/chousa03/gakushuuhi/1268091.htm

文部科学省ウェブサイト「コミュニティ・スクール（学校運営協議会制度）」
http://www.mext.go.jp/a_menu/shotou/community/

文部科学省「学校における働き方改革に関する緊急対策」（平成29年12月26日文部科学大臣決定）

学習課題

1. 参考資料に挙げた文部科学省ウェブサイトの「コミュニティ・スクール（学校運営協議会制度）」に挙げられた事例をいくつか見て，学校教育活動への補助にとどまらず，意見交換や共通理解による学校教育への参加や協働を進めているようすについて，事例を比較してみましょう。
2. インターネット検索等で，学校給食の無償化を行っている地方自治体を調べてみましょう。その上で，新聞報道や該当地方自治体のウェブサイトなどを活用して，どのような意図から政策を実施しているのか，また児童・生徒数に対してどの程度の予算が無償化に割かれているかなどを調べてみましょう。

7　学校の人材マネジメント

川上泰彦

《目標＆ポイント》学校教育は，その多くの部分が教職員の活動によって担われており，資本集約的というよりは労働集約的な性質を持つ。そのため，教職員の量（人数）と質は，それぞれ学校教育の質や成果に大きな影響を与える。「量」の要素は法令や財源を根拠に整備が行われていることをすでに示したが，一方で「質」の要素には学校レベル・地方（教育委員会）レベルでの人材マネジメントが大きく影響する。

人材マネジメントの範囲は，入職前（養成段階），採用時（雇用条件，選抜など），採用後（人材育成，評価，異動，昇進など）の多岐にわたる。特に近年は，学校教育課題の複雑化や教員の年齢構成の変動などを背景に，教職キャリアの全体を見渡した人材育成が重視されている。また，教員は学校（いわゆる「現場」）においてのみ勤務するわけではなく，キャリアの途中で教育委員会等での勤務を経験し，学校教育や社会教育の活動を担うケースもある。本章では，そうした学校教育での人材マネジメントについて概観する。

《キーワード》人的資源管理，雇用管理制度，人材育成制度，評価制度，報酬制度，相当免許状主義，開放制，ジョブ・ローテーション

1．教員の人的資源管理

学校に勤務するスタッフ（教職員）に何らかの政策的な介入をすることで教育活動の充実を図ろうとする場合，定員増や配置増による「量」の充実という策と，さまざまな人的資源管理策を通じた「質」の向上という二つの方向性が考えられる。このうち前者の実現には定員を規定する法令や，人件費を賄うための財源を準備することが必要となるが，後

者の実現には**人的資源管理**に関する諸活動が求められる（上林 2012）。

まず，人員の募集・採用や各部署への配置・異動，昇進の決定などに関する人的資源管理として，**雇用管理制度**が挙げられる。たとえば，どのような採用管理をするか，すなわち募集段階においてはどのような資格要件や学歴要件を課し，どのような報酬等の雇用条件を示すか，またどのような形式・内容の採用試験を課してどのような資質能力を問うのかといった点は，入職する者の能力や意欲に影響する。また，採用後，何年程度の間隔を置き，どのような地理的範囲で，どのような特徴の学校を異動・転任するのか，さらにその異動・転任の過程では，どのような立場・役割の経験を積み重ねるのか，といった入職後のキャリアパターンは，それぞれの職場における適材適所の達成（ポジションに応じた能力・属性の人材を配置する）という側面と，職務経験を通じてさまざまな能力を伸ばすという側面を持ち，入職後の能力形成に影響する。加えて管理職等への昇進選抜がどのように行われるのかは，管理職に選抜される者の資質能力や管理職に至るキャリアパターンに影響を及ぼす。

つぎに，入職後の人的資源管理としては**人材育成制度**があり，新人教育，配置転換教育，昇格に伴う諸訓練，技術変化に伴う諸教育などが該当する。学校教育では，教職全般への習熟を進めたり，地域や学校の課題を理解し，対応を進めたりする目的の他，異動・昇進等を契機とする新たな役割や職責に対応する目的，さらには時代の変化や環境の変化によって求められる，新たな技術や知識を習得する目的などから，さまざまな研修が行われている。先に挙げたような，職務経験を通じた能力形成に比べ，これらは直接的に人材の質に影響を及ぼしている点で特徴的である。

さらに言えば，人事考課などの**評価制度**を通じて個々の能力や業績をどう把握し，報酬等の処遇や雇用管理・人材育成の諸制度にどうフィードバックするのか，あるいは**報酬制度**として入職時の給与水準や入職後の昇給パターンをどのように設定しているのか，福利厚生制度や労使関係制度がどのようなものかといった点も人的資源管理の範疇とされ，それぞれが働く者の能力や動機づけといった「質」に影響する。

上記の諸制度については，国レベルで調整・決定が行われるものと，地方レベル（都道府県レベル・市町村レベル）で調整・決定が可能なもの，さらに学校レベルでの運用が可能なものがそれぞれある。たとえば教員採用選考にあたって，該当校種の免許を資格要件に掲げるのは全国共通だが，外国語教育や理系教育の充実を目的に，小学校教員採用選考の一次試験等において中学校の英語や数学や理科の免許状保持者に対して加点を行う県も見られる。これは，都道府県レベルでの採用戦略が国の基準に「上乗せ」されている事例と見ることができるだろう。

教員の配置や異動のパターンなども，公立学校教員の人事権者となる各都道府県・各政令指定都市によって違いが見られる。具体的には，県内全域を採用後の人事異動の基本的範囲とする地域や，道府県教育委員会の出先機関（教育事務所など）の管轄地域を基本的な異動範囲とする地域，さらには個別の市町村内を基本的な異動範囲とする地域など，同一法制度下にありながらさまざまな運用が行われている（川上 2013）。この他にも研修制度や評価制度といった人材育成手段の整備や運用も，公立学校の教員（県費負担教職員）に関する人事権行使の一環と位置づけられるため，都道府県教委・政令指定都市教委レベルでの方針や運用の違いが観察できる。

報酬制度についても，都道府県・政令指定都市が公立学校教員の給与水準を定めてその支出を負担するが，それぞれの全庁的な給与水準に関するルールの影響を受ける。各都道府県・政令指定都市は，それぞれの人事委員会による調査結果や勧告をもとに，職員の給与を条例の形で定めている。条例内には「行政職給料表」「警察職（公安職）給料表」等と並んで「小学校・中学校教育職給料表」「高等学校教育職給料表」といった形で給料表が示されているが，次に説明する手当類のこともあり，一般職員の給与条例と教員の給与条例は別に定められるのが一般的である。

市町村立学校に勤務する者も含め，多くの公立学校教員の給与は都道府県・政令指定都市から支出されているが，市町村立学校職員給与負担法第1条には，その支出範囲となる給料と諸手当が規定されている。そして義務教育費国庫負担法第2条では，この給料と諸手当を国負担（実支出額の3分の1）の対象と定めているため，都道府県・政令市の教員給与は上記二法の規定に沿う形で構成される。一般的には各都道府県・政令指定都市に勤務する職員の給与はそれぞれがルールを定めて給与を支出する一方で，教員については国庫負担制度がある関係上，その規定に沿う形で別の条例が準備されている。

市町村立学校職員給与負担法第1条に「給料その他の給与」として規定されているのは，「給料，扶養手当，地域手当，住居手当，初任給調整手当，通勤手当，単身赴任手当，特殊勤務手当，特地勤務手当，へき地手当，時間外勤務手当（学校栄養職員及び事務職員），宿日直手当，管理職員特別勤務手当，管理職手当，期末手当，勤勉手当，義務教育等教員特別手当，寒冷地手当，特定任期付職員業績手当，退職手当，退職年金及び退職一時金並びに旅費」である。このうち義務教育等教員特別手当は，教員の待遇改善（を通じた教員の資質向上，教育水準の維持向上）を目的に制定された，学校教育の水準の維持向上のための義務教育諸学校の教育職員の人材確保に関する特別措置法（いわゆる「人材確保法」）に基づくものである。また特地勤務手当やへき地手当は，山間地や離島といった交通条件等の不便な土地への勤務に応じて支給されるもので，勤務期間中への不便に対処することと，そういった条件下の地域・学校への配置を円滑に進めるためのものである。いずれも報酬を通じた人的資源管理の一環である。

なお報酬制度に関して，従来は政令指定都市に勤務する公立小・中学校教員についても都道府県が給与（とその事務）を負担していた。しかし2017（平成29）年からは，給与事務が各政令指定都市に移管されたため，他の市町村とは異なり，採用や異動を行う者（人事権者）と給与を負担し支給する者（給与負担者）が一致することになった。

市町村レベル・学校レベルにも人的資源管理の余地は残されている。たとえば中核市（人口20万人以上などの要件を満たす都市）には，人事権者である都道府県教委から独立して研修を企画・実施する権限が認められている。その他の市町村や各学校においても，人事権者として実施する研修に追加する形であれば独自の研修が実施できる。また各学校内における役割分担（校務分掌）として任命される各責任者（主任）は，学校を設置する都道府県や市町村の定める学校管理規則を根拠とするが，実際にそうした各種「主任」の人選は各学校で行われ，学校組織内でのミドルリーダー的役割を果たしている。各職場においては，教職員構成から判断される（適性をより重視した）役割配当という側面と，キャリアを勘案した（育成をより重視した）役割配当という側面のバランスに配慮しながら，より具体的な人的資源管理が展開されているのである。

2.「よい人材」を教職に迎える—教員養成と採用

学校教育をめぐる雇用管理制度のうち，入職前の段階と入職時の段階でスタッフの「質」を左右するものとして，教員の養成・採用に関する制度とその運用が挙げられる。

日本の各学校（学校教育法第１条に示される学校のうち，幼稚園，小学校，中学校，義務教育学校，高等学校，中等教育学校，特別支援学校と，幼保連携型認定こども園）については，教育職員免許法が教員の資格要件を定めており，入職前段階から人材の質保証を行っている。ちなみに保育所等において児童や保護者に対して保育に関する指導を行う者については，児童福祉法が保育士の資格を定めており，これも質保証の機能を果たしている。

そして，教員免許状の種類は学校種（幼稚園・小学校・中学校・高等学校）に対応する形で設けられている。このうち小学校については，学級担任制を前提に全教科一括の免許状が設定され，中学校および高等学校の免許状については教科担任制を前提に教科別の免許状が設定されている。なお特別支援学校については，特別支援学校の教員免許状に加えて特別支援学校の各部（幼稚部，小学部，中学部，高等部）に相当する学校の教員免許状が求められている他，義務教育学校では小学校と中学校の免許状が，中等教育学校では中学校と高等学校の教員免許状が，それぞれ求められる。そして養護教諭（児童生徒の養護をつかさどる）および栄養教諭（児童生徒の栄養の指導および管理をつかさどる）については，各校種共通の免許状が授与される。これに加えて，授業を行う教員には，対象となる学校種と教科の免許状の保有が求められており（**相当免許状主義**），質保証の実効性を高めている。

上記のように，教員免許状は学校種と教科に専門特化しているが，教育職員免許法第４条と第５条は，その種類を普通免許状，特別免許状，臨時免許状の３種類と定めている。このうち普通免許状については短期大学士の学位（短期大学卒業）を基礎資格とする二種免許状，学士の学位（四年制大学卒業）を基礎資格とする一種免許状，修士の学位（大学院修士課程修了）を基礎資格とする専修免許状に分かれている。それぞれの免許状を取得するには，基礎資格を満たした上で，教育職員免許法や同法施行規則に定める「教科に関する科目」「教職に関する科目」等の単位を履修することが求められる。これらのルールも，入職前段階での質保障の一環と整理できよう。

特別免許状（授与された都道府県内のみ有効）は，教科の専門的な知識経験や技能などを持っているものの，普通免許状を持っていない社会人に対して授与されるもので，学校教育の質を多様化・活性化する性質を持っている。同様の趣旨ながら相当免許状主義の例外となるのが特別非常勤講師制度で，専門的知識・経験を有する社会人を，教科の領域の一部のみを担任させる非常勤講師とするものである。特別免許状は都道府県教委による教職員検定を経て授与される一方で，特別非常勤講師は都道府県教委への届出により任用できるという点が，相当免許状主義の枠内・枠外を分けているのである。

臨時免許状（有効期限３年，授与された都道府県内のみ有効）は，諸事情で普通免許状を有する教員を確保できないような場合に授与される助教諭，養護助教諭の免許状で，特別免許状と同様に教職員検定を経ることで質保証を図っている。なお，臨時免許状を含めても免許状所有者が確保できないような場合には免許外教科担任制度が活用されており，校長および教諭等が都道府県教委に許可を得て実施するが，相当免許状主義の例外となる。

普通免許状取得のための教育課程は，「大学における教員養成」の原則のもと，短期大学・大学・大学院に設置される。具体的には，文部科学大臣による教員免許課程としての認定を受けた一般学部と，特定学部としての教員養成学部があり，いずれについても法律（教育職員免許法）に定める必要な科目を，十分な内容と水準で提供できるかどうか，文部科学省による事前審査が課されている。この**教職課程認定**は各大学等における教員養成教育の質保障として機能しており，課程認定を通過したプログラムの中で法に定める単位数を取得した者が，各都道府県教委への申請を経て教員免許状を取得する。戦前期のように，特定の学校（師範学校等）の卒業者にのみ免許を授与する方法でもなく（**開放制**），法曹資格や医療系の諸資格のように国家試験や統一試験で適否を審査する方法でもない形で質保障を図っている点に特徴がある（橋本 2009）。2022（令和4）年の教育職員免許法改正により，普通免許状の有効期限の定めはなくなったが（特別免許状も同様），任命権者が研修等に関する記録を作成し，それに基づく指導・助言を行うことにより，質保証（資質の向上）を図るとしている。

以上のように，事前審査を通過した高等教育機関における単位取得（と卒業・修了）を主な根拠に教員の資格が広く授与されるということは，多様な人材を教職に迎えるよう機能する一方で，教員の需要動向とは直接対応しない形で有資格者が輩出されることを意味する。そこで，各都道府県・政令市等や学校法人等では，学校等で実際に働く教員を選抜するため，改めて採用試験を実施し，それぞれにとって必要な（量・質の）教員を選考する。ここにも入職者の質保障を図る機能が指摘できるが，実際は人事権者（採用側）が教員の採用数や選考倍率をコントロールすることは難しく，その機能は万全ではない。

というのも，教員の必要数は学校教育法や標準法（公立義務教育諸学校の学級編制及び教職員定数の標準に関する法律，公立高等学校の適正配置及び教職員定数の標準等に関する法律）を根拠に，児童数・生徒数から算出される。したがって，採用予定者数は児童数・生徒数の変動と，そのときの教員の年齢構成（退職予定者数の多寡）の影響を受ける。特に新卒一括採用が一般的な雇用モデルの中では中途採用が限定的であったこと，また教員の処遇がある程度安定していたため，中途の離職も多くなかったことで，児童・生徒数急増期の大量採用は，その後の採用抑制を引き起こした。実際，**図7-1**，**図7-2**，**図7-3**に示すように教員の採用者数や採用倍率は時期によって大きく変化している他，地域間でも児童・生徒の急増期が前後したため，地域間の差も激しい（山崎 1998）。これに加えて景気等の環境変動も採用事情に影響を及ぼすため，教職に迎える人材の質の維持向上は難しい課題である。

なお，現行の教員採用制度は，教育水準の地理的な均衡にも一定の機能を果たしている。公立学校の教員は市町村単位や学校単位ではなく，都道府県や政令指定都市等を単位に広域的な採用が行われている。給与等の基本的な労働条件も広域的な共通化が図られており，このことが市町村間，学校間の異動を容易にしている。もし学校間・地域間でルールが共通化されていなければ，異動はさまざまな調整を伴うために活性化

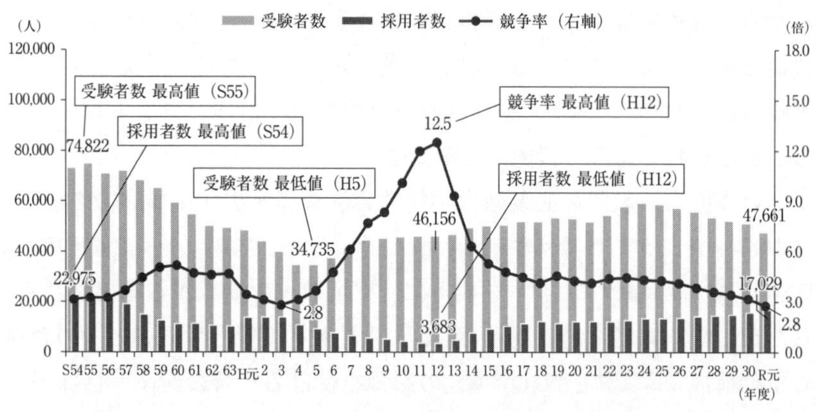

（出典）文部科学省「令和２年度（令和元年度実施）公立学校教員採用選考試験の実施状況のポイント」

図7-1　受験者数・採用者数・競争率（採用倍率）の推移（小学校）

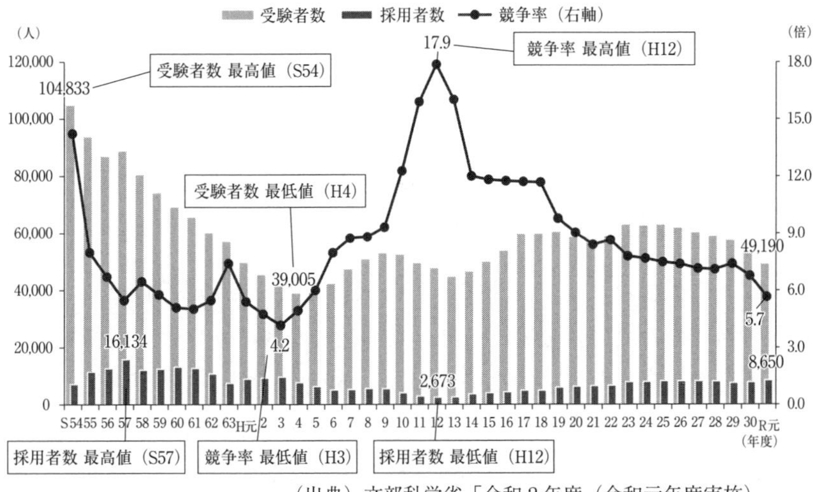

（出典）文部科学省「令和2年度（令和元年度実施）
公立学校教員採用選考試験の実施状況のポイント」

図7-2　受験者数・採用者数・競争率（採用倍率）の推移（中学校）

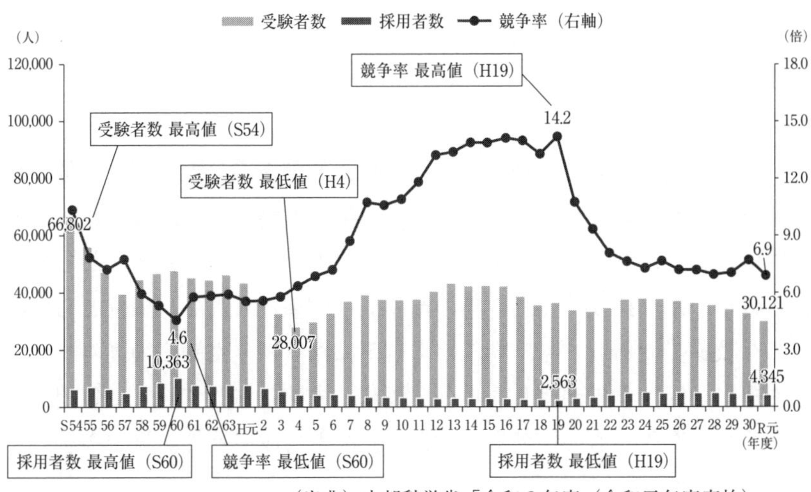

（出典）文部科学省「令和2年度（令和元年度実施）
公立学校教員採用選考試験の実施状況のポイント」

図7-3　受験者数・採用者数・競争率（採用倍率）の推移（高等学校）

せず，待遇のよい地域や学校に人材が偏ることが想定される。地域間で教育水準に大きな差が出ないようにしていることは，現行制度の隠れた機能といえるだろう（苅谷 2009）。

3.「よい人材」を育て，適材を適所に
—異動・研修・評価

入職後の人材マネジメントのうち，人材の質を高める働きかけには，異動・昇進等の雇用管理制度を介した間接的な働きかけと，研修等の人材育成制度を介した直接的な働きかけがある。いずれも職業人生の全般にわたって能力の獲得や開発が可能で，職業人としての成長の余地があるという前提のもと，一定の体系性や順序性を想定しながら目的と計画をもって行われる。この点で，いわゆる「めぐりあわせ」や「偶然」による能力成長とは違いがある。日常の勤務での諸経験を通じてこの目的と計画を達成しようとするのがOJT（On-the-Job Training）であり，長期的で安定した雇用の中で，組織内で定期的に職場や職務を変更させて計画的にOJTを進めるものを特に**ジョブ・ローテーション**（job rotation）と呼ぶ。一方，職場を離れた場を想定してこの目的と計画を達成しようとするものがOff-JT（Off-the-Job Training）である（佐藤・藤村・八代 2015）。

これらを教員にあてはめてみると，日常的な指導の振り返りの他，校内研修の場や先輩教員から後輩教員への指導の場などで進められる能力形成はOJTに相当し，校内におけるジョブ・ローテーションとしては校務分掌の割り振りや担当学年の割り振りが挙げられる。職位としては同じ「教諭」であっても，初任期や若手には負担・困難度の高くない分掌や担当学級・学年が割り振られ，慣れと成熟に応じて徐々に負担や困難度が高くなり，その中で業務を通じた能力形成や適性発見が進む，と

いう流れには，ジョブ・ローテーションの要素が含まれている。組織間の異動についても，教科等の指導研究について発信の多い学校での勤務を通じて授業者としての能力形成が行われる場合や，教育委員会事務局での勤務などを通じて管理職としての適性獲得が行われている場合，意図的・計画的なジョブ・ローテーションの側面が指摘できる。

ところで，教員として採用された後の勤務先は学校に限定されるわけではない。都道府県の教育委員会（本庁）やその出先機関（教育事務所等）あるいは研修施設（研修センター等）の他，市町村教育委員会などに指導主事や管理主事等の職員として勤務するケースや，社会教育施設（博物館，少年自然の家等）に学芸員等の職員として勤務するケースがある。このうち指導主事は，各学校での教育課程や学習指導に関する指導助言や研修の支援を業務とする他，特に教育委員会事務局においては教育政策の企画・立案にも従事している。また，人事管理等にかかる業務を行う職員として管理主事を置く教育委員会事務局もある。**表7-1**と**表7-2**は，そうした教員籍の者を含む教育委員会事務局の職員の動向を都道府県教委と市町村教委について示したものであり，指導主事の増加傾向と社会教育主事（教育委員会事務局等にあって社会教育に関する専門的な指導助言を行う職員）の減少傾向が読み取れる。また**表7-3**は，市町村教委における指導主事等の配置状況を示したものであるが，市町村の人口規模が小さくなるにつれ，指導主事の配置率が低くなる傾向が見られるなど，自治体間の差が目立つ。学校支援体制のさらなる充実は，今後の課題である。

組織における人事異動は，異動元からの「育成の論理」に基づくプッシュ型の異動と，異動先からの「選抜の論理」に基づくプル型の異動に整理される（八代 2009）。プッシュ型の異動では，新しい職務経験による能力の伸長や適性の発見を期待して，新しい役職や異動先に人材を送

表 7-1　都道府県教育委員会事務局の職員構成（総数）

区　　分	23 年度	25 年度	27 年度	29 年度	**元年度**	（構成比）	本 庁	教育事務所	（増減）
							（内　訳）		
	人	人	人	人	**人**	%	人	人	人
総　　数	15,561	15,516	15,683	16,032	**15,924**	(100.0)	11,827	4,097	△ 108
対前回伸び率	△ 1.4%	△ 0.3%	1.1%	2.2%	**△ 0.7%**				
指導主事	1,575	1,685	1,733	1,913	**1,896**	(11.9)	1,521	375	△ 17
充て指導主事	2,918	2,889	2,924	2,941	**2,977**	(18.7)	1,576	1,401	36
社会教育主事	583	595	575	568	**556**	(3.5)	287	269	△ 12
派遣社会教育主事	149	127	130	120	**111**	(0.7)	41	70	△ 9
社会教育主事補	24	38	32	29	**30**	(0.2)	25	5	1
事務職員	9,667	9,542	9,647	9,773	**9,685**	(60.8)	7,766	1,919	△ 88
技術職員	600	600	607	659	**643**	(4.0)	591	52	△ 16
労務職員	45	40	35	29	**26**	(0.2)	20	6	△ 3

（注）「派遣社会教育主事」については，都道府県教育委員会段階で把握した実人数である。このため，派遣された市町村教育委員会段階の延べ人数で把握した第 11 表とその数値が異なる。

（出典）令和元年度教育行政調査「結果の概要」

表 7-2　市町村教育委員会事務局の職員構成（総数）

区　　分	23 年度	25 年度	27 年度	29 年度	（構成比）	**元年度**	（構成比）	（増減）
	人	人	人	人	%	**人**	%	人
総　　数	54,280	53,583	53,310	55,524	(100.0)	**58,001**	(100.0)	2,477
増　　減	△ 146	△ 697	△ 273	2,214		**2,477**		
対前回伸び率	△ 0.3%	△ 1.3%	△ 0.5%	4.2%		**4.5%**		
指導主事	4,579	4,720	5,131	5,480	(9.9)	**5,941**	(10.2)	461
充て指導主事	1,417	1,399	1,257	1,334	(2.4)	**1,288**	(2.2)	△ 46
社会教育主事	1,366	1,292	1,175	1,150	(2.1)	**1,098**	(1.9)	△ 52
派遣社会教育主事	154	140	130	120	(0.2)	**111**	(0.2)	△ 9
社会教育主事補	47	25	34	35	(0.1)	**47**	(0.1)	12
事務職員	42,246	41,695	41,654	43,301	(78.0)	**45,322**	(78.1)	2,021
技術職員	2,759	2,738	2,579	2,795	(5.0)	**3,023**	(5.2)	228
労務職員	1,712	1,574	1,350	1,309	(2.4)	**1,171**	(2.0)	△ 138

（注）「派遣社会教育主事」については，派遣された市町村教育委員会段階の延べ人数である。このため，都道府県教育委員会段階の実人数で把握した第 21 表とその数値が異なる。

（出典）表 7-1 と同じ

表 7-3　人口規模別の指導主事配置状況（市町村教育委員会）

区　分		教育委員会数	指導主事・充て指導主事を置く教育委員会		社会教育主事・派遣社会教育主事を置く教育委員会	
			配置率	配置教委当たり平均人数	配置率	配置教委当たり平均人数
			%	人	%	人
市町村教育委員会（一部事務組合等を除く）の計		1,736	74.7	5.6	42.9	1.6
人口規模別	50万人以上	35	100.0	46.3	65.7	3.9
	30万人以上50万人未満	50	100.0	19.8	60.0	1.8
	10万人以上30万人未満	202	100.0	9.4	55.0	1.9
	5万人以上10万人未満	256	96.5	4.8	45.7	1.7
	3万人以上5万人未満	240	89.6	3.2	47.9	1.4
	1.5万人以上3万人未満	294	78.2	1.9	41.5	1.4
	8千人以上1.5万人未満	231	65.4	1.4	39.0	1.5
	5千人以上8千人未満	167	55.7	1.1	34.7	1.5
	5千人未満	261	28.4	1.1	30.3	1.3
一部事務組合		70	17.1	1.6	5.7	1.0
共同設置教育委員会		1	100.0	3.0	100.0	3.0
広域連合		2	50.0	2.0	50.0	1.0
（再掲）						
総数		1,809	72.5	5.5	41.5	1.6
（参考）平成29年度総数		1,811	69.7	5.4	43.6	1.6

（出典）令和元年度教育行政調査「結果の概要」

り出す。一方，プル型の異動では，職場や役職のニーズに対応できそうな特性や適性を持つ人材を選抜，発見し，「適材適所」として引き上げる（もしくは引き込む）。

教員の異動や配置にも同様の要素が指摘できる。たとえば学校や教育委員会事務局において，ある部署や職位での勤務に人を充てる場合，その役割を果たせる確証の十分な人を充てるというプル型の運用もできれば，勤務経験を通じた能力の伸長（いわゆる「立場が人を作る」）を期待して人を充てるというプッシュ型の運用も可能である。ただし，ジョブ・ローテーションも含めたプッシュ型の人事を行う場合，上司や同僚によるフォローアップが必須となるため，組織にはある種の余裕が求められることになる。

次に，研修等を通じた能力の獲得・伸長について見ると，従来は，教員の能力を経験や勘に基づき言語化の難しい暗黙知としてとらえたり，一種の職人芸としてとらえたりする能力観のもと，「習うより慣れろ」や「(技を) 盗んで身につける」という達成観や成長観がとられてきた。その一方で教育の質の保障と安定化を志向する立場からは，計画的・体系的な能力形成が試みられてきた。

1971 (昭和 46) 年の中教審答申「今後における学校教育の総合的な拡充整備のための基本的施策について」(四六答申) では「養成，採用，研修，再教育」を通じた資質能力の段階的な形成に向け，大学院を含めた研修制度の整備が提言された。これを一つの契機に，現職教員の研修を支援する制度として各県では教育センター等の研究・研修施設の設置・整備が進んだ他，現職教員が研修可能な大学院の設置や，その修学を可能とする諸制度の整備も進められた。全教員を対象とするような政策としても，1989 (平成元) 年から初任者研修が，また 2003 (平成 15) 年からは 10 年経験者研修 (2017 (平成 29) 年度以降は中堅教諭等資質向上研修) が制度化された。各都道府県レベルでは，これらを核に研修の体系化が進められている (川上 2018)。

また近年では，第 2 次ベビーブーム期の児童・生徒急増期に大量採用したベテラン教員が退職期を迎え，教員の年齢構成は大きく変化している。課題の先行する自治体では，そうした状況に対応すべく研究と実践が行われている (中原・町支・脇本 2015)。国レベルでも，教育課程・授業方法等をめぐる新たな課題への対応と合わせて，改めて教員の養成・

採用・研修を一体的にとらえ，計画的な能力形成を図る政策が検討された。2015（平成 27）年の中教審答申「これからの学校教育を担う教員の資質能力の向上について」では，教員のキャリアステージ（養成段階・採用段階，1～数年目，中堅段階，ベテラン段階）に応じた研修体系の整備などが提言された。これを受けた教育公務員特例法の改正により，文部科学大臣の示す指針のもと，教員の任命権者（都道府県等）は教員の養成・研修に関与する大学等と協議会を組織して教員の資質に関する指標を定め，対応する教員研修計画を策定することとなった。また大学における教職課程でも国が内容の指針（コアカリキュラム）を定めるなど，一貫した枠組みのもとで教員の資質能力をとらえ，力量形成を図るしくみの整備が進んだ。

ところで，このように異動や研修を通じた人材マネジメントを機能させる上で不可欠なのが，評価制度である。公立学校における教員評価としては，地方教育行政法等を根拠に，いわゆる勤務評定が行われてきた。しかし，当時の政治的文脈のもとで勤務評定の「形骸化」が進められてきたこともあり，多くの地域では存在が意識されない制度となっていた。

そうした中で，2000 年代以降には公務員制度改革が議論されるようになり，能力や成果を評価して任用や処遇に活用すべく，能力評価と業績評価からなる新たな評価制度の導入が提言された。教育領域もこの影響を受け，各都道府県レベルで新しい教員評価システムの開発と導入が進められたが，多くは教員の能力開発を主旨とする制度設計であった。しかし 2014（平成 26）年の地方公務員法改正では，能力本位の任用制度の確立（職員の任用を人事評価その他の能力の実証に基づき行う），人事評価制度の導入（職員が職務遂行にあたって「発揮した能力」と「挙げた業績」を把握し，任用，給与，分限等の人事管理の基礎とする）が明示された。教員評価についても，同様に処遇への反映が進むものと考えられよう。

教員の力量の「底上げ」を企図したさまざまな制度設計により，学校で日常的に行われる校内研修や，教育委員会等が行う諸研修（キャリア段階や職位に応じた研修や，特定課題に対応する研修など）は体系化が進められており，今後は個々の教員の能力・業績にかかる評価との関連づけも強まると考えられる。これらはある種の能力を計画的に伸ばす手段となる一方で，開放制の教員養成が重視してきたような，多様で幅広い教員像の維持には若干の不安が残る。また，各地域で認定・表彰される優秀教員のように，強い特色や特技を持つ教員については，公的な諸研修とは別の，個々人の自己判断による研鑽や，教員間の学習サークルなど非公式的な学びの効果が無視できない（當山 2019）。そうした個々の裁量による学びや力量形成の余地をどう確保するのかも，今後の課題である。また個々人の能力・業績の評価が進展すれば，本人のキャリアプランを異動・研修に強く反映させるCDP（Career Development Program）のような運用の余地も生じるが（津田 1995），そうした可能性を探るのも今後の課題といえよう。

参考文献

苅谷剛彦『教育と平等―大衆教育社会はいかに生成したか―』(中公新書，2009年)

川上泰彦『公立学校の教員人事システム』(学術出版会，2013年)

川上泰彦「教職員の人事と職能成長研究の進展と今後の課題」日本教育経営学会〔編〕『現代の学校経営第3巻　教育経営学の研究動向』36-47頁（学文社，2018年)

上林憲雄「人的資源管理論（特集：この学問の生成と発展)」『日本労働研究雑誌』621号，38-41頁（2017年)

佐藤博樹・藤村博之・八代充史『新しい人事労務管理 第5版（有斐閣アルマ)』(有斐閣，2015年)

津田眞澂『新・人事労務管理』(有斐閣，1995年)

中央教育審議会『これからの学校教育を担う教員の資質能力の向上について（答申)（中教審第184号)』(2015年)

當山清実『「優秀教員」の職能開発―効果的な現職研修の検討―』(ジアース教育新社，2019年)

中原淳・脇本健弘・町支大祐『教師の学びを科学する―データから見える若手の育成と熟達のモデル―』(北大路書房，2015年)

橋本鉱市『専門職養成の日本的構造』(玉川大学出版部，2009年)

文部科学省ウェブサイト「結果の概要―平成27年度教育行政調査―」
http://www.mext.go.jp/b_menu/toukei/001/005/1372104.htm

文部科学省ウェブサイト「平成29年度公立学校教員採用選考試験の実施状況について」
http://www.mext.go.jp/a_menu/shotou/senkou/1401021.htm

八代充史『人的資源管理論―理論と制度―』(中央経済社，2009年)

山崎博敏『教員採用の過去と未来』(玉川大学出版部，1998年)

学習課題

1. 参考資料にも挙げた，文部科学省のウェブサイト「平成 29 年度公立学校教員採用選考試験の実施状況について」
http://www.mext.go.jp/a_menu/shotou/senkou/1401021.htm
を見て，教員採用試験の倍率が都道府県ごと，学校種ごとにどれくらい違いがあるかを比較してみましょう。可能であれば，過去の「教員採用選考試験の実施状況について」とも比較して，どのような変遷をしているか確認してみましょう。
2. 関心のある都道府県や政令指定都市について，県教育委員会もしくは研修機関（教育センター，研修センター，研修所などの名前で設置されています）のウェブサイトにアクセスして，どのような教員育成指標のもとで，どのような教員研修が用意されているか調べてみましょう。

8 カリキュラムの行政・政治・経営

川上泰彦

《**目標＆ポイント**》学校教育の内容や方法は，さまざまな関係者の考えが交錯する中で決定される。交錯の場もさまざまであり，国・地方の政治や行政においても，また学校経営においても，関係者間の葛藤やその調整が観察される。特に近年では，国―地方関係における分権化と，学校経営における自主性・自律性の重視（学校マネジメントの誕生）により，この葛藤や調整の場面が顕在化しやすくなっている。今後の学校における望ましい教育内容は，現在の社会に関する分析と合理的な判断の積み重ねにより，自然に導き出せる，というものではなく，さまざまな意見の葛藤と調整のプロセスを経て導き出される，という認識が重要である。
《**キーワード**》学習指導要領，教科書，検定制度，採択制度，無償給付・給与制度，教育課程特例校，カリキュラム・マネジメント

1. 教育課程行政

（1）教育内容の決め方をめぐって

学校教育において，どのような内容が教えられるべきか，またその内容を誰が決めるべきかについては，さまざまな考え方が想定される。一つの例として，子どもの自己実現を重視するという観点からは，学習する内容は，子ども自身がすべて決定すべきという考え方を導き出すことができるが，すべての年齢層にこの考え方を貫徹させるには無理があり，どの程度の発達段階から妥当な自己決定が行えるかには検討の余地が残る。その一方で，教育基本法第10条の「父母その他の保護者は，子の教育について第一義的責任を有する」という規定からは，保護者こ

そが責任を持って子の教育内容を決定すべきである，という考え方も導き出せそうだが，学校教育が集合的な教育の場であることを考えると，保護者のさまざまな志向をどのように集約して学校教育の方針とするかには課題が残る。

また，こうした個々人の志向を重視する立場とは別に，ある社会や国家の統合を維持するため，その社会や国家ですでに共有されている知識や価値観を次の世代に伝達する観点から，教育の社会的機能を重視する考え方もある。こうした考え方のもとでは，国家や社会が教育内容を決定することを妥当ととらえるが，その内容が，先に挙げた個々人の志向と一致する保証はない。いわゆる「国家の教育権」と「国民の教育権」をめぐる議論（教育権論争）や学習権の議論にも，この「せめぎ合い」の状況を見てとることができる[(1)]。

では，こうした葛藤の中で，学校や教師は教育内容の決定についてどの程度の権利を有するだろうか。個々の子どもや家庭の教育志向，国家や社会による教育要請のいずれからも独立した「教師の教育権」を主張する立場は古くからある（徳久 2008）。しかし，教師の教育の自由を取り扱った旭川学力テスト訴訟判決（最高裁判所大法廷，1976（昭和 51）年 5 月 21 日）では，さまざまな教師のさまざまな価値観が，子どもや保護者による選択の余地が乏しいままに，強い影響力や支配力をもって子どもに伝わってしまうことへの懸念から，教師による教授の自由は限定的にとらえるべきであるとされた。教師については，教育の機会均等を志向する一定の国家的・社会的制約のもとでの教育活動が想定されているのである。

このように，教育内容の決定をめぐる議論では，主に国家や社会と保護者（と子ども）の葛藤が関心を集めてきたが，近年では地域（社会）の意向をどう位置づけるか，という検討課題が表出しつつある。詳しくは後述するが，近年では都道府県や市町村が独自の教育内容を設定できるようになった他，学校単位でも，同様の動向が顕在化しつつある。従来は，もっぱら国家が教育への社会的要請を汲み取り，それを教育内容の基準に変換してきたのに対して，さまざまな規模の「地域」の意向が学校教育に反映されるしくみが登場しつつある。こうしたしくみが今後さらに充実し，学校教育を地域社会との連携のもとで運営することや，地域社会の意向を学校に反映させたりすることがさらに定着すると，学校に関わる地域住民の意向と中央政府や地方自治体が推進する教育の方向性との間に，葛藤が生じることも考えられる。

学校や教師にとってみると，この状況は，教育内容についての国家的基準が機能する一方で，保護者を含む地域住民の意向や関心が学校教育に反映される余地もあるということを意味している。これらのバランスをどのようにとりながら，専門性を生かした教育活動を展開するのか，というのは今後の新たな課題である。教育内容をめぐる政治や行政が，（国政などの「遠い」場ではなく）より身近なレベルで展開され，その結果が自治体教育行政や学校経営に新たな論点をもたらすと考えられるのである。

（2）教育内容の標準としての学習指導要領・教科書

さて，学校教育の内容をめぐっては上記のような葛藤が想定されるが，そうした中で現行制度において「何を教えるか」の根拠として機能しているのが，**学習指導要領**である。教育基本法に示す教育の目的（第１条）と教育の目標（第２章）を受けて，学校教育法は各学校の目的と目標を記載している。そして同法の施行規則は，各学校種における教育課程（学校教育の目的や目標を達成するため，児童・生徒の心身の発達に応じた形で教育の内容を授業時数との関連において総合的に組織した，各学校の教育計画）の編成や授業時数を記載し，各校種の学習指導要領が教育課程の基準となる旨を示している。したがって学習指導要領は，教員にとって，ただ「教える内容」に関する有力な根拠となるだけではなく，教育課程の基準として文部科学大臣が公示する，法規命令としての性格（法的拘束力）をも備えているのである。

このように，学習指導要領は学校教育の内容に大きな影響力を持っているため，その改訂に際しては社会的関心を広く引きつけることになる。学習指導要領は1947（昭和22）年に初めて公布されてから，ほぼ10年に1回のペースで改訂が行われてきた。そのプロセスは，2001（平成13）年1月の省庁再編以前であれば教育課程審議会に対して文部大臣が，省庁再編後であれば中央教育審議会に対して文部科学大臣が，それぞれ新しい教育課程の検討を諮問することからスタートする。この諮問を受けて，教育課程審議会（省庁再編前）もしくは中央教育審議会の初等中等教育分科会教育課程部会（省庁再編後）は新たな教育課程のあり方を審議し，次期学習指導要領の方向性を答申する。そして答申を受けた文部科学省は，さらに専門家の協力などを得ながら学習指導要領を作成・公表している（山田・藤田・貝塚 2015）。

学習指導要領の改定にあたっては，時代の変化や子供たちの状況，社会の要請等が考慮される。それまでの教育課程の成果や課題を振り返り，その反省を新しい教育課程の改善に生かす一方で，学校教育は，その後長期にわたって社会の担い手となる児童・生徒を対象とするがゆえに，すでに進行している，もしくは今後見込まれる社会の変化を反映した教育課程の編成も求められる。そうした意味では，学習指導要領には学校教育に対する国家・国民の関心が常に反映されてきた。

たとえば1947年と1951（昭和26）年の学習指導要領は，戦後の民主主義国家を担う市民の育成が目指され，児童中心主義，経験主義的な教育課程が示された。これに対して，経験主義が基礎学力の低下を招いた，という戦後「新教育」批判や，主権回復後の社会変動（農業から工業への主要産業の転換，農村から都市への人口移動，急速な経済発展）などが反映され，1958（昭和33）年と1968（昭和43）年の改訂では，系統主義的な教育課程とその内容の現代化・高度化が進められ，教授内容と授業時数の増加がもたらされた。しかし1970年代に入ると，高等学校進学率の上昇に見られる学校教育の量的拡大の一方で，授業内容について行けない児童生徒（いわゆる「落ちこぼれ」）の問題や受験競争の過熱化などの問題が指摘された他，高度成長期に蓄積された社会のゆがみも顕在化した。これを受けて1977（昭和52）年，1989（平成元）年，1998（平成10）年の各改訂では，知識偏重の教育課程の是正（学問中心カリキュラムから人間中心カリキュラムへ）が図られ，内容の絞り込み（精選・厳選）により知識の質を重視し，児童・生徒の関心・意欲・態度の育成と，それを実現するための学校裁量の拡大が進められたが，こうした路線が学力低下を招いたとして，いわゆる「ゆとり教育」批判が展開されたことは記憶に新しい。直近の2008（平成20）年と2017（平成29）年の改訂では，こうした批判に加えて今後の情報化やグローバル化などが考慮され，変化に対応可能な人材を育成すべく，さらなる学びの質の改善（主体的・対話的で深い学び）と併せて基礎・基本と活用力の重視，外国語教育等の充実が進められている（山田・藤田・貝塚 2015）。

このようにして国レベルで検討・作成された教育課程を，教材の形で具体化したものが，**教科書**(2)である。学校教育法（第34条など）により，学校では教科書の使用が義務づけられていることから，上記のプロセスで定められた教育課程を学校現場において実質化する上で，教科書は重要な役割を果たしている。教科書の作成・出版においては**検定制度**がとられており，文部科学大臣は民間の出版事業者等により著作・編集され

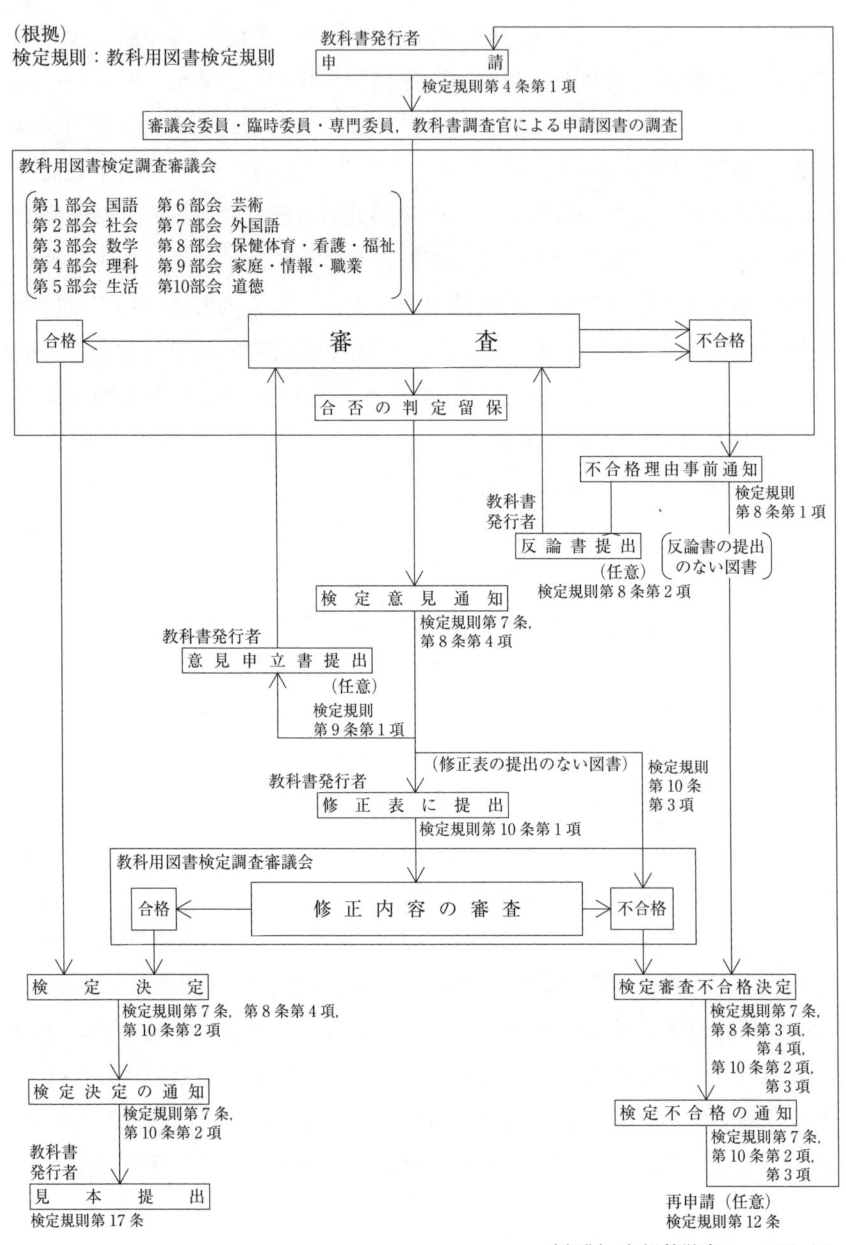

（出典）文部科学省ウェブサイト

図 8-1　教科書検定の手続き

た図書について，教科書としての適切性を審査している（**図 8-1**）。これに合格したもののみが教科書として扱われることになる。

教科書検定制度は，民間事業者による自由な著作・編集を前提としているため，各教科・領域では複数の発行者による教科書が出版されうる。そこで公立学校については設置者（市町村・都道府県）が，また国・私立学校については校長が，各校で使用する教科書を比較考量し，**採択**を行っている（**図 8-2**）。さらに義務教育段階の学校については，義務教育諸学校の教科用図書の無償措置に関する法律（無償措置法）にもとづき，採択された教科書を国が発行者から購入し，学校設置者に無償給付する制度がとられている（**無償給付・給与制度**）。

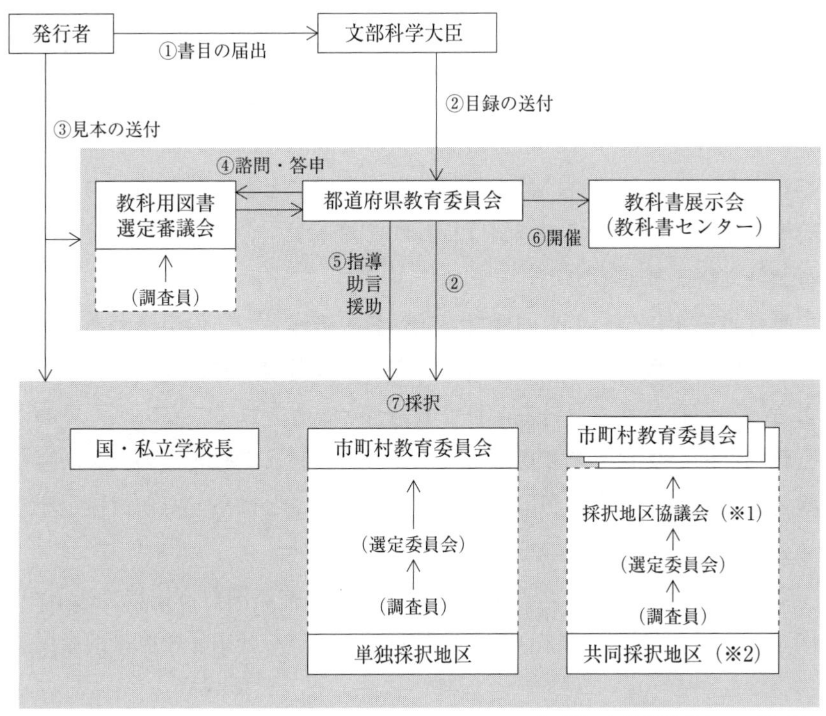

（出典）文部科学省ウェブサイト

図 8-2　教科書採択のしくみ

なお，2018（平成30）年の学校教育法改正により，タブレット端末等で使用する「学習者用デジタル教科書」を，必要に応じ，紙の教科書に代えて使用できるようになった。紙の教科書の使用が困難な児童生徒の学習を保障する上で大きな前進となったことに加え，学校におけるICT環境の充実を図る「GIGAスクール構想」の中でも，効果的な活用への関心が高まっている。しかし，紙の教科書とは異なり，無償措置の対象には含まれていないことから普及にはばらつきがある。2024（令和6）年度の小学校教教科書の改訂にあわせた本格導入が検討されているが，費用負担を含めた今後の動向には注意が必要である。

2. 教育課程の政治と経営

（1）カリキュラムをめぐる「政治」

さて，教育課程の中身は社会や子どもの状況に応じるべく検討を踏まえていることを説明したが，その検討プロセスが国民一般からアクセスしやすいわけではない。学習指導要領の記載内容は法的性質を帯びるとされるが，その位置づけは文部科学省の告示にとどまるため，内容の改訂等に際して国会等での審議は行われておらず，各種検討は政府内部で行われている（加藤 2001）。

教科書検定についても同様で，発行者・著作者からの申請があった図書について，教科書調査官による調査と，教科用図書検定調査審議会による検討が行われ，教科書としての適否が審査される，という，いわば行政内部的なプロセスで進められている。これまで教科書の記載内容や検定結果に関する議論が国会に持ち込まれることはあったが，検定そのものは政治的プロセスのもとに置かれていない。

このように，カリキュラムは学校教育の根幹に関わる領域であるが，国レベルでの基準決定プロセスにおいて，選挙を経由した直接的な民意

（政治）からは距離が置かれている。むしろ，そうしたカリキュラムに対する民意（政治）の影響力は，国よりも地方において発揮される傾向にある。たとえば，総合的な学習の時間を核に地域学習などの特色あるカリキュラムを編成する例や，さらにこれを小中一貫のプログラムとして体系化するような例などが散見されるが，これらは市町村教委や学校が独自の教育課程を編成・実施している例と言えるだろう。他にも，**教育課程特例校**制度を活用して，自治体単位で特色あるカリキュラムを展開する例などが見られるが，これらは教育長や教育委員会の発案で企画・実施されるもののみならず，自治体の特色づくりの一貫として，いわゆる「政治主導」によって企画・実施される場合もあり，首長（部局）の影響力を見ることができる（大桃・押田 2014）。

教科書採択においても，自治体レベルで政治的な関心が示されることは少なくない。教科書採択の時期（義務教育段階については原則４年ごと）などを中心に，市町村議会等では教科書採択に関する質疑応答が交わされており，民意の関心に応じて採択に関する判断根拠等の説明が行われている。

2011（平成 23）年にはそうした教科書採択に関する市町村ごとの判断をめぐり，沖縄県八重山地区で紛争事案が発生した。この事案では，複数市町村を単位とする教科書無償措置法上の広域採択制度と，各市町村を単位とする地方教育行政法上の採択権が整合的な関係にないという状況が改めて浮き彫りになり，採択権のあり方などの論点を示した(3)。教育課程の例と併せて，カリキュラムをめぐる政治が地方においても顕在化するようになったという傾向が指摘できよう。

分権化に伴い，学校教育についても地方の裁量が拡大される中で，たとえば特定の教育課程の導入や教科書の採択を公約に掲げた首長が当選し，地方政治・行政の中でその実現を図るという事例は今後も考えられうる。教育課程全般に関して，国と地方の間で政策的な裁量をどうとらえ，どのように調整するのかといった議論（垂直的な調整問題）の他に，地方の総合政策の中でどのように調整が図られるのが望ましいのかといった議論（水平的な調整問題）は，今後検討の余地があるだろう。

（2）学校裁量事項としての教育課程管理

教育課程の総合的な内容（学習指導要領）や，それを実施するための基本的な教材（教科書）の検討が主に国レベルで行われる一方で，都道府県・市町村は独自の教育課程や教材を追加する形で裁量が発揮できるようになった。また学習指導要領の総則によれば，実際の教育活動に際して，児童・生徒の心身の発達の段階や特性，地域や学校の実態（高等学校においては課程や学科の特色）を考慮する必要があることから，各学校が教育課程の編成を行うとされる。これらを整理すると，教育課程の管理は，国，地方，各学校，各教師（教科・学級等）がそれぞれに関与の余地を持つ，重層的な関係となっていることが指摘できる(4)。

このような重層的な関係の中で，国や地方には，公的な教育計画である教育課程の管理といった役割が期待される一方で，それぞれの学校や教師には，より児童・生徒に近い立場からの役割が期待される。それが，教育課程にとどまらない，より包括的な児童・生徒の学習経験を意味する，「カリキュラム」の管理や運営（マネジメント）である。特に各学校については，教育課程の実施を担い，次の改善に向けたフィードバックの出発点になる，という従来の役割に加え，近年では教育課程の編成と実施を主体的に進める役割も期待されている。国の定める標準的な教育課程に対して地方（教育委員会）が追加的に独自の教育課程を企画・実施できるようになったのと同様に，各学校においても独自の企画・運営によってカリキュラムをデザインする余地が広がってきたからである。

この動きの代表例となるのが，1998（平成10）年の学習指導要領改訂によって登場した「総合的な学習の時間」（高等学校では2022（令和4）年度より「総合的な探求の時間」）である。各学校の課題やビジョン（伸ばしたい能力像）に対応するカリキュラムの展開が期待されるため，学習指導要領においても目標や内容は各学校が定めるとされ，検定教科書等は用意されていない。各学校には特色あるカリキュラムを展開するよう，裁量性の発揮と創意工夫が求められるようになった。また総合的な学習の時間を中心に他の教科・領域との関連づけを図り，特色あるカリキュラムを教科横断的に展開するといった実践も可能となった。

小・中学校では，裁量性の活用力について，学校間・地域間にいくらかの差を伴いながらも，特色あるカリキュラムが展開された。これに対して高等学校は，もともと卒業後の進路イメージや専門性が多様であり，さまざまな学科・課程が設けられている（高等学校設置基準には，普通教育を主とする普通科に加え，専門教育を主とする学科として農業，工業，商業，水産，家庭，看護，情報，福祉，理数，体育，音楽，美術，外国語，国際関係，その他が示されている）。この多様性はカリキュラムの特色に直結している他，教育上の必要から学校独自の教科や科目（学校設定教科，学校設定科目）も開設できるため，学校の特色とカリキュラムの特徴は，より直接的な対応関係にある。

加えて，近年では国や各都道府県の施策として，高等学校の特色を強化する動きも目立つ。先端的な教育・研究を促進する国の補助事業としては，SSH（スーパーサイエンスハイスクール），WWL（ワールド・ワイド・ラーニングコンソーシアム支援事業），マイスター・ハイスクール（次世代地域産業人材刷新事業）といった例が挙げられる。また都道府県レベルでも，東京都における進学指導重点校，進学指導研究校，学力向上研究校や，大阪府におけるエンパワメントスクール，さらには兵庫県におけるインスパイア・ハイスクールなど，さまざまなタイプの高等学校について特色化を促す施策が進展している。少子化による生徒減少等を背景に，各高等学校は生き残り策として特色化・魅力化を追求する一方で，設置者も各高等学校に寄せられる役割期待に沿った政策誘導を進めている。

また現在では，こうした国レベル・都道府県レベルでの教育課程政策（特色化に向けた裁量拡大や特色強化の補助事業など）に加えて，全ての高等学校が自校の存在意義，期待される社会的役割，目指すべき学校対象をスクール・ミッションとして示すことが求められている。さらに，このスクール・ミッションを実現するための方針（育成を目指す資質・能力，教育課程の編成及び実施，入学者の受入れに関する各方針）を策定し，公表することも求められている。このように高等学校においては，学校の特色化の中核をなすものとして，カリキュラムの編成・実施が注目されているのである。

3. 新たな動向におけるカリキュラムの行政・政治・経営

（1）カリキュラム・マネジメント

2017（平成29）年に示された新学習指導要領では，子どもたちに求められる資質・能力とは何かを社会と共有し，連携する「社会に開かれた教育課程」の重視が打ち出された。これは，社会で共通して育てるべき力をどう考えるか，というこれまでの教育課程（学習指導要領や教科書のありよう）をめぐる論点に，「この学校（この地域）の子どもたちに求められる資質・能力とは何か」という論点が加わったことを意味している。地域（都道府県・市町村）レベルや学校レベルでのカリキュラムの最適化・特色化について，これまで以上に議論や政治過程が重視されるようになったと考えてよいだろう。

また新学習指導要領では，併せて「各学校における**カリキュラム・マネジメント**の確立」が強調された。まず，学習の基盤となる資質・能力（言語能力，情報活用能力，問題発見・解決能力等）や，現代的な諸課題に対応して求められる資質・能力を育成するため，教科等横断的な学習を充実させる必要性が指摘された。次に「主体的・対話的で深い学び」を充実させるため，単元など数コマ程度の授業のまとまりの中で，習得・活用・探究のバランスを工夫する必要性も指摘された。そして，教育内容や時間の適切な配分，必要な人的・物的体制の確保，実施状況に基づく改善などを通したカリキュラム・マネジメントを確立することが，これらの実現と学校教育の質向上につながる，とした。

上記の指摘は，各学校が教育の質的向上に向けて柔軟にカリキュラムを構想し，それを個々の教員の授業レベルにまで浸透させて実施することを求めるものと言えるが，そこには教員の自律性・裁量性との間に葛藤が生じると考えられる。というのも，総合的な学習の時間のように裁量性の高い領域を核に，特色あるカリキュラムを編成・実施してきたような（従来の）ケースとは異なり，今後は学校としての総合的な計画のもと，すでにこれまで行われてきた教育方法や教育内容を変更したり，教員間で相互調整することが求められているからである。学級担任制を基本とする小学校では，学校の計画に沿って各教師がさまざまな教科・領域にわたる授業の内容・方法を調整することが求められる一方で，教科担任制を基本とする中学校・高等学校などでは，この実現に必要な教科・領域間の調整は教師間で行われるため，より大きな調整コストや葛藤を伴うことが考えられる。

このように，今後カリキュラム・マネジメントを実践する際は，学級間，教科間，領域間での調整と，それに伴う葛藤が想定される。学校単位で見ると，各教員に「慣れ親しんだやり方」がある中で，いかに納得感を保ったまま学校全体の一貫性・整合性を実現するかという企画・調整能力が，学校（管理職）には求められる。また設置者となる自治体などで共通・一貫する教育課程編成の意図を持っている場合であれば，教育行政には学校事情の分析に基づく企画と実施の能力が求められ，各学校では内部の一貫性・整合性に加えて自治体の教育課程編成方針との調整も求められる。各学校（管理職）やその設置者に期待される学校マネジメントの実践は，より高度なものとなる。

そして，こうした学校マネジメントの質的な変化（拡大）は，学校管理職像にも影響が及ぶと考えられる。これまで，学校経営の自主性や自律性が追求される中では，物的管理や人的管理に注目した「経営者」や「管理者」としての校長像や，それを支援する教育委員会という役割像が見出されてきた。しかし学校でのカリキュラム・マネジメントの確立や，第７章で述べたような教員評価を通じた人材育成が重視される昨今の動向は，改めて学校マネジメントにおける「教育的リーダーシップ」の重要性の高まりを示唆しており，「管理者校長」や「経営者校長」に対してカリキュラムを始めとする教職の内容に通じている，「教育専門家」校長像の復権を示すものともいえそうである。

（2）さまざまな「変化」とカリキュラム

学校教育をめぐるさまざまな環境の変化は，何らかの形で教育内容や方法のあり方に影響を及ぼし，その余波はカリキュラムにも及ぶ。試論的ではあるが，現時点で進みつつあるいくつかの変化を取り上げ，カリキュラムへの影響を検討しておきたい。

一つは，現在進行中の高大接続改革の影響力である。児童・生徒の学習方法や学習内容の改革論議は，これまでもさまざまな形で展開されてきたが，その折に繰り返されてきたのが「入学試験が変わらなければ何も変わらない」旨の指摘である。中学校にとっては高校入試の成果が，高等学校においては大学入試の成果が教育の質の指標に使われてきたために，高校入試のあり方が中学校での教育内容を，また大学入試のあり方が高等学校での教育内容を強く規定する，と言われてきた。今次の学習指導要領改訂を含む「高等学校教育改革」と並行して「大学入学者選抜改革」と「大学教育改革」が進むことで，「高大接続改革」が目指されている。しかし，大学入学選抜については，一部政策に疑義が生じ，見直しも進んでいる。今後どのように政策が進展し，実際にどのような影響が観察されるのか，注視したい。

また，少子化に伴う学校の小規模化は，各校に配当される教員数の減少となって表れるため，特に中学校や高等学校においては，週当たり授業時数の少ない科目・領域や，履修希望者が比較的少なくなる選択的・専門技術的教科・領域について，十分な教員の配置が難しくなっている現状がある。こうした中で，専門性を担保したまま，多様な選択ニーズに応える教育活動を，地理的な偏りなく提供する方法を検討することは，カリキュラムの政治・行政・経営それぞれにかかる重要な課題である。近年，さまざまな形で導入の進んだ各種の施設・設備（電子黒板やタブレット型 PC の他，それらの活用を支える学校内外の通信環境など）の活用は，遠隔教育の実施などの選択肢を提供していると考えられる。学びの多様性を保証する手段としての活用も視野に入れつつ，各種新技術の効果や限界を見きわめ，よりよい活用方法やルールの整備を進めることは，今後の課題といえるだろう。

このような環境変動に対応した学校教育の最適化は，今後，国レベルのみで検討されるものではなく，地方（都道府県・市町村）や学校レベルでも追求される。学校教育における「何を教えるべきか」という問題は，規模の大小はあるものの，必ず何らかの形で政治過程を通過するが，その前提として都道府県では国の決定が，また市町村では国・都道府県の決定が，さらに各学校では国・都道府県（・市町村）の決定が，それぞれ所与の条件となる。カリキュラムにおける地方分権や学校の自律的経営を重視する今次の学習指導要領が定着する中で，さまざまな環境変化がそれぞれの地域や学校に何をもたらすか，観察・分析の余地が広がっているといえるだろう。

〉〉注

(1)「子どもの権利条約」に示される「子どもの最善の利益」や憲法・教育基本法に示される「教育を受ける権利」の実現には様々な関係者の関与が必要だが，その際には様々な思惑も交錯する。かつての「教育権論争」でも「国家の教育権」説は教育内容について国が関与・決定する権能を有するとし，「国民の教育権」説は子どもの教育について責任を負うのは，親及びその付託を受けた教師を中心とする国民全体で，国は教育の条件整備の任務を負うにとどまるとした。

(2) 教科書とは，発行法（教科書の発行に関する臨時措置法）第2条に「小学校，中学校，義務教育学校，高等学校，中等教育学校及びこれらに準ずる学校において，教育課程の構成に応じて組織排列された教科の主たる教材として，教授の用に供せられる児童又は生徒用図書であつて，文部科学大臣の検定を経たもの又は文部科学省が著作の名義を有するもの」と定義される。

(3) こうした議論や紛争が発生する背景としては，検定制度下でも民間による教科書発行に一定の多様性が保障されていることも指摘できるだろう。

(4) 学習指導要領の改訂などのカリキュラム改善を行ううえでは，国から各教室に至るまでの決定・管理の連続的な関係とは逆に，各教室での児童生徒の実態が国の教育課程に反映されるような，フィードバック回路が重要となる。この回路にあたるのが教育課程実施状況調査や学習指導要領実施状況調査である。学習指導要領における各教科の内容に照らした学習の実現状況を把握するための抽出調査（ペーパーテスト及び質問紙調査）が行われ，教育課程や指導方法等の改善に資する目的でのデータ収集が行われている。

参考文献

大阪府「エンパワメントスクールに関すること」
http://www.pref.osaka.lg.jp/kokosaihenseibi/empower/
大桃敏行・押田貴久〔編〕『教育現場に革新をもたらす　自治体発カリキュラム開発』（学事出版，2014年）
科学技術振興機構ウェブサイト「SSH　スーパーサイエンスハイスクール」
http://www.jst.go.jp/cpse/ssh/
加藤幸次『教育課程編成論　第二版』玉川大学出版部（玉川大学出版部，2011年）
国立教育政策研究所教育課程研究センター「教育課程実施状況調査」
http://www.nier.go.jp/kaihatsu/kyouikukatei.html
東京都教育委員会「都立高校における進学指導重点校等の指定について」
http://www.kyoiku.metro.tokyo.jp/press/2017/pr170824b.html
徳久恭子『日本型教育システムの誕生』（木鐸社，2008年）
兵庫県教育委員会「県立高校特色づくり推進事業　～インスパイア・ハイスクール～」
http://www.hyogo-c.ed.jp/~koko-bo/01miryoku/07inspire/sub2.html
文部科学省ウェブサイト「教科書制度の概要」
http://www.mext.go.jp/a_menu/shotou/kyoukasho/gaiyou/04060901.htm
文部科学省ウェブサイト「新学習指導要領（平成29年3月公示）」
http://www.mext.go.jp/a_menu/shotou/new-cs/1383986.htm
http://www.mext.go.jp/a_menu/shotou/shinkou/shinko/1366335.htm
文部科学省ウェブサイト「全日制・定時制課程の高等学校の遠隔教育」
http://www.mext.go.jp/a_menu/shotou/kaikaku/1358056.htm
山田恵吾・藤田祐介・貝塚茂樹『学校教育とカリキュラム　第三版』（文化書房博文社，2015年）

学習課題

1. 関心ある地方自治体を選んで，インターネットで議会議事録を検索し（市町村レベルよりは都道府県レベルのほうがよく整備されている傾向にあります），教科書採択や学習指導要領に関してどのような議論が出ているのか調べてみましょう。可能であれば，いくつかの地方自治体を比較してみましょう。
2. インターネットの検索や，教育関係の新聞記事や雑誌記事の検索を行って，カリキュラム・マネジメントの実践例としてどのようなものがあるのかを調べてみましょう。その際，可能であれば，実践に際してどのような関係者とどういった調整の過程が行われているのかに注目してみましょう。

9 学校で働く教職員

青木栄一

《**目標＆ポイント**》日本の公立学校には約100万人の教職員が働いている。これはすべての地方公務員の3分の1を占めるボリュームである。義務教育に限っても約70万人が働く一大「業界」である。これまでブラックボックスだった教職員の労働実態が大規模調査によって，近年ようやく明らかになってきた。中央教育審議会に「学校における働き方改革特別部会」が設置され，これまで顧みられなかった教育の労働問題にメスが入った。
　教員がどのような環境でどのような仕事をしているのか，学校ではどのような人々が働いているのか，教員とはどのような人々なのかについて解説する。
　また，教職員の労働条件をメタレベルで決めるのが，教職員配置である。それぞれの学校の教職員数がどのように決まるのかについても解説する。さらに，特殊とされる教員の給与法制についても解説する。
《**キーワード**》教員の労働時間，ストリートレベル官僚制，ホワイトカラーエグゼンプション

1. 教員の働き方

（1）教員の一日

　まず，教員の労働の概要を1日単位で紹介する（**図9-1，図9-2**）。小学校，中学校ともに，ほとんどの教諭が8時前に出勤し半数の教諭が退勤するのは19時以降である。教員は学校で雇用されることで初めて職業として成立する。教員が働く学校という職場は，その過半数が10時間を超える労働に従事している場である。

　さて，**図9-1**からは小学校が学級担任制であることが読み取れる。

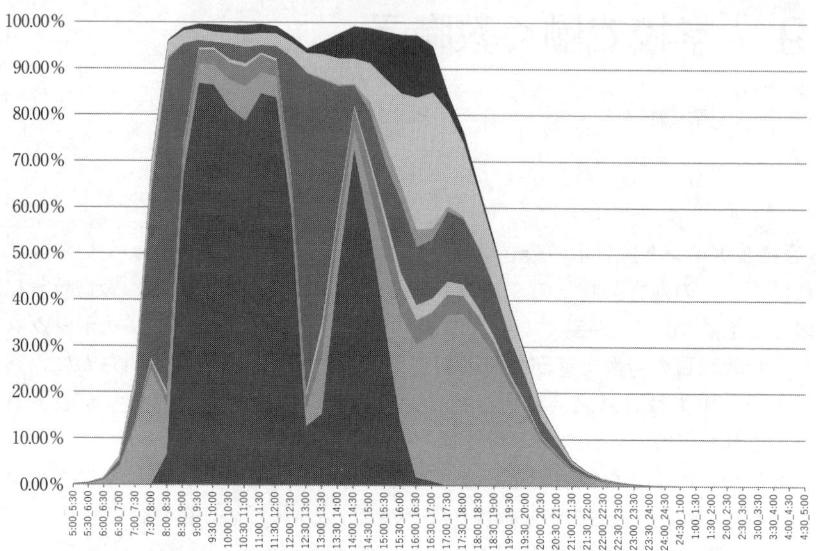

・授業…授業（主担当），授業（補助）
・(6)学習指導関係…授業準備，学習指導，成績処理
・行事等…学校行事，児童会・生徒会指導
・(7)生徒指導関係…生徒指導（個別），個別の打ち合わせ
・(1)～(5)，(8)～(10)関係…朝の業務，生徒指導（集団），地域対応，学年・学級経営，事務（調査への回答），事務（学納金関連），事務（その他）
・(11)部活動・クラブ活動…部活動・クラブ活動
・学校経営等の校務…学校経営，職員会議・学年会などの会議，保護者・PTA 対応，行政・関係団体対応，会議・打合せ（校外），その他の校務
・研修…校内研修，校務としての研修

※休憩・その他を除く。

（出典）文部科学省ウェブサイト「学校における働き方改革特別部会（第 5 回）配布資料【確定値に更新版】業務時間別の勤務時間」[(1)]

図 9-1　小学校・教諭（平日）の各時間帯の行為者率

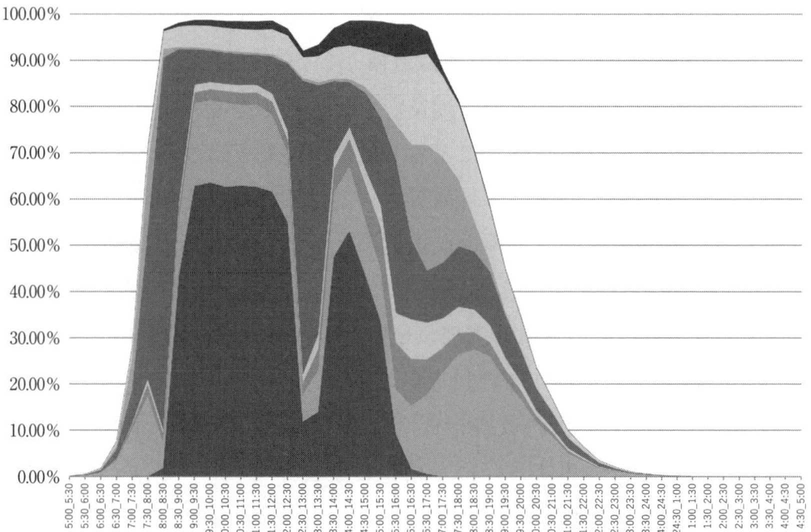

■授業　■(6)学習指導関係　■行事等　■(7)生徒指導関係　■(1)～(5), (8)～(10)関係
■(11)部活動･クラブ活動　■学校経営等の校務, 外部対応等　■研修

・授業…授業（主担当），授業（補助）
・(6)学習指導関係…授業準備，学習指導，成績処理
・行事等…学校行事，児童会・生徒会指導
・(7)生徒指導関係…生徒指導（個別），個別の打ち合わせ
・(1)～(5), (8)～(10)関係…朝の業務，生徒指導（集団），地域対応，学年・学級経営，事務（調査への回答），事務（学納金関連），事務（その他）
・(11)部活動･クラブ活動…部活動・クラブ活動
・学校経営等の校務…学校経営，職員会議・学年会などの会議，保護者・PTA 対応，行政・関係団体対応，会議・打合せ（校外），その他の校務
・研修…校内研修，校務としての研修

※休憩・その他を除く。

（出典）文部科学省ウェブサイト「学校における働き方改革特別部会（第 5 回）配布資料【確定値に更新版】業務時間別の勤務時間」[(1)]

図 9-2　中学校・教諭（平日）の各時間帯の行為者率

すなわち，8 割強の教諭が午前中の授業（1 時間目から 4 時間目）に携わっている。10 時台にいったん授業の数値が下がるのは中休みだからだろう。そして，昼休みの時間帯は授業がないものの給食指導や清掃指導といった業務があるため，教員にとっては休み時間とはなっていないことがわかる。その後，午後に 5 時間目，一部は 6 時間目を担当し，放課後を迎える。放課後は授業準備や成績処理といった学習指導関係か，学校経営や外部対応が主たる業務となっている。2 割の教員は 20 時過ぎまで在校している（在校時間 12 時間超を意味する）。数値は小さいものの 21 時，22 時過ぎまで在校する教員もいる。

図 9-2 からは中学校が教科担任制であることが読み取れる。午前中においても授業に従事するのは 6 割にとどまっており，2 割の教員は授業準備や成績処理を行っている。これはいわゆる「空きコマ」の時間である。昼休みの時間帯において，教員が十分に休めないのは小学校と同様である。午後の授業については半数程度の教員が関わり，2 割程度の教員が授業準備等を行う。午前，午後を通じて授業や授業準備，成績処理以外の業務への従事率が小学校よりも高い。これは中学校において，教科担任制であることに加えて経営，管理業務を担当する教員が多いことを意味する。小学校にない放課後の業務の特徴は部活動であり，3 割ほどの教員が 2 時間程度従事している。従事率は 1 割程度であるが，いわゆる朝練に従事する教員が確認できる。小学校教員よりも学習指導関係や研修に放課後従事する教員が中学校では 1 割程度少ない。退勤時刻は小学校よりもおおそよ 30 分ほど遅い。21 時以降に帰宅するのが 1 割程度，22 時以降の帰宅が 5％程度であり，わずかであるが 23 時以降の帰宅者も確認できる。

仙台市の 2022 年度採用者向け教員募集パンフレットには，中学校教員の一日の実例が示されている。7 時 30 分に出勤し，退勤は 18 時 15

分である。担当教科は社会であり，1日6コマのうち4コマの授業を行っている。空きコマには生徒の日記指導，授業準備を行っている。さらに中休みも授業準備に充てている。そもそもこのスケジュールではそれぞれの業務の開始時刻しか示されていないため，業務時間が不明確である。そのうえで部活動指導時間（サッカー部）を試算するとおおよそ2時間を費やしている。休憩は10分しかとれておらず，残業は2時間50分と試算できる。このペースで平日の勤務をこなせば一ヶ月の残業は56時間超となる。これは文部科学省のガイドラインにある45時間以内に収まらない。さらに，土日の情報がないことにも留意すべきである。もし毎週土日のいずれか1日に4時間ずつ部活動指導をしたら，16時間の残業が追加され，平日の残業と合わせるとガイドラインをはるかに超えてしまう。仙台市教育委員会は過去にもこうした長時間労働の実態をパンフレットにしたため，一部の市議会議員から批判を受けたことがある。実態を隠さないスタンスとみることもできるので一概に批判される必要はないだろうが問題なのはデフォルメした情報以外にも**教員の労働時間**の全数調査などの正確なデータを収集・提供していないことである。

（2）教員勤務実態調査

教員の多忙についての実証的調査の代表例は文部科学省による教員勤務実態調査である(3)。2006年，実に約40年ぶりに全国規模の大規模調査が実施された後，10年を経た2016年には第2回教員勤務実態調査(4)が実施された。この学校の働き方改革の政策論議の端緒となった2つの教員勤務実態調査のあいだに，OECDの国際教員指導環境調査（TALIS，タリス）結果が2014年に公表され，日本の教員が世界で最も多忙であることが注目された。この調査によって教員の労働時間は10年前と比較して増加したことがわかった（**表9-1**，**表9-2**）。具体的には，1日当た

表 9-1　教諭の１日当たりの学内勤務時間（持ち帰り時間は含まない）の内訳（平日）

時間：分

	小学校			中学校		
	2006 年度	2016 年度	増減	2006 年度	2016 年度	増減
a 朝の業務	0：33	0：35	+0：02	0：34	0：37	+0：03
b 授業	3：58	4：25	+0：27	3：11	3：26	+0：15
c 授業準備	1：09	1：17	+0：08	1：11	1：26	+0：15
d 学習指導	0：08	0：15	+0：07	0：05	0：09	+0：04
e 成績処理	0：33	0：33	±0：00	0：25	0：38	+0：13
f 生徒指導（集団）	1：17	1：00	−0：17	1：06	1：02	−0：04
g 生徒指導（個別）	0：04	0：05	+0：01	0：22	0：18	−0：04
h 部活動・クラブ活動	0：06	0：07	+0：01	0：34	0：41	+0：07
i 児童会・生徒会指導	0：03	0：03	±0：00	0：06	0：06	±0：00
j 学校行事	0：29	0：26	−0：03	0：53	0：27	−0：26
k 学年・学級経営	0：14	0：23	+0：09	0：27	0：37	+0：10
l 学校経営	0：15	0：22	+0：07	0：18	0：21	+0：03
m 会議・打合せ	0：31	0：24	−0：07	0：29	0：25	−0：04
n 事務・報告書作成	0：11	0：17	+0：06	0：19	0：19	±0：00
o 校内研修	0：15	0：13	−0：02	0：04	0：06	+0：02
p 保護者・PTA 対応	0：06	0：07	+0：01	0：10	0：10	±0：00
q 地域対応	0：00	0：01	+0：01	0：01	0：01	±0：00
r 行政・関係団体対応	0：00	0：02	+0：02	0：01	0：01	±0：00
s 校務としての研修	0：13	0：13	±0：00	0：11	0：12	+0：01
t 会議・打合せ（校外）	0：05	0：05	±0：00	0：08	0：07	−0：01
u その他の校務	0：14	0：09	−0：05	0：17	0：09	−0：08

（出典）文部科学省ウェブサイト
「教員勤務実態調査（平成 28 年度）（確定値）について」[5]

表 9-2　教諭の１日当たりの学内勤務時間（持ち帰り時間は含まない）の内訳（土日）

時間：分

	小学校			中学校		
	2006 年度	2016 年度	増減	2006 年度	2016 年度	増減
a 朝の業務	0：00	0：02	+0：02	0：00	0：01	+0：01
b 授業	0：00	0：08	+0：08	0：00	0：03	+0：03
c 授業準備	0：04	0：13	+0：09	0：05	0：13	+0：08
d 学習指導	0：00	0：00	±0：00	0：00	0：01	+0：01
e 成績処理	0：01	0：05	+0：04	0：03	0：13	+0：10
f 生徒指導（集団）	0：00	0：02	+0：02	0：00	0：01	+0：01
g 生徒指導（個別）	0：00	0：00	±0：00	0：00	0：01	+0：01
h 部活動・クラブ活動	0：02	0：04	+0：02	1：06	2：09	+1：03
i 児童会・生徒会指導	0：00	0：00	±0：00	0：00	0：00	±0：00
j 学校行事	0：01	0：09	+0：08	0：02	0：10	+0：09
k 学年・学級経営	0：00	0：03	+0：03	0：01	0：04	+0：03
l 学校経営	0：01	0：03	+0：02	0：01	0：03	+0：02
m 会議・打合せ	0：00	0：00	±0：00	0：00	0：00	±0：00
n 事務・報告書作成	0：00	0：02	+0：02	0：02	0：02	±0：00
o 校内研修	0：00	0：01	+0：01	0：00	0：00	±0：00
p 保護者・PTA 対応	0：02	0：03	+0：01	0：02	0：03	+0：01
q 地域対応	0：00	0：02	+0：02	0：01	0：01	±0：00
r 行政・関係団体対応	0：00	0：00	±0：00	0：00	0：00	±0：00
s 校務としての研修	0：00	0：00	±0：00	0：00	0：01	+0：01
t 会議・打合せ（校外）	0：00	0：00	±0：00	0：00	0：01	+0：01
u その他の校務	0：01	0：01	±0：00	0：03	0：04	+0：01

（注）1 勤務時間については，小数点以下を切り捨てて表示。
2 2006 年度は，第５期の集計結果と比較。2006 年度は，「週休日」のデータで比較。
3「教諭」について，2016 年度調査では，主幹教諭・指導教諭を含む（主幹教諭・指導教諭は，2008 年４月より制度化されたため，2006 年度調査では存在しない）。

（出典）表 9-1 と同じ

りの労働時間について，小学校教諭で平日38分，土日46分，中学校教諭で平日26分，土日1時間46分増加した。特に土日の増加が大きいのは，土曜授業が一般化したものと思われる。しかし，土曜授業を意味する「土曜日が勤務日に該当する者」を除いてもなお10年前よりも土日の労働時間が増加していることに留意する必要がある。特に中学校の部活動の増加が著しい。1週間当たりでは小学校教諭で4時間13分，中学校教諭で5時間14分増加した（図9-3）。

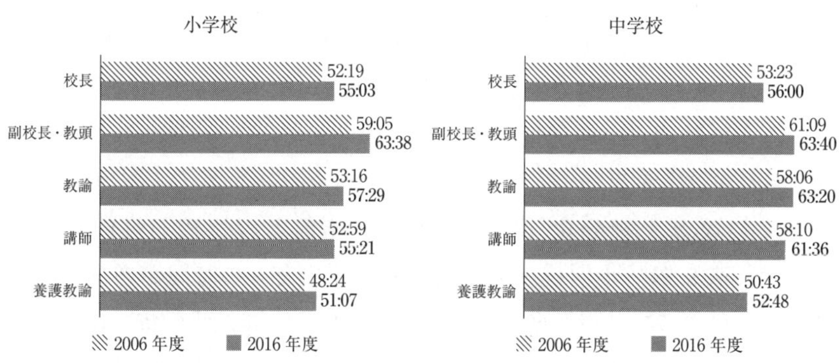

（注）1 勤務時間については，小数点以下を切り捨てて表示。
2 2006年度は，第5期の集計結果と比較。
3 2006年度の1週間当たりの勤務時間は，勤務日 ×5＋週休日 ×2により算出。
4 2016年度調査では，調査の回答時間（小学校64分，中学校66分）を一律で差し引いている。
5 2016年度の小学校教員のうち734人（10.4%），中学校教員のうち911人（11.2%）が，土曜日が勤務日に該当している。
6「教諭」について，2016年度調査では，主幹教諭・指導教諭を含む。（主幹教諭・指導教諭は，2008年4月より制度化されたため，2006年度調査では存在しない。）
7 1週間当たりの正規の勤務時間は，2016年度：38時間45分，2006年度：40時間

（出典）文部科学省ウェブサイト
「教員勤務実態調査（平成28年度）（確定値）について」(5)

図9-3　職種別　教員の1週間当たりの学内総勤務時間（持ち帰り時間は含まない）（時間：分）

年代別に見ると，若手のほうがより労働時間が長い傾向が見られる。これまでの分析で部活動の顧問となるのが若手のほうに多いこと，教材研究や授業準備に若手のほうが時間がかかることが主たる要因と推測されている。

いわゆる「過労死ライン」（週20時間以上の残業，58時間45分以上）について見ると，小学校教諭で3割，中学校教諭で6割弱となっている（図9-4）。また，教頭・副校長については小中学校いずれでも全体の平均で過労死ラインを超えている（図9-5）。

また，労働時間の分布の特徴として強調すべきことは，いわゆる「ロングテール（長い尻尾のような分布。図9-4，図9-5のようにデータの端部が長い状態を指す。）」な状態である。特に顕著なのが中学校教諭であり，1週当たり100時間以上の労働時間（残業時間としては60時間以上）について「0.2％」が該当する。

さらに業務を細分化して見ると，10年前との比較が可能である（表9-1，表9-2）。小学校・中学校ともに「授業」の時間が増加しており，それに伴って「授業準備」も増加している。また小学校では「生徒指導（集団）」が減少しており，中学校では「学校行事」が減少している。

中学校教諭について見ると，特に「部活動・クラブ活動」が教員の労働に与える影響が大きいことがわかる。この業務に費やされる時間が，平日では41分であり，「授業」「授業準備」「生徒指導（集団）」に次いで長い。土日については「部活動・クラブ活動」が2時間9分（平成18年調査では1時間6分）となっており，他の業務と比較してきわめて長い（2位は「授業準備」「成績処理」の13分）。

このように部活動が教員の働き方に関して深刻な影響を与えているといえる。たとえば土日1日当たりの勤務時間を見ると，部活動の活動日

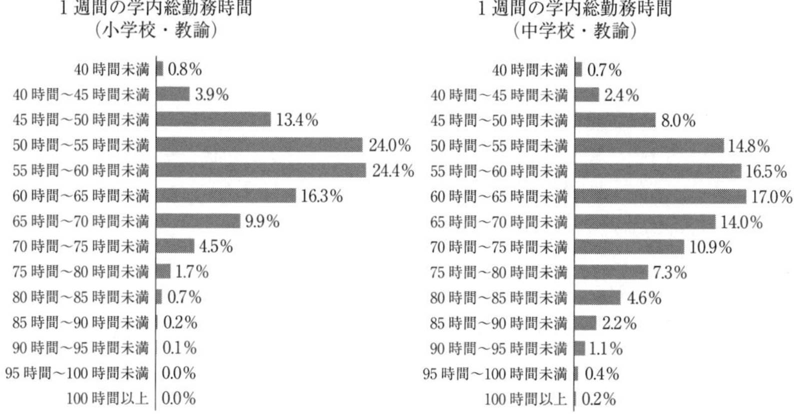

(注)1「教諭」について，2016年度調査では，主幹教諭・指導教諭を含む。
2 1週間当たりの正規の勤務時間は38時間45分。
3 上記グラフは，勤務時間から本調査の回答時間（小学校64分，中学校66分）を一律で差し引いている。

（出典）文部科学省ウェブサイト
「教員勤務実態調査（平成28年度）（確定値）について」(5)

図9-4　小中学校別　教諭の1週間当たりの学内総勤務時間（持ち帰り時間は含まない）

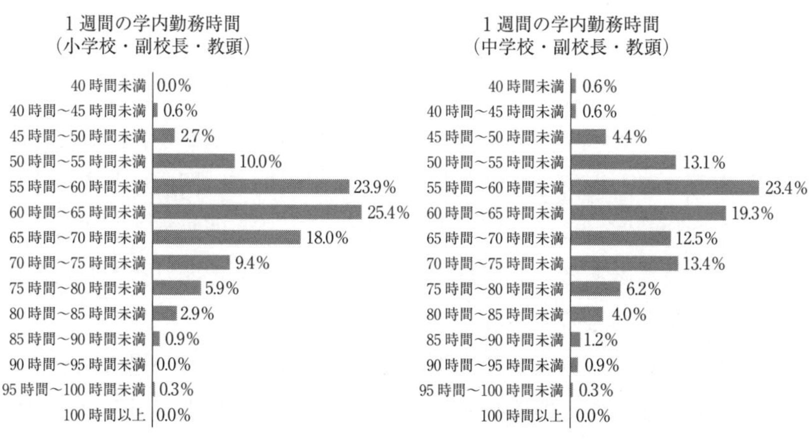

(注)1 1週間当たりの正規の勤務時間は，2016年度：38時間45分。
2 上記グラフは，勤務時間から本調査の回答時間（小学校64分，中学校66分）を一律で差し引いている。

（出典）図9-4と同じ

図9-5　小中学校別　副校長・教頭の1週間当たりの学内総勤務時間（持ち帰り時間は含まない）

数が週に7日（つまり，毎日部活動指導に従事している）の教諭は，実に土日1日当たり5時間13分も労働（残業）している。部活動業務に限っても3時間45分も労働（残業）している。また，部活動の種目別に見ても，土日について特にその差違が大きくなっている。野球部，サッカー部，バレーボール部の顧問の土日の部活動従事時間は長い。なお，吹奏楽部も文化系の部活では特に長い（リベルタス・コンサルティング 2018：255-256頁）。

なお，文部科学省の調査では教員の業務を次のように分類した。

1. 朝の業務　2. 授業（主担当・補助）　3. 授業準備　4. 学習指導
5. 成績処理　6. 生徒指導（集団）　7. 生徒指導（個別）
8. 部活動・クラブ活動　9. 児童会・生徒会指導　10. 学校行事
11. 学年・学級経営　12. 学校経営　13. 職員会議等・個別打ち合わせ
14. 事務（調査回答・学納金・その他）　15. 校内研修　16. 保護者・PTA対応
17. 地域対応　18. 行政・関係団体対応　19. 校務としての研修
20. 校外での会議等　21. その他校務

学校でしか行うことのない業務（授業，職員会議）もあれば，自宅等，学校外で行うことのできる業務もある（授業準備，成績処理等）。また，学校でしか行うことができない業務には，正規の勤務時間内にしか行うことのできない業務（授業，学校行事）もあれば，いわば残業として行うことのできる業務もある（部活動・クラブ活動）。上記の分類はそうした多様な業務を包括したものである。

このように教員の労働を可視化した上で，多くの教員が過労死ラインを超えている現状を改める必要がある。上の業務分類別に見ると，つい授業や授業準備の時間を確保し，周辺業務（以前は雑務と呼ばれていた）である事務業務等を削減しようと考えてしまう。しかし，漫然と行われる非効率な授業準備もまた改善の対象とすべきであろう。

(3) 教員の業務の区分

中央教育審議会の学校における働き方改革特別部会では，教員が行っている業務の精選について検討した[(6)]。まず，必要性が乏しく慣習的に行われてきた業務を思い切って廃止することが求められた。その上で，(1) 基本的には学校以外が担うべき業務 (2) 学校の業務だが，必ずしも教師が担う必要のない業務 (3) 教師の業務だが，負担軽減が可能な業務，に区分した（**表9-3**）。このように教員の業務を再検討する

表9-3　教員業務の分類のための視点

(1)	①登下校に関する対応 ②放課後から夜間などにおける見回り，児童生徒が補導されたときの対応 ③学校徴収金の徴収・管理 ④地域ボランティアとの連絡調整
(2)	⑤調査・統計等への回答等 ⑥児童生徒の休み時間における対応 ⑦校内清掃 ⑧部活動
(3)	⑨給食時の対応 ⑩授業準備 ⑪学習評価や成績処理 ⑫学校行事の準備・運営 ⑬進路指導 ⑭支援が必要な児童生徒・家庭への対応

（出典）中央教育審議会「新しい時代の教育に向けた持続可能な学校指導・運営体制の構築のための学校における働き方改革に関する総合的な方策について答申」2019年1月25日29頁

ために重要かつ必要な視点が提示されたことは大きな意味を持つ。なお部活動・クラブ活動については，運動部活動，文化部活動ともにまず休日の活動を地域（民間企業・団体含む）に移行させる内容の提言がスポーツ庁と文化庁の会議体から2022年に出された。

他方，教員が担うことでむしろその後の時間的コストが節約できる場合があることも留意しなければならない。あるいは想定とは異なる帰結を迎えてしまうことも想像できるようにしたい。たとえば，スクールカウンセラーに「手のかかる子」の対応を一任（丸投げ）するとどうなるだろうか。実際には当の教員の指導力不足であるかもしれないという留保は常に行うべきであろう。そうだとすると問題はこじれかえって時間を消費してしまう。他方，丸投げされる側も自らの存在意義を主張するために，丸投げ状態を受忍したり，問題の「発見」を率先して行う可能性も考慮すべきである。これもまた時間の浪費につながる。これは**ストリートレベル官僚制**論（畠山 1989）では常識的な考え方であるが，日本の教育研究ではすべてが円滑に運ぶという想定がなされ，かつそれぞれの主体の行動原理は性善説でとらえられているため，実際の問題発生に対処できない。

2. 教職員配置

既存の人員で可能な限り業務の効率化に取り組む必要はある。漫然と働いているという世論からの指摘を受けてはならないからである。ただし教員数が十分に確保されていれば，上で見たような長時間労働も緩和されることもまた想定できる。そこで教員や学校事務職員がどのような基準で配置されているのか，どのような制度が存在するのかを確認してみよう。

第4章で見たように，児童生徒数に応じて学級編制が行われ学級数が確定する。その上で，学級数に応じて教員数が確定する。国の学級編制の標準に基づいて都道府県が学級編制基準を策定する。2000 年代に入り，学級編制の自律的決定が可能となり少人数学級が普及したが，教職員定数についてもまた同様である。都道府県は，義務標準法第 6 条，第 6 条の 2，第 7 条第 1 項・第 2 項，第 8 条，第 8 条の 2，第 9 条に基づいて教員の配当基準を策定する。都道府県によってこの基準が異なる。

たとえば，都市部の県と地方部の県を比較してみよう（**表 9-4**）。両県の学級規模別配当基準表によれば，小学校について，1 学級だと都市部の県では 2 人の教員が配当されるが，地方部の県では 1 人の教員が配当される。6 学級（各学年 1 学級）だと都市部の県で 8 人，地方部の県で 6 人である。18 学級（1 学年 3 学級）だと都市部の県では 21 人，地方部の県では表に数値がない。このように都道府県によって学級数に応じた教員の配当人数が異なる。配当基準が改善されれば，その分それぞれの

表 9-4　学級規模別配当基準表

小学校	学級規模	1	2	3	4	5	6	7	8	9	10	11	12	13	14	15	16	17	18
	都市部の県	2	3	4	5	6	8	9	10	11	12	13	14	15	16	17	18	20	21
	地方部の県	1	2	2	4	5	6	7	8	10	11	12	13						
	学級規模	19	20	21	22	23	24	25	26	27	28	29	30	31	32	33	34	35	36
	都市部の県	22	23	24	25	26	27	28	29	30	31	32	33	34	35	36	37	38	39
	地方部の県																		
中学校	学級規模	1	2	3	4	5	6	7	8	9	10	11	12	13	14	15	16	17	18
	都市部の県	4	5	9	9	9	10	12	13	14	15	16	18	19	20	22	24	25	26
	地方部の県	3	4	7	7	7	9	11	12	14	16	17	18						
	学級規模	19	20	21	22	23	24	25	26	27	28	29	30	31	32	33	34	35	36
	都市部の県	28	30	32	33	35	36	38	38	40	41	43	44	46	48	50	52	53	54
	地方部の県																		

（出典）文部科学省調べ

学校での教育活動が充実することになる。ここでいう改善とは，学級規模に比して配当される教員数が増えることである。つまり，配当する主体である都道府県教育委員会にとっては財政負担が増えることを意味する。配当を求める主体は市区町村であり，市区町村関係者が都道府県に対して要望を行うことがある。たとえば，特別区議会議町会は2010年8月2日に，翌2011年度の「東京都の施策および予算に関する要望」の中で，「学校教育の充実に関する要望」を行い，そこでは「教職員定数配当基準の見直し」が盛り込まれている(7)。

各校種に置くべき職員の種類は学校教育法に規定されている。学校教育法第37条には，「小学校には，校長，教頭，教諭，養護教諭及び事務職員を置かなければならない。」という規定がある。この他に同条第2項には「（前略，引用者）副校長，主幹教諭，指導教諭，栄養教諭その他必要な職員を置くことができる。」という規定がある。前者がいわゆる「必置（ひっち）」職，後者がいわゆる「任意設置」職である。以下，公立小学校について，教員の各職種の配置人数等について紹介する（2020年度時点）。

（1）校長

2020年度の「学校基本調査」によれば（以下同じ），公立小学校の校長は18,707人であり，19,069校ほぼすべてに校長がいることがわかる。校長のいない学校は調査時点（5月1日）に休職中であるなど，例外的な事例である。

（2）副校長・教頭

副校長は1,806人であり，教頭は17,648人である。合計で19,454人である。学校数よりも多くの副校長・教頭が存在しているが，これは規模の大きな学校に加配（追加配当）するからである。たとえば，宮崎県の場合，小学校29学級以上の本校，中学校26学級以上の本校に複数配置（1人追加）する。

副校長は2007年の教育三法改正によって新たに設置できるようになった，いわゆる「新しい職」の一つである。配置しているのは，北海道，岩手県，福島県，茨城県，栃木県，群馬県，千葉県，東京都，神奈川県，岐阜県，静岡県，京都府，大阪府，鳥取県，岡山県，徳島県，香川県，福岡県，佐賀県，長崎県，熊本県，宮崎県，沖縄県である。東京都と岩手県の配置人数が多く（計1,600人），全体の9割近くを占める。なお，東京都と岩手県は教頭を1人も配置していない。

（3）主幹教諭

主幹教諭は2007年の教育三法改正によって新たに設置できるようになった，いわゆる「新しい職」の一つである。主幹教諭は10,199人である。主幹教諭はいわば教諭と管理職の間をつなぐ役割を期待される職であり，マネジメント不在と批判される学校経営上のキーとなる職である。全国値でいえば2校に1人配置されるようになったことから，順調に配置が進んでいるようにも思えるが，配置する県は限られる。神奈川県，東京都，兵庫県，大阪府，福岡県の配置数が多く，これら5都府県だけで全体の約8割を占める。未配置県は，青森県，秋田県，茨城県，群馬県，富山県，福井県，長野県，鳥取県，山口県，鹿児島県である。

（4）指導教諭

指導教諭は2007年の教育三法改正によって新たに設置できるようになった，いわゆる「新しい職」の一つである。指導教諭は専門性が高く優れた教科指導力を備えた教員で，自校だけでなく他校の教員にも指導的立場となることが期待される。この点で，マネジメントにシフトした主幹教諭とは異なる。配置数は1,282人である。配置しているのは，北海道，岩手県，東京都，神奈川県，石川県，岐阜県，三重県，京都府，大阪府，岡山県，広島県，徳島県，香川県，福岡県，佐賀県，長崎県，熊本県，大分県，宮崎県である。なお，男女別では男性504人に対して女性778人と女性の方が多くなっており，校長，副校長・教頭，主幹教諭と状況が異なる。

（5）教諭

教諭は310,174人が配置されており，そのうち男性が110,915人，女性が199,259人である。学校管理職である校長，副校長・教頭については男性比率が高いのと対照的に，教諭では女性比率が高い。校長では22%，副校長では33%，教頭では28%であるが，教諭では64%である。

（6）養護教諭

養護教諭は，義務標準法上は3学級以上の小中学校に配置される想定である。19,240人が配置されており，そのほぼすべて（19,212人）が女性である。

（7）栄養教諭

栄養教諭は2005年度から新設された。4,591人（うち女性が4,488人）が配置されている。

（8）学校事務職員

学校事務職員は現在では小中学校については，1校当たり1人が配置されることがほとんどである。2020年度時点で20,485人が全国の公立小学校に配置されている。義務標準法においては，4学級以上の小中学校には1人の事務職員が配置されるが，3学級の小中学校では学校数の4分の3人が計上される。そのため，すべての学校に配置されるわけではない。この他，27学級以上の小学校，21学級以上の中学校については1人追加で計上される。さらに，就学支援の対象者数（要保護，準要保護児童生徒数）が著しく多い場合にも加配される。なお，かつての学校教育法（28条）では，事務職員は必置ではなく任意設置であった[(8)]が，その後の改正で必置となった（37条[(9)]）。

小中学校の学校事務職員の業務は，いわゆる「一人職場」ということもあり，切磋琢磨の機会が限られると同時に業務のチェック機能が働きにくいとされてきた。そこで，ある学校に事務職員が集まり一部の業務を行う「学校事務の共同実施」が行われるようになった。2020年度の文部科学省の調査によれば68%の市町村ですでに実施されており，今後も実施率が増える見込みである[(10)]。

学校事務職員の一日[(11)]

静岡県の例を用いて，学校事務職員の一日のスケジュールを見てみよう。勤務開始が8時，勤務終了が16時30分である。学校事務職員は教員と異なり残業を行うことは少ない。主な業務は文書作成・発送，会計処理，給与事務，旅費事務，調査回答である。この他，欠席連絡応対，来客対応，職員会議等の会議への出席も行う。

横浜市資料[(12)]からも，メールチェック（郵便，電子メール），支払い手続き，就学援助手続き，給与事務，福利厚生・社会保険事務，コピー機の保守，窓ガラス破損の対応（修理依頼），備品管理（発注，受け取り，備品登録，引き渡し）が事務職員の業務として紹介されている。

学校事務職員にとっての「繁忙期」は年度末と年度初めであり，

特に3月には超過勤務手当の支給額が多い。学校事務職員の勤務実態についての実証的研究によれば，繁忙期を除いて1時間程度の残業が確認されることが明らかになっている（青木・神林 2017)。「チームとしての学校」を推進して，教員業務を学校事務職員やスクールカウンセラー等との協働により効率的な学校運営を進める方向が打ち出されているが，学校事務職員やスクールカウンセラーが基本的には教員ほど残業を行っていない(13)か，行いにくい雇用形態であるから，教員の雇用形態との違いを踏まえて実際の協働の在り方を議論する必要がある。

(9) スクールカウンセラー

スクールカウンセラーは「チームとしての学校」政策においても学校における重要な職員として位置づけられている。国としてのスクールカウンセラーに関する施策は，文部省時代の1995年から始まったスクールカウンセラー活用調査研究委託事業である。1995年度から2000年度までは国の全額委託事業（事業費10分の10）であった。その後，2001年度から2007年度まではスクールカウンセラー活用事業の補助金事業として実施された（補助率2分の1)。さらに，2008年度からは補助率が3分の1に引き下げられた。2009年度から2012年度は「学校・家庭・地域の連携協力推進事業」の一部として実施され，2013年度からいじめ対策等総合推進事業の一メニューとして実施され，2021年度時点で，いじめ対策・不登校支援等総合推進事業に組み込まれている。

全国的に見れば，2006年度から2020年度までの15年間にスクールカウンセラー配置校率は上昇を続けてきた（**図9-6**)。配置形態は多様であるが，その差異を捨象して校種別にみると，2006年度時点で中学校の配置率が76.6%と高く，2013年度には9割を超え2020年度時点で

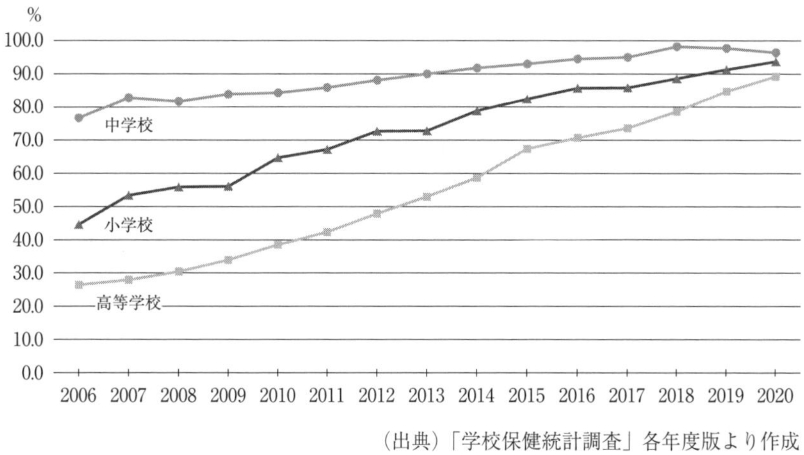

（出典）「学校保健統計調査」各年度版より作成

図 9-6　スクールカウンセラーの配置状況（2006 ～ 2020 年度）

96.4% まで上昇した。これに対して高等学校と小学校の配置率は 2006 年時点で 5 割を割っていた。それでも高等学校，小学校の配置率は徐々に上昇し，2020 年度でそれぞれ 89.2%，93.7% となった。しかし，都道府県別に見ると，スクールカウンセラーの配置状況には差違が見られる。文部科学省「学校保健統計調査」（2020 年度）で小学校，中学校，高等学校について見てみよう。配置状況は，配置の「有」（定期配置〈週 4 時間以上，週 4 時間未満〉，不定期配置），「無」の区分で調査されている。「無」に着目すると，小学校で目立つのが秋田県（88.3 %），愛媛県（74.1 %），宮崎県（60.3 %）である（全国平均 10.8 %）。中学校で目立つのが宮崎県（40.3 %），北海道（21.9%），山形県（18.7 %）である（全国平均 3.6 %）。高等学校で目立つのが宮崎県（44.0 %），青森県（41.4 %），愛媛県（36.1%）である（全国平均 6.3 %）。スクールカウンセラーの配置状況に差が観察されるとしても，それが直ちには教育上の問題であると指摘できない。配置率が低い場合，スクールカウンセラーの「需要」自体がないかもしれないからである。

東京都の場合，日給制で1日当たりの報酬額は44,000円[14]，時給換算で約5,700円であり，年間38回（週）の勤務である。これは文部科学省の調査では「定期配置，週4時間以上」にあたる。岩手県の場合，特定の学校に勤務する場合と巡回型がある[15]。前者の場合，勤務校1校につき週6時間または4時間で年間35週もしくは17週程度である。臨床心理士資格等の専門的資格を持っている場合，時給5,000円である。後者の場合，週1日1回6時間である。これは文部科学省の調査では「定期配置，週4時間以上」または「不定期配置」にあたる。鹿児島県の場合，小中学校については1回当たり3時間で，県教育委員会が指定する学校へ派遣される。週に1回派遣される学校が「最重点派遣校」と呼ばれ，そのほか月1回，年1，2回派遣される。この形態は文部科学省の調査では「不定期配置」にあたる[16]。

(10) スクールソーシャルワーカー（SSW）

スクールソーシャルワーカーは社会福祉士や精神保健福祉士等の福祉に関する専門的資格をもつ者からスクールソーシャルワーカーとして認められた者である。主な役割は問題行動（不登校，いじめ，暴力行為），子どもの貧困，児童虐待といった課題について，児童生徒の状況を把握し対応することである。文部科学省では2009年度から「スクールソーシャルワーカー活用事業」を実施しており，2022年度時点では全中学校区（10,000校区）への配置が目標となっている（週1回3時間）。

(11) 部活動指導員

部活動指導員は2017年度，学校教育法施行規則（第78条の2）に新たに規定された。部活動指導員は「校長の監督を受け，部活動の技術指導や大会への引率等を行うことを職務とする」。具体的な職務には実技指導，引率，会計管理，保護者への連絡，指導計画の作成等がある。ただし，引率が認められるには中体連（日本中学校体育連盟），高体連（全国高等学校体育連盟）等の大会主催者の規程改正が必要である。

文部科学省の補助事業である部活動指導員配置促進事業が2018年度から開始された。当初事業額は5億円（配置人数4,500人）だったが，2021年度予算では12億円（10,800人）まで増加した。市町村の事業の場合，国の補助割合は3分の1(17)であり，スクールカウンセラーが補助率10割でスタートしたのと対照的である。つまり，市町村の配置のためには都道府県の負担も前提となるため，普及のハードルが高い。なお，実態調査によると，多くの自治体における処遇は時給換算1,000円以上2,000円未満である。さらに，人材不足も指摘されおり，せっかく予算確保しても配置できないケースもあると思われる(18)。

3. 地方公務員としての教職員

（1）地方公務員に占める教職員のボリューム

2020年4月1日時点の地方自治体職員数は2,762,020人であり，教育部門に1,028,325人（37.2%）が占めている(19)。都道府県の全職員数が1,402,744人であり，教育部門は778,901人（55.5%）である。これは，都道府県が小中学校教員の人件費を負担しているからである（県費負担教職員制度）。1994年度の数値を見ると全職員数が3,282,492人であり，教育部門に1,281,001人が占めていた（39.0%）。このように量的な面で教育部門は少子化時代にも関わらず，依然として地方自治体の仕事の中で大きなそして重要な位置を占めている。

この四半世紀ほどで地方自治体の職員数が全般的に削減され

(－15.9%)，教育部門もまた例外ではなく削減が進んだ(－19.7%)。総務省の資料では教育部門の特徴を，「国の法令等に基づく配置基準等により，地方公共団体が主体的に職員配置の見直しを行うことが困難な部門である」という説明がなされる。たしかに，総額裁量制が導入されたものの児童生徒数に応じて教員数が算定される大枠が維持されている。

(2) 給特法という例外規程

教員の労働を形成する法令群は多いが，ここでは最も重要な法律である給特法(後述)を見てみよう。以下，文部科学省の資料を用いて給特法のしくみと成立の背景を説明する。時間外勤務については，労働基準法に定めがある。民間企業(国立，私立学校の教員を含む)については，労働組合や労働者の過半数を代表する者との間で使用者が書面による協定(三六協定：サブロク協定)を結ぶことで，時間外勤務(休日勤務)を行わせることができる。その場合，時間外勤務手当が支給され25%から50%の間で割増賃金を支払う義務がある。

一般の地方公務員については(別表第一に掲げる事業を除く)，公務のために臨時の必要がある場合に時間外勤務を命じることができる(労働基準法第33条3項，別表第一，一二には，教育，研究又は調査の事業，が掲げられている)。その場合，民間企業と同様に時間外勤務手当が支給される。

これに対して，公立学校の教員には例外的な取り扱いがなされている。これを定めているのが1971年に成立した給特法(きゅうとくほう)(公立の義務教育諸学校等の教育職員の給与等に関する特別措置法)である。時間外勤務を命じることができるのは限定された場合であり，給特法に基づいた「公立の義務教育諸学校等の教育職員を正規の勤務時間を超えて勤務させる場合等の基準を定める政令」では，イ―校外実習その他生徒の実習に関する業務，ロ―修学旅行その他学校の行事に関する業務，ハ―職員会議(設置者の定めるところにより学校に置かれるものをいう。）に関する業務，ニ—非常災害の場合，児童又は生徒の指導に関し緊急の措置を必要とする場合その他やむを得ない場合に必要な業務，が定められている。これがいわゆる「超勤4項目」である。

そして，時間外勤務手当や休日給は支給せず，その代わりに勤務時間の内外を問わず包括的に評価して，教職調整額（給料月額の4％）が支給される。つまり，教員の勤務は時間で測定することに馴染まないため，給特法成立に先駆けて行われた実態調査[20]の結果を踏まえ調査当時の超過勤務時間を参考に4％が設定された[21]。なお，教職調整額は期末勤勉手当，退職手当の算定根拠ともなっているため，実質6％の上乗せと同様の効果がある。通常の超過勤務手当は，あくまで手当であり期末勤勉手当や退職手当の算定の際には算入されない。

給特法は，**ホワイトカラーエグゼンプション**（頭脳労働について労働時間規制の適用除外とするしくみ）の先駆けとして，しばしば批判される。つまり，超勤4項目の他の業務は自発的に行われるものとして，超過勤務の命令の対象外として扱われる[22]。これにより勤務時間の無制限な増加の元凶とされている。さらに学校の働き方改革をうけ，はじめて給特法の大きな改正が行われ，2021年4月から休日のまとめ取りを可能とする「変更労働時間制」が地方自治体の判断で導入できるようになったが，長時間労働を固定化するといった批判が寄せられている。しかし，給特法の成立時に文部省が説明していた通り，給特法の規定がただちに超過勤務の原因となると考えるよりは，運用面で勤務時間管理の意識が希薄となる点を問題視すべきである。事業所長である校長，そして学校を管理する教育委員会の勤務時間管理の意識が希薄であること，それに対する指導を十分に行ってこなかった文部科学省が今後どのような取り組みを行うかが注目される。

〉〉注

(1) https://www.mext.go.jp/component/a_menu/education/detail/__icsFiles/afieldfile/2019/05/21/1409652_009_1.pdf

(2) http://www.pref.miyagi.jp/uploaded/life/983266_1119983_misc.pdf

(3) この調査データを，統計分析を駆使し詳細に分析した貴重な研究成果が神林(2017)である。

(4) 文部科学省ウェブサイト「教員勤務実態調査（2016年度）の集計（速報値）について（概要）」2017年4月28日
http://www.mext.go.jp/b_menu/houdou/29/04/1385174.htm

(5) http://www.mext.go.jp/b_menu/houdou/29/04/1385174.htm

(6) 中央教育審議会「新しい時代の教育に向けた持続可能な学校指導・運営体制の構築のための学校における働き方改革に関する総合的な方策について（中間まとめ）」（2017年12月26日）

(7) 特別区議会議長会ウェブサイト「要望活動・決議」→「平成23年度東京都の施策及び予算に関する要望書」
http://www.tokyo23city-gichokai.jp/youbou_23sisaku.html

(8)「小学校には，校長，教頭，教諭，養護教諭及び事務職員を置かなければならない。」ただし，特別の事情のあるときは，教頭又は事務職員を置かないことができる。

(9)「小学校には，校長，教頭，教諭，養護教諭及び事務職員を置かなければならない。」教員の業務負担のうち，事務負担が制度上は一定程度対応が進んだと見ることができる。事務職員がほぼ1校に1人配置されるまでは，教諭や教頭が事務業務を行っていたからである。

(10) 文部科学省「令和2年度教育委員会における学校の働き方改革のための取組状況調査結果」
https://www.mext.go.jp/a_menu/shotou/uneishien/detail/1407520_00007.htm

(11) 静岡県ウェブサイト「平成28年度先輩職員の声・小中学校事務（若手）」
https://www.pref.shizuoka.jp/zinzi/employ/info/h28/senior22.html
https://www.pref.shizuoka.jp/zinzi/employ/info/h28/senior46.html

(12) 横浜市公立学校事務職員研究協議会ウェブサイト
http://www.edu.city.yokohama.jp/sch/kenkyu/jimu/txt/mister_m/index.html

(13) スクールカウンセラーは時間給で雇用される場合が多い。
(14) http://www.kyoiku.metro.tokyo.jp/pickup/p_gakko/30sc/30sc_bosyu.html
(15) http://www.pref.iwate.jp/kyouiku/gakkou/seitoshidou/016079.html
(16) http://www.city.kagoshima.lg.jp/kyoiku/kyoiku/seisyonen/kosodate/gakko/seshonen/futoko.html
(17) http://www.mext.go.jp/prev_sports/comp/b_menu/shingi/giji/__icsFiles/afieldfile/2017/10/30/1397204_006.pdf
(18) 総務省 (2021)「学校における専門スタッフ等の活用に関する調査　結果報告書」, 大阪体育大学 (2020)「『部活動指導員』導入・実施等に関するアンケート調査結果の分析」
(19) 総務省「地方公共団体定員管理調査」2020 年版
(20) 文部省大臣官房『昭和 41 年度教職員の勤務状況調査―中間報告書―』
(21) 給特法の成立過程については, 伊藤 (2021) と文部科学省ウェブサイト「教職調整額の経緯について」を参照。
http://www.mext.go.jp/b_menu/shingi/chukyo/chukyo3/031/siryo/07012219/007.htm
(22) 文部科学省ウェブサイト「時間外勤務に関する法令上の根拠」
http://www.mext.go.jp/b_menu/shingi/chukyo/chukyo3/031/siryo/07022716/003.htm

参考文献

青木栄一・神林寿幸「共同実施導入県を対象とした学校事務職員の勤務実態調査」『日本教育大学協会研究年報』第35集，261-271頁（2017年）

伊藤愛莉「国立及び公立の義務教育諸学校等の教育職員の給与等に関する特別措置法案の立案過程」『教育制度学研究』第28号，165-182頁（2021年）

川上泰彦編『教員の職場適応と職能形成』（ジアース教育新社，2021年）

神林寿幸『公立小・中学校教員の業務負担』（大学教育出版，2017年）

畠山弘文『官僚制支配の日常構造―善意による支配とは何か―』（三一書房，1989年）

真金薫子『月曜日がつらい先生たちへ―不安が消えるストレスマネジメント―』（時事通信社，2018年）

リベルタス・コンサルティング『「公立小学校・中学校等教員勤務実態調査研究」調査研究報告書』（2018年）

学習課題

1. あなたの住む都道府県教育委員会のウェブサイトを調べて，教員の労働時間調査が行われているか確かめましょう。資料が入手できたら，文部科学省調査と比較してみましょう。資料が入手できなかったら，文部科学省の2006年度調査と2016年度調査を比較してみましょう。
2. あなたの住む都道府県教育委員会のウェブサイトを調べて，スクールカウンセラーの募集要項を確かめましょう。さらに，政府統計のウェブサイト（e-Stat）から「学校保健統計調査」を調べ，2006年度以降のスクールカウンセラーの配置状況データをダウンロードして，あなたの住む都道府県の状況を全国平均値と比較してみましょう。

10 国の教育行政組織

青木栄一

《**目標&ポイント**》日本の中央政府で主として教育行政を担当するのは文部科学省である。この文部科学省は2001年の中央省庁等改革において，旧文部省と旧科学技術庁（科技庁）を統合して設立された。文部科学省となってからの教育政策は旧文部省時代とどのように変化したのだろうか。加えて，中央政府には文部科学省以外にも教育に関する政策立案に関連する組織が存在する。さらに他省庁も教育政策と無縁ではない。

《**キーワード**》文部科学省，官邸設置会議体，中央教育審議会，教育再生実行会議

1. 文部科学省の組織と人事

（1）文部科学省の組織

中央政府で教育を担当するのは**文部科学省**である。文部科学省には文部科学省本省と外局としてのスポーツ庁と文化庁がある。他省には地方出先機関（地方支分部局という）が置かれることが多い（例：総務省行政評価局，法務省法務局，財務省財務局，厚生労働省公共職業安定所，農林水産省地方農政局，経済産業省経済産業局，国土交通省地方整備局，環境省地方環境事務所，防衛省地方防衛局）が，現在の文部科学省にはない。

文部科学省は中央省庁の中で本省定員が最も少ない。定員は2,154人で，本省1,746人，スポーツ庁111人，文化庁297人である（2022年4月1日時点）。ただし，国立大学が法人化される直前の2003年度末の文部科学省定員は135,148人であった。国立大学法人化後の2004年度末の

本省定員は 2,196 人となった[1]。

他省に目を向けると，定員が多い順に財務省（72,568 人），国土交通省（58,802 人），法務省（54,805 人），厚生労働省（33,414 人），防衛省（20,927 人），農林水産省（20,150 人），経済産業省（7,970 人），外務省（6,423 人），総務省（4,723 人），環境省（3,220 人），文部科学省である[2]。他省には地方支分部局や各種機関が置かれているため定員が多い。たとえば，財務省の税務署，厚労省のハローワークには多くの人員が配置されている。

文部科学省のトップは文部科学大臣であり，これに加えて副大臣（2 名），大臣政務官（2 名）が政務三役を構成する。中央省庁等改革前の時期においては大臣の他に政務次官（中央省庁等改革直前を除いて 1 名）が置かれていたが，現在の副大臣や大臣政務官とは異なり弱い権限しか持っていなかった。政務三役に対して職業公務員集団が存在する。これがいわゆる事務方（官僚）である。事務方トップは事務次官であり，次いで事務次官級の省名審議官が 2 名置かれる（文部科学省の場合は文部科学審議官，国土交通省の場合は国土交通審議官のように，省名＋審議官という名称である）。

文部科学省本省組織において最も大きな内部組織の単位は局である。それと同格の大臣官房と併せて 1 大臣官房 6 局が置かれている（**図 10-1**）。さらに，局長と同格の国際統括官が置かれている。局長と同格である局長級ポストが置かれる理由は，局長の数が制限されているからである。

文部科学省のスタート時にはスポーツ・青少年局を含む 1 大臣官房 7 局であったが，2015 年のスポーツ庁発足とともにスポーツ・青少年局が廃止された。

なお，文部科学省ではここ最近 2018 年と 2020 年に大きな組織再編が行われた。2018 年には生涯学習政策局が総合教育政策局に再編され，これまで以上に全省的政策立案機能の強化が図られた。2020 年には文化庁の京都移転を見据えた組織再編が行われた。

旧文部省の系譜を汲むのがいわゆる「教育三局」（総合教育政策局，初等中等教育局，高等教育局）である[3]。これらの中で総合教育政策局が筆頭局である。他方，旧科学技術庁の系譜である科学技術・学術政策局，研究振興局，研究開発局を「研究三局」と呼ぶ。これらの中で科学技術・学術政策局が筆頭局である。いずれの系統でも筆頭局に「政策」の語が含まれる。これは中央省庁の権限が規制緩和や地方分権の進展によって削減されていくことに対応して，政策立案に重点を置くスタンスが込められている。

外局にはそれぞれ長官（文化庁長官，スポーツ庁長官）が置かれている。文化庁長官については，2001 年以降文化人（大学人）が就任することが多いが職業公務員が就任することもあり，文部科学省職員が就任したことが 2001 年以降 2 年度分ある。ただし，長官も政務を担当しない事務担当であり，格付けは次官と局長の間である。なお，外局次長は局長級である。

大臣官房には人事課，総務課，会計課，政策課，国際課の 5 課があり，人事課，総務課，会計課を官房三課という。その課長を官房三課長と呼び別格扱いされる。もちろん，官房三課長は初任の課長ポストではない。官房三課長はいわゆる「出世コース」と見なされる（青木 2021，小川 2010，寺脇 2013）。

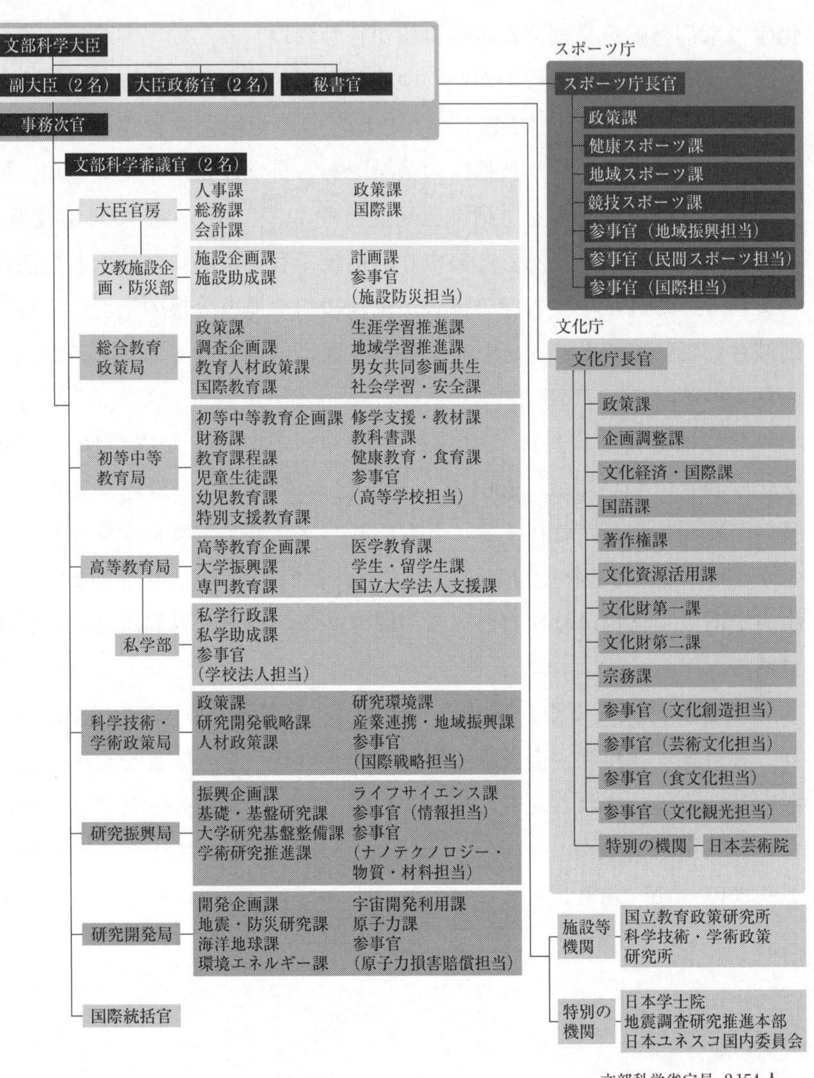

（出典）文部科学省ウェブサイト「組織図の紹介」(4)

図 10-1　文部科学省の組織図（2022 年 10 月 1 日時点）

【コラム】文部科学省の組織の概要

ここで，青木（2021）から文部科学省の組織の概要を紹介しておく。本省には大臣官房のほか6局が置かれ，外局の文化庁とスポーツ庁も置かれている。大臣官房には文教施設企画・防災部が置かれ，幼稚園から大学までの施設整備を担当する。

総合教育政策局（総政局）

教育三局の筆頭局。教育政策のとりまとめとともに，前身の生涯教育政策局の仕事も担う。また，教員関連の仕事もこの局に集められている（教員養成，教員免許，教員研修等）。

初等中等教育局（初中局）

文部省時代から最も重要な役割を果たしてきた。小学校から高等学校までの初等中等教育を所管する。この局には9つもの課が置かれ多くの人員を擁する。そのため2フロアを占有する大所帯である。さらに義務教育費国庫負担金をはじめとして大きな予算を抱える局である。

高等教育局（高等局）

大学や大学院をはじめとする高等教育の振興を図ることを主な役割とする。また高等教育段階に多い私立学校を担当する私学部が置かれている。

科学技術・学術政策局（科政局）

研究三局の筆頭局である。科学人材の育成，産学連携といった横断的・包括的政策を担う。総政局同様に「政策」「企画」の名を冠した課が複数置かれているのはとりまとめ機能（横割り・横串機能）を重視する局だからである。

研究振興局（振興局）

スモールサイエンスを中心に扱う。情報科学（人工知能，スパコン），ナノテク・材料科学（レアアース），素粒子・原子核（最先端加速器）などが主な支援対象である。

研究開発局（開発局）

国家規模のビッグサイエンスを中心に扱う。宇宙（はやぶさ2，きぼう），原子力（福島第一原発廃炉，核燃料サイクル，もんじゅ廃炉），環境エネルギー（次世代半導体，次世代蓄電池），地震・防災（南海トラフ，首都直下地震）などが主な支援対象である。

歴代の局長級以上のポスト（2001～2016年）について官房三課長の経験の有無を数量的に見ると，事務次官（10人，100％），文部科学審議官（旧文部12人，100％，同（旧科技）10人中9人，90％），官房長（11人，100％），生涯学習政策局（10人中7人，70％），初等中等教育局（9人，100％），高等教育局（10人中9人，90％），科学技術・学術政策局（11人中8人，73％），研究振興局（10人中8人，80％），研究開発局（9人中8人，89％），スポーツ・青少年局（8人中7人，86％），文化庁次長（9人中5人，55.6％），国際統括官（9人中0人，0％）となっており，官房三課長ポストはより上位のポストへの「登竜門」となっていることがわかる(5)。

各局には筆頭課が置かれる。先述のとおり教育三局，研究三局それぞれの筆頭局の筆頭課はいずれも政策課という名称である。これに対して，その他の局の筆頭課は「企画」を含む。参事官は課長級分掌職であり，課の数の増加抑制策の一環でこうした名称をつけている(6)。これは局長の数を制限するのと同じである。

（2）文部科学省の幹部職員人事

文部科学省設置後の幹部職員人事は『文部科学省国立大学等幹部職員名鑑』（ここでは2001年度～2016年度）によって分析できる。事務方トップの事務次官は，本章執筆時点（2021年7月）で全部で12代である。初代と二代目は旧文部省出身者（文部系）で，三代目に旧科技庁出身者（科技系）が就任した。その後，文部系と科技系が交互に就任する慣行ができた。これがいわゆる「ローテーション人事」である。初代と4代目と12代目を除き，事務次官就任直前職は文部科学審議官であり，文部科学審議官からの登用が慣例化した。事務次官経験者に限らず，文部系は教育委員会事務局への出向を1回あるいは2回経験しているのに対して，科技系は法人および海外への出向を1回あるいは2回経験している。

文部科学審議官は文部系と科技系それぞれ 1 人ずつ就任する（すみ分け人事）。これまで文部系は 14 代，科技系は 13 代就任した。

官房長は全部で 12 代である。ほぼ文部系（4 代）と科技系（8 代）が交互に務める。事務次官が文部系の場合，官房長には科技系が就任する。これを「たすき掛け」人事という。

大臣官房総括審議官と大臣官房サイバーセキリュティ・政策立案総括審議官はセットで置かれるポストと見なせる。いずれかが文部系の場合，他方は科技系が務める。『名鑑』の収録時点について見ると，この「すみ分け」人事が崩れたのは 2006 年度だけである。なお，事務次官と官房総括審議官，官房長と大臣官房サイバーセキュリティ・政策立案総括審議官は出身が同じ職員で運用されるポストである。

教育三局の局長は歴代全員が文部系である。総合教育政策局（3 代）・生涯学習政策局（11 代），初等中等教育局（13 代），高等教育局（12 代）。研究三局の局長は科学技術・学術政策局長が全 15 代のうち 1 代を除いて科技系である。研究振興局長は 14 代全て文部系であり，研究開発局長は全 11 代が科技系である。スポーツ庁設置前に存在したスポーツ・青少年局長は全 8 代が文部系である。国際統括官は全 13 代のうち 11 代が科技系である。現局の局長人事を見ると，文部系と科技系でそれぞれの統合前の局長級人事を分け合っている（すみ分け人事）。

官房三課長であるが，人事課長と同格の官房人事参事官が置かれており，原則として（16 人中 15 人）人事課長が文部系ポスト，参事官が科技系ポストとなっている。総務課長は 16 人のうち 9 人が文部系，7 人が科技系である。会計課長は 16 人中 7 人が文部系，9 人が科技系である。なお官房には 5 課あり，残りの政策課は文部系 1 人，科技系 15 人，国際課は文部系 14 人，科技系 2 人である（この項の情報は 2016 年まで。青木編著 2019 を参照）。

以上をまとめると，事務次官，文部科学審議官，官房長をそれぞれ文部系と科技系が分け合い，官房三課長も人事参事官を含む4ポストを両者で分け合っている。

中央省庁等改革で複数の省庁が統合してできた省では，この「ローテーション人事」「たすき掛け人事」「すみ分け人事」が行われている。たとえば，国土交通省では旧建設省の事務系と技術系，旧運輸省の3者のたすき掛け人事で行われてきた(7)。科技庁は定員としては文部省と比較して少なかったが，たすき掛け人事により文部科学省の中で強い存在感を持つようになった。

(3) 教育と科学技術を一省で所管する

中央省庁等改革で文部科学省が誕生して以来，日本では教育と科学技術を1省で担当することが自明視されるようになったのではないか。もちろん，総合科学技術・イノベーション会議が内閣府に置かれているから，文部科学省単独で科学技術を担当するわけではない。重要なのは，日本では文部科学省という名称が人々に定着し，その担当業務もまた自明視されるようになったことである。

ただ比較の視点から見ると，日本の文部科学省のあり方が唯一の解ではないことに容易に気づく。たとえば，アメリカには教育省が連邦政府に置かれているが，1979年，カーター政権が保健教育福祉省を改組して独立させたものである。イギリスでは2001年以降教育を担当する中央政府組織は2回変更された。2001年から2007年は教育・職業技能省（Department for Education and Skills; DfES），2007年から2010年は子ども・学校・家庭省（Department for Children, Schools and Families; DCSF）であったが，2010年から 教育省（Department for Education; DfE）となった。

このように，教育を担う中央政府組織についての唯一の解はない。また，そもそも「文部」という律令制時代の語と，「科学」という明治維新後の翻訳語のイメージの強い語を「同居」させている省名はユニークである。実際，中央省庁等改革基本法では新しい省名は教育科学技術省であった(8)。

中央政府において一つの独立した行政機関が教育と科学技術の両方を担うことが，教育分野にどのような帰結をもたらすのだろうか。現時点で観察できるのは，教育政策に競争的要素が盛り込まれることがある点である。従来，教育政策は画一的な方向性を持っており，その背景には機会均等原理があった。スーパーサイエンスハイスクール（SSH）は開始当初（2002 年度）の予算額が 26 校 7 億 3,000 万円だったものが，2014 年度には 204 校 28 億円となっている。ただ 1 校当たりの予算額は，開始当初は約 2,800 万円だったが，近年では 1,400 万円となった（小林・小野・荒木 2015）。

このスーパーサイエンスハイスクール事業はまさに競争的要素を初等中等教育政策に盛り込んだものである。たしかに，科学技術行政の本質は「選択と集中」である。比喩的に言えば，限られた政策資源（予算や人員）を集中しなければロケットを打ち上げたり，原子力発電所を構築したりすることは不可能である。他方，文部行政は「機会均等」原理に基づいて構成されてきた。現在のところ，初等中等教育行政における具体的な施策として目立つのはスーパーサイエンスハイスクール等の施策だけであるが，今後，このような「選択と集中」型施策が広がる可能性はある。ちなみに，科技庁由来の施策ではないが，スーパーグローバルハイスクール，スーパー・プロフェッショナル・ハイスクール，スーパー食育スクール，スーパーエコスクール，スーパーグローバル大学，スーパー・イングリッシュ・ランゲージ・ハイスクール（2009 年度で終了）といったものがある。このスーパーサイエンスハイスクールなどは高校教育（初等中等教育分野）で「選択と集中」原理が導入された例である。これに対して，高等教育の分野では「選択と集中」原理がより強く導入されている。2004年の国立大学法人化以降，大学や研究者を競わせる政策が立て続けにはじまった。たとえば，2002年の21世紀COEプログラム，2007年のグローバルCOEプログラム，2014年のスーパーグローバル大学創成支援事業などである。さらに国立大学法人を等しく扱ってきた「護送船団方式」も廃棄され，「指定国立大学法人」（10校，2021年度時点），「教員養成フラッグシップ大学」（4大学，2021年度時点）という一部の大学に集中的支援を行うようになった。さらに2023年度にも支援策が決まる大学ファンドによる「国際卓越研究大学」制度ではわずか数校が対象となる予定であり，より「選択と集中」度合いが強まる見込みである。

（4）誰が文科官僚になるのか

霞ヶ関の官僚といえば，東京大学法学部卒業というイメージが一般的である。文部科学省の職員の実態はそのイメージとは異なる。たとえば入手可能な2012年度の情報を見ると，文部科学省に国家Ⅰ種（現在の総合職）区分で採用されたのは事務系19人，技術系14人である。文部系に対応する事務系について見ると，京都大学法学部，慶應義塾大学大学院法務研究科，東京大学教育学部，東京大学法学部が各2名である。東京大学卒業者の人数が少ない（**表10-1**）。

これに対して，財務省の事務系では36人が入省して，そのうち東京大学法学部が11人，東京大学経済学部が4人である。ただ，経済産業省では24人の事務系が採用されており，うち東京大学法学部は2人，同経済学部が3人であるから，主要官方における東大法学部の独占状態というイメージはやや修正される必要がある。いずれにせよ，入省者の属性の面から文部科学省が霞ヶ関の中ではやや特殊と思われるのであろう。ただし，政治家との関係や，長時間労働，種々の不祥事などを受け

表 10-1　2012 年度文部科学省採用者

国家Ⅰ種	事務系（19人）	専門区分	法律 12，経済 6，行政 1
		性　別	男性 12，女性 7
		出身大学	京都大学法学部 2，慶応義塾大学大学院法務研究科 2，東京大学教育学部 2，東京大学法学部 2
	技術系（14人）	専門区分	理工Ⅰ 7，理工Ⅳ 4，農学Ⅰ 1，農学Ⅱ 1，人間科学Ⅱ 1
		性　別	男性 9，女性 5
		出身大学	大阪大学大学院工学研究科 2，東京大学大学院農学生命科学研究科 2
国家Ⅱ種		性　別	男性 9，女性 6
		出身大学	東京大学（教育学部 1，教育学研究科 1，理学部 1），早稲田大学（国際教養学部 1，文化構想学部 1） ※複数名が採用された学部，学科はない。

（注）国家Ⅰ種は現在の総合職，国家Ⅱ種は現在の一般職である。

財務省	事務系	36
	専門区分	法律 23，経済 12，行政 1
	性　別	男性 28，女性 8
	出身大学	東京大学法学部 11，東京大学経済学部 4
経済産業省	事務系	24
	専門区分	法律 9，経済 15
	出身大学	東京大学経済学部 3，東京大学大学院公共政策学教育部 3，東京大学大学院工学系研究科 3，京都大学法学部 2，慶應義塾大学法学部 2，東京大学法学部 2

（出典）文部科学省，財務省，経済産業省ウェブサイト[(9)]

て文部科学省の「特殊性」は変容したり相対化されたりする可能性がある。

（5）国立大学との人事交流

文部科学省の職員には，総合職（キャリア）と一般職（ノンキャリア）の区分がある。一般にキャリアは少なくとも本省課長まで昇進するとされているが，これに対してノンキャリアで本省課長まで昇進するのはきわめて例外的である。

文部科学省では，国立大学法人化まではノンキャリアの新卒採用をほとんどしてこなかった。1973 年から 1994 年まではⅡ種職員（当時のノンキャリアの呼称）を本省採用しておらず，その代わりに国立大学からの転任者によって賄っていた。この期間の転任者は毎年 30 人台から 90 人台で推移していた（渡辺 2018）。ところが，国立大学が国立大学法人となり，自前で人事を行うようになってからは，優秀な職員を各国立大学法人が抱え込み始めた。そこで文部科学省では一般職の直接採用を始めた。総合職と一般職との違いが文部科学省の中でどのように変化していくかはこれからの研究課題である。

（6）職員の日常

文部科学省職員の日常を一般職の募集パンフレットから見てみる[(10)]。9 時 30 分前に出勤してから，他省庁との打ち合わせ，メールチェック，資料作成，来訪者対応を行う。21 時から 22 時頃退庁するとあるから，おおよそ 12 時間労働ということになる（千正 2020 も参照）。この他には政治家への説明があるが，これは議員会館等へ出向くことが多い。来訪者対応の多くは関係団体（大学，法人，団体）の訪問である。いわゆる陳情や要請を受けるが，この団体対応を通じて職員は担当分野に関する政策課題を把握する。この他，省内では上司への説明（課長レク，局長レク，大臣レク）を初めとして打ち合わせを行う。レクとはレクチャーのことである。

筆者のインタビュー調査によれば，一般職のこのような仕事は，総合職についてもそれほど変わらない(11)。ただし，他省庁でも同様かどうかは今後の研究課題である（初等中等教育局財務課長のスケジュールについて，荻原・渡辺 2020 を参照）。

2. 歴代文部科学大臣

文部科学省の前身の一つである文部省のトップである文部大臣は，閣僚の中で地位が低いとされてきた（伴食大臣）。これは戦前からのことであり，文部省は「内務省文部局」とまで揶揄されたという（辻田 2017）。実際，文部科学大臣についても初入閣者が就任することが多い（小川 2010）。鳩山由紀夫内閣以降 13 人が文部科学大臣となっているが，初入閣でなかったのは平野博文，田中眞紀子と林芳正の 3 人である（表 10-2）。ただし，遡れば首相になった海部俊樹も文部大臣経験者であり，出世ポストと見ることもできる。そもそも就任時の閣僚経験だけで文部科学大臣の地位を議論してよいのかという問題がある。少なくとも他省庁の大臣との比較が必要であるし，文部（科学）大臣経験者のキャリアパスも検証の必要がある。さらにいえば，科学技術庁長官についての分析も必要である。このように文部科学大臣の閣僚の中での位置づけについては学術的な検証が待たれる。

表 10-2　歴代文部科学大臣

内閣名	文部科学大臣名 代		文部科学大臣就任時までの入閣経歴	就任時の当選回数
鳩山	10	川端達夫	初入閣	8 回
菅	10	川端達夫	——	——
菅（第 1 次改造） （第 2 次改造）	11	髙木義明	初入閣	7 回
野田	12	中川正春	初入閣	5 回
野田（第 1 次改造） （第 2 次改造）	13	平野博文	2 回目	5 回
野田（第 3 次改造）	14	田中眞紀子	3 回目	6 回
第 2 次安倍 第 2 次安倍改造	15	下村博文	初入閣	6 回
第 3 次安倍	15	下村博文	——	——
第 3 次安倍（第 1 次改造）	16	馳　浩	初入閣	6 回
第 3 次安倍（第 2 次改造）	17	松野博一	初入閣	6 回
第 3 次安倍（第 3 次改造）	18	林芳正	5 回目	4 回（参院）
第 4 次安倍	18	林芳正	——	——
第 4 次安倍（第 1 次改造）	19	柴山昌彦	初入閣	6 回
第 4 次安倍（第 2 次改造）	20	萩生田光一	初入閣	5 回
菅	20	萩生田光一	——	——
岸田	21	末松信介	初入閣	3 回（参院）
岸田	22	永岡桂子	初入閣	6 回

（出典）小川正人『教育改革のゆくえ』より筆者加筆

文部科学大臣の日常

馳浩氏が文部科学大臣在任中にブログに記した面会相手を集計してみると，文部科学大臣がどのような仕事をしているかの一端が浮き彫りになる(12)。文部科学大臣が政党政治家の場合，政務も行うため面会相手には地元の支持者等も含まれる。その上で2016年6月を例として見ると，面会件数が214件であり，多い順に「文部科学省職員（文化庁，スポーツ庁含む）」93，「その他（企業・団体等）」86，「海外関係者」12，「オリンピック関係者」6，「都道府県知事」4，「市長」4，「他府省職員」3，「政務三役」2，「顧問」2，「内閣官房」1であった。

面会相手の文部科学省職員について各局別に見ると，「事務次官」3，「文部科学審議官」3，「官房長」1であった。さらに「官房各課」21，「生涯学習政策局」7，「初等中等教育局」10，「高等教育局」7，「科学技術・学術政策局」3，「研究振興局」4，「研究開発局」10，「スポーツ庁」12，「文化庁」9，「文教施設部」2であった。大臣官房は文字通り大臣の補佐機構であるから面会件数が最も多い。次に多いのがスポーツ庁である(13)。それに次ぐのが初等中等教育局，研究開発局である。

3. 官邸による教育政策立案と中教審

（1）官邸設置会議体

教育政策を立案する場は本来的には文部科学省である（分担管理の原則）。しかし，臨時教育審議会（臨教審，臨時教育審議会設置法）の例にもあるように，時の政権が教育政策を重視する際には官邸にアドホックな会議体（**官邸設置会議体**）を設置することがある。ただし臨教審の際は国会の議決により委員が任命され総理府に設置されたが，それ以降の会議体については首相の私的諮問機関の位置づけである。

2000年代に入って自民党を中心とする政権の際にこのような会議体がよく設置されるようになった。まず教育改革国民会議（小渕）である。

小泉政権では，教育政策は三位一体の改革の一環として議論され経済財政諮問会議と**中央教育審議会**（中教審）義務教育特別部会が主たる議論の場であった。その後，教育政策を重視する安倍首相のもと教育再生会議（第 1 次安倍）が設置されたが，安倍首相の退陣を受け教育再生懇談会（福田）が設置された。その後，民主党政権をはさんで設置されたのが，再び政権の座に就いた安倍首相が設置した**教育再生実行会議**（第 2 次安倍）である。

臨教審が設置された際は，審議会に事務局が置かれ事務局長には文部事務次官が充てられた。これに対して，教育改革国民会議では内閣官房内閣内政審議室教育改革国民会議担当室が事務局となった（**表10-3**）。以降，内閣官房に担当室が置かれた（教育再生会議〈内閣官房教育再生会議担当室〉，教育再生懇談会〈内閣官房教育再生懇談会担当室〉，教育再生実行会議〈内閣官房教育再生実行会議担当室〉）。このような担当室で業務にあたる職員の

表 10-3　教育改革関連官邸設置会議体と担当室

会議体（内閣）	期　間	担当室
教育改革国民会議（小渕）	2000 年 3 月～ 2001 年 4 月	内閣官房内閣内政審議室教育改革国民会議担当室
教育再生会議（安倍）	2006 年 10 月～ 2008 年 1 月	内閣官房教育再生会議担当室
教育再生懇談会（福田）	2008 年 2 月～ 2009 年 11 月	内閣官房教育再生懇談会担当室
教育再生実行会議（第 2 次安倍）	2013 年 1 月～ 2021 年 12 月	内閣官房教育再生実行会議担当室
教育未来創造会議（岸田）	2021 年 12 月～	内閣官房教育未来創造会議担当室

（出典）内閣官房ウェブサイトより筆者作成

中には文部科学省からの出向者もいる。文部科学省に限らず，内閣官房への各省庁からの出向者によってこのような担当室は構成される。これは復興庁のような組織でも同様である。各省の出向者を網羅的に調べるのは非常に困難であり，文部科学省からの出向者を網羅するだけでも相当な労力を必要とする。現在，筆者はこの分野について行政学者たちとの共同研究で解明を試みているところである。

（2）中央教育審議会

表10-4は元・中教審副会長の中教審に関するスケジュールの一部である[(14)]。中教審委員は総会の他，分科会や部会に所属する。副会長は2017年10月18日時点で初等中等教育分科会分科会長，初等中等教育分科会・学校における働き方改革特別部会部会長，教育振興基本計画部会副部会長，地方文化財行政に関する特別部会部会長を務めていた。さらに，協力者会議（「高校生等への修学支援の検証に関する協力者会議」）にも座長として参加していた。座長や部会長は会議の進行に責任を持つため，会議当日以外にも事前の打ち合わせも行う。その結果，2017年6月は4回，7月は5回，8月は7回も文部科学省の審議会等に参加している。また中教審は階層構造となっており，6月27日は初等中等教育分科会において，学校における働き方改革特別部会の設置に関する審議を行っていた。このように相互に会議が関連している。

中央省庁等改革以前は，中教審（教育制度分科会へ）の他，生涯学習審議会（生涯学習分科会へ），理科教育及び産業教育審議会と教育課程審議会と教育職員養成審議会（初等中等教育分科会へ），大学審議会（大学分科会へ），保健体育審議会（スポーツ・青少年分科会へ）が設置されていた（**図10-2**）。いずれも中教審総会のもとに分科会として包摂された。上で見た通り，中教審総会の委員は各分科会にも関わるため，分科会に関

わる臨時委員，分科会のもとに設置される部会に関わる専門委員と比較して関わる会議の数が多い。

表 10-4　中央教育審議会副会長のスケジュール（2017 年）

6 月 14 日	「高校生等への修学支援の検証に関する協力者会議」 第 2 回会議に向けた事前打ち合わせ
19 日	「高校生等への修学支援の検証に関する協力者会議」第 2 回会議
19 日	中教審「学校における働き方改革特別部会」 発足にあたっての事前打ち合わせ
22 日	中教審総会：学校における働き方改革の諮問
27 日	中教審・初等中等教育分科会 学校における働き方改革の審議と特別部会の発足決定
7 月 5 日	「高校生等への修学支援の検証に関する協力者会議」 第 3 回会議の事前打ち合わせ
7 日	「高校生等への修学支援の検証に関する協力者会議」第 3 回会議
10 日	中教審「教育振興基本計画部会」第 13 回会議
11 日	中教審「学校における働き方改革特別部会」第 1 回会議
24 日	中教審「教育振興基本計画部会」第 14 回会議
8 月 1 日	中教審「学校における働き方改革特別部会」 第 2 回会議の事前打ち合わせ
4 日	中教審「学校における働き方改革特別部会」第 2 回会議
8 日	中教審「教育振興基本計画部会」第 15 回会議
22 日	中教審・初等中等教育分科会　「教育振興基本計画部会」 審議状況に関する審議 中教審「学校における働き方改革特別部会」 第 3 回会議に向けた事前打ち合わせ
28 日	中教審「教育振興基本計画部会」第 16 回会議
31 日	「高校生等への修学支援の検証に関する協力者会議」第 4 回会議

（出典）小川正人教授提供資料より筆者作成

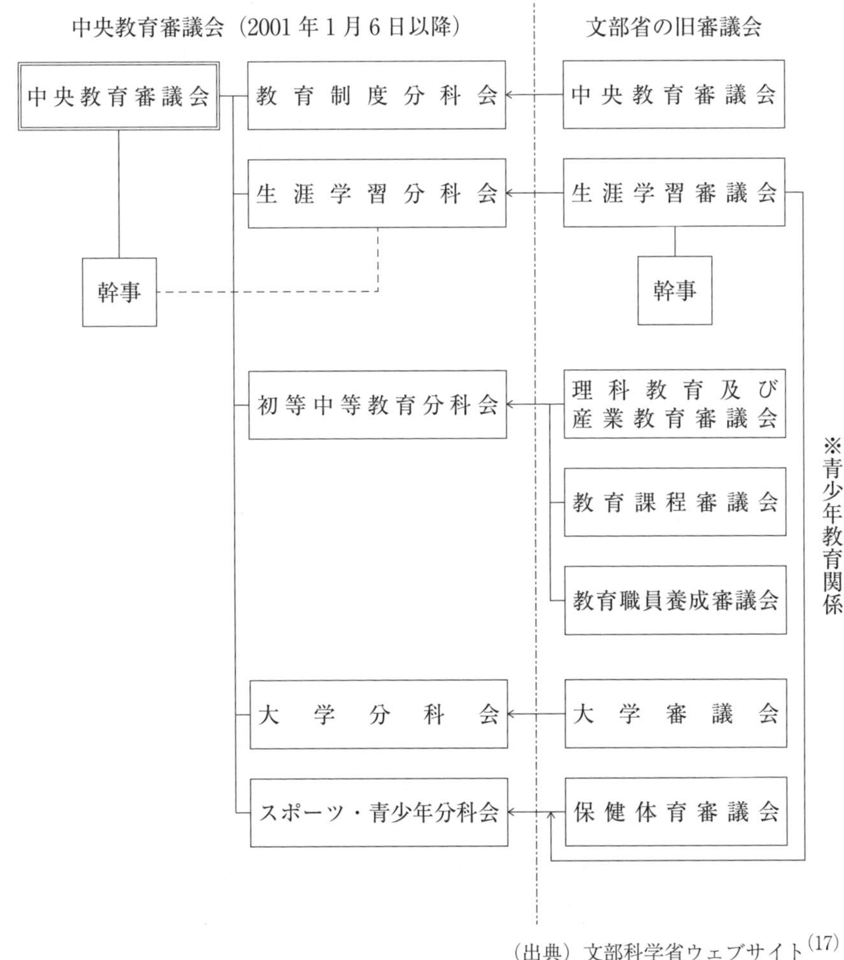

（出典）文部科学省ウェブサイト(17)

図 10-2　中央省庁等改革前後の中央教育審議会機構図

(3) 中央教育審議会の役割変容

戦後，教育改革の基本方針作りを担ってきたのは中教審である。その頂点ともいえるのが「四六答申」を出した時期であろう(15)。その後，1984年に中曽根康弘首相が国会の議決を経て設置した臨教審は首相が教育改革にコミットする形態を変えた端緒であった。そして，その後官邸設置の会議体による教育改革の基本方針作りが一般的なものになったことで，中教審の役割は官邸や政権与党の案出した基本方針の具体化，技術的修正に変容した。こうした動向を受けてか，第8期以降，会長には4代続けて財界関係者が就いている。これは同じ文部科学省の科学技術・学術審議会の会長が国立研究開発法人の理事長であるのと対照的である。

中教審の役割変化を物語るエピソードがある。2015年度からスタートした新しい教育委員会制度は，大津市のいじめを原因とした自死事案が発端となった。与党である自民党の教育再生実行本部による教育委員会の抜本的な見直し案（2012年12月21日中間取りまとめ）を受け，政府の教育再生実行会議第二次提言（2013年4月15日）が教育委員会の大幅な見直しを提言した。それを受け，中教審に下村博文文部科学大臣から4月25日に諮問がなされた。12月13日に答申がとりまとめられ，実質的に両論併記の形となった。一方の案は教育再生実行会議の提言に沿ったものであり，他方の案は現状維持に近いものであった(16)。このようにすることで，議論は与党協議に委ねられ（小川 2014），結果的には教育再生実行会議の提言ほどには変更をもたらすことはなかったものの，任命制教育委員会制度が大きく変わったことは確かである。

なお文部科学大臣自身の「屋上屋を架すのは時間の無駄。実行会議で方向性を決め，中教審で具体的に議論してほしい」という発言から中教審の役割変容が実感できる（今村 2013，41）。

表 10-5　第 11 期中央教育審議会委員名簿

役職	氏名	所属
会長	渡邉光一郎	第一生命ホールディングス株式会社取締役会長， 一般社団法人日本経済団体連合会副会長
副会長	永田　恭介	筑波大学長
副会長	荒瀬　克己	独立行政法人教職員支援機構理事長
	井坂　秀一	神奈川県立柏陽高等学校校長
	今村　久美	認定特定非営利活動法人カタリバ代表理事
	内田由紀子	京都大学こころの未来研究センター教授・副センター長
	越智　光夫	広島大学長
	加治佐哲也	兵庫教育大学長
	清原　慶子	杏林大学客員教授，ルーテル学院大学客員教授，前東京都三鷹市長
	熊平　美香	一般財団法人クマヒラセキュリティ財団代表理事
	後藤　景子	奈良工業高等専門学校校長，独立行政法人国立高等専門学校機構理事
	小林いずみ	ANA ホールディングス株式会社取締役，三井物産株式会社取締役， 株式会社みずほホールディングス取締役，オムロン株式会社取締役
	小林真由美	福井市至民中学校校長
	貞廣　斎子	千葉大学教育学部教授
	清水　敬介	公益社団法人日本 PTA 全国協議会会長
	清水　信一	学校法人武蔵野東学園常務理事
	竹中　ナミ	社会福祉法人プロップ・ステーション理事長
	中野　留美	岡山県浅口市教育委員会教育長
	萩原なつ子	立教大学社会学部・大学院 21 世紀社会デザイン研究科教授， 認定特定非営利活動法人日本 NPO センター代表理事
	日比谷潤子	学校法人聖心女子学院常務理事
	藤田　裕司	東京都教育委員会教育長，全国都道府県教育委員会連合会会長
	堀田　龍也	東北大学大学院情報科学研究科教授， 東京学芸大学大学院教育学研究科教授
	湊　　長博	京都大学総長
	村岡　嗣政	山口県知事
	村田　　治	関西学院大学長，学校法人関西学院副理事長
	吉岡　知哉	独立行政法人日本学生支援機構理事長
	吉田　　晋	学校法人富士見丘学園理事長，富士見丘中学高等学校校長， 日本私立中学高等学校連合会会長
	渡辺　弘司	日本学校保健会副会長，日本医師会常任理事
	渡邉　正樹	東京学芸大学教職大学院教授

（出典）文部科学省ウェブサイト(18)

〉〉注

(1)『文部科学白書』各年度版

(2) 内閣官房内閣人事局「令和3年度機構・定員等の審査結果」
https://www.cas.go.jp/jp/gaiyou/jimu/jinjikyoku/satei_03.html

(3) 文部科学省設置時点では，総合教育政策局の前身の生涯学習政策局が置かれていた。

(4) 文部科学省ウェブサイト「組織図の紹介」
https://www.mext.go.jp/b_menu/soshiki2/04.htm

(5) これまで文部科学省の人事に関しては，数量的，実証的な分析が乏しく，多くは「諺」の紹介か「体験談」の披露であった。

(6) 中央省庁等改革推進本部顧問会議第14回議事概要資料7「官房・局及び課室の整理並びに分掌職の活用について」(1999年7月26日)

(7)『日本経済新聞』朝刊，2017年4月21日，4頁

(8) 衆議院ウェブサイト「第142回国会制定法律の一覧」→「中央省庁等改革基本法」の別表第二。

(9) 青木(2021，76-77頁)を参照。

(10) 文部科学省「2018入省案内」

(11) 国会議員などでの説明もキャリア，ノンキャリア問わず行う。

(12) 東北大学大学院教育学研究科博士課程前期伊藤愛莉氏(当時)に集計作業を協力いただいた。より詳細な分析は，伊藤・青木(2019)を参照。

(13) これは馳大臣がスポーツ行政に造詣が深いからか，東京オリンピック対応が増えているからかはわからない。

(14) 中央教育審議会小川正人副会長(執筆当時)からスケジュール記録を提供していただいた。

(15) 答申名は「今後における学校教育の総合的な拡充整備のための基本的施策について」であるが，教育業界では答申が出された年の元号表記から「四六答申」という「愛称」で呼ばれている。この答申は教育業界からは先進的な提言内容から高く評価されることがあるが，答申の多くは棚上げされた(官僚機構研究会1978)。当時，事務次官として答申のとりまとめに尽力した天城勲のオーラルヒストリーは政策研究大学院大学のウェブサイト「天城勲(元文部事務次官)オーラルヒストリー」で閲覧可能。

https://grips.repo.nii.ac.jp/?action=pages_view_main&active_action=repository_view_main_item_detail&item_id=1419&item_no=1&page_id=13&block_id=24

(16) 改革案（A案といわれている）がまず示され，教育委員会の執行機関としての性質を廃止し，特別な附属機関に改めることが提言された。その上で，A案に対する反対意見を踏まえて，別案（B案といわれている）も答申に示され，性格を改めた執行機関とすることが提言された。執行機関として教育委員会が存続したという意味で少数意見だったB案が制度化されたという見方がある。

(17) 文部科学省ウェブサイト「中央教育審議会」→「（参考）中央教育審議会（新旧対照図）（2001年1月6日）」
https://www.mext.go.jp/b_menu/shingi/chukyo/chukyo0/gaiyou/04031601.htm

(18) 文部科学省ウェブサイト「中央教育審議会委員名簿」
https://www.mext.go.jp/b_menu/shingi/chukyo/chukyo0/meibo/1388128_00005.htm

参考文献

青木栄一『文部科学省―揺らぐ日本の教育と学術―』（中公新書，2021年）

青木栄一編著『文部科学省の解剖』（東信堂，2019年）

伊藤愛莉・青木栄一「はせ浩オフィシャルブログ『はせ日記』を用いた馳浩文部科学大臣の行動分析―2015年10月7日から2016年8月3日の対官僚接触853事例を中心に―」『東北大学大学院教育学研究科年報』第68集第1号，17-39頁（2019年）

今村和男「『教育再生』をめぐる動向」『立法と調査』第345号，38-53頁（2013年）

小川正人「教育行政をめぐる政治環境の変化と教育委員会制度」『月刊高校教育』10月号，28-31頁（2014年）

小川正人『教育改革のゆくえ―国から地方へ―』（ちくま新書，2010年）

荻原克男・渡辺恵子「中央政府」青木栄一編著『教育制度を支える教育行政』205-220頁（ミネルヴァ書房，2019年）

官僚機構研究会『文部省残酷物語―霞ケ関の“御殿女中”と呼ばれる文部官僚の保身と陰謀―』(エール出版社，1978 年)

小林淑恵・小野まどか・荒木宏子『スーパーサイエンスハイスクール事業の俯瞰と効果の検証』文部科学省科学技術・学術政策研究所第 1 調査研究グループ（2015 年)

「週刊文教ニュース」編集部編『文部科学省国立大学法人等幹部職員名鑑』(文教ニュース社，各年版)

千正康裕『ブラック霞が関』(新潮新書，2020 年)

寺脇研『文部科学省』(中公新書ラクレ，2013 年)

戸田浩史「教育委員会は再生できるか―地方教育行政法改正を前に―」『立法と調査』第 348 号，67-79 頁（2014 年)

渡辺恵子『国立大学職員の人事システム―管理職への昇進と能力開発―』(東信堂，2018 年)

学習課題

1. 文部科学省ウェブサイトを調べて，「政策・審議会」→「審議会情報」→「中央教育審議会」へ行き，あなたが関心を持った分科会・部会の議論を第 1 回から追いかけてみましょう。
2. 文部科学省ウェブサイトを調べて，「政策・審議会」→「予算・決算，年次報告，税制」へ行き，各年度の予算を見てみましょう。特に，予算総論の「文部科学関係予算（案）のポイント」や「文部科学関係予算（案）主要事項」の中で，あなたが関心を持った予算案について，毎年度の推移を表やグラフにしてみましょう。

11 教育行政の政府間関係

青木栄一

《**目標&ポイント**》日本の学校教育は主として公立学校を通じて提供されるが，中央政府，都道府県，市町村が緊密に協力するしくみが採用されている。このしくみはかつて集権的であると批判されてきたが，実際にはナショナルスタンダードの達成・維持と地方自治体の自律的政策選択を同時に可能とする絶妙なものであることがわかってきた。2000年代以降の地方分権改革に焦点をあてながら日本の特徴を解説する。
《**キーワード**》政府間関係，地方分権改革，上乗せ・横出し，出向人事

1. どうして政府間関係を通じて教育行政が展開するのか

日本の教育行政を理解するためには，**政府間関係**（国と地方の関係）を知ることが重要である。日本では中央政府と地方自治体が連携しながら，つまり権限を分担し合いながら，教育を提供している。特に，義務教育については，両者が緊密な関係を結びつつ教育サービスを提供する。ここで問題となるのは，中央政府と地方自治体の役割の違いである。中央政府は教育の機会均等を追求する傾向がある。ある地域だけに重点的に予算を投下することは全国の理解を得にくい。他方，地方自治体は独自の政策選択を行おうとする傾向があるが，同時に財源については中央政府に依存しようとする傾向もある。地方自治体のそのような政策選好は，二つの自律性から理解することができる。第一に，地方自治体は住民からの要望に応答しなければならない。首長や議員選挙がまさにその「テスト」の場となる。地方自治体は住民の「御用聞き」に陥る

ことなく合理的な政策選択を行おうとする。第二に，地方自治体は中央政府の「下請け」に陥ることなく政策選択を行おうとする。中央政府は地方自治体を手足のように用いて，自らの望む政策を実施させようとする。さらに，そのために必要な財源を十分に手当てしない場合もある。そこで，地方自治体は自律的な政策選択を望み地方分権を求めると同時に，財源の移譲や財政移転制度の充実を求める（北村・青木・平野 2017）。

さて，政府間関係を構成するルートは多様である。たとえば，自民党の国会議員と地方議員との関係はまさに政治ルートの象徴である（砂原 2017）。教育分野については，政府間関係における政治ルートは未解明な部分が大きい。本章では行政ルートに絞って教育の政府間関係を見てみよう。教育の政府間関係では，財政面で中央政府と地方自治体の結びつきが強い。これは第 4 章で扱ったので，本章では，政府間関係の変更をもたらす地方分権改革について，特に 2000 年代以降の状況をまとめることから始めたい。これは，行政ルートの中でも法令上の関係に焦点をあてる部分である。そのあとで，行政ルートの中で人的なつながりについて焦点をあてる。すなわち，主として中央政府から地方自治体への出向人事のことである。これは退職後に再就職をする，いわゆる「天下り」とは異なる。文部科学省に採用された職員が，そのキャリアの一時期（一般には 2 〜 3 年）に地方自治体へ出向することを指す。

2. 地方分権改革とその帰結

(1) 少人数学級編制

2000 年に施行された地方分権一括法によって，教育に限らず日本のあらゆる行政分野において**地方分権改革**が進展することになった。たしかに 2010 年代の状況を見ると，地方自治体の独自の教育政策が一般的となっているようにも思える。その典型が少人数学級であり，現在はすべての都道府県で独自に少人数学級を展開している。これは1990年代までとは大きく異なる様相である。ただし，改革当初，教育では地方分権が進まないと考えられてきた。その理由の一つは，法令で表現された権限関係の面では有名無実化している規程（教育長の任命承認制度：第2章）が存在していたからである。地方分権一括法で進められたような法令上の権限関係をいくら改革しても，もともと有名無実化していた教育分野では改革の実効性がないと冷ややかにとらえられていた。

しかし2000年以降，地方分権改革によって教育は大きく変わったのである。やはり，改革以前は何らかの構造的「圧力」が地方自治体の政策選択にかかっていたと見なければならない。

さて，少人数学級を例に見てみよう（**表11-1**）。2001年度から少人数学級編制が可能となったが，この時点では10県のみが導入したにすぎなかった。その後，2002年度（12県），2003年度（9県），2004年度（12県），2005年度（3県），2006年度（1県）と導入が進み，ついに2010年度に最後まで少人数学級の導入に消極的だった東京都が導入するに至り，全都道府県で導入された。その後，導入学年の拡大や上限人数の引き下げが図られつつある。

2020年度までの国の制度では，小学校1年生は1学級の上限が35人，小学校2年生から中学校3年生までは40人を上限とされていた。2021年度には小学校全学年の35人学級の導入が決定され，まず2021年度は小学校2年生，2022年度以降は学年進行で導入され，2025年度に完成することになっている。ところで少人数学級の導入の程度は都道府県によって異なる。首都圏の人口の多い県では上限となる児童生徒数は多い傾向がある。たとえば，埼玉県では中学校1年生で38人学級を編制することとしていた(1)。

他方，山形県ではいち早く小中学校全学年で少人数学級を推進したこ

表 11-1　少人数学級の導入状況

		2001 年度	2002 年度	2003 年度	2004 年度	2005 年度	2006 年度	2010 年度
1	北 海 道		○					
2	青　森		○					
3	岩　手				○			
4	宮　城				○			
5	秋　田	○						
6	山　形	○						
7	福　島		○					
8	茨　城		○					
9	栃　木			○				
10	群　馬			○				
11	埼　玉		○					
12	千　葉	○						
13	東　京							○
14	神 奈 川				○			
15	新　潟	○						
16	富　山				○			
17	石　川					○		
18	福　井				○			
19	山　梨				○			
20	長　野		○					
21	岐　阜					○		
22	静　岡				○			
23	愛　知			○				
24	三　重			○				
25	滋　賀			○				
26	京　都	○						
27	大　阪	○						
28	兵　庫	○						
29	奈　良		○		○			
30	和 歌 山			○				
31	鳥　取		○					
32	島　根			○				
33	岡　山		○					
34	広　島	○						
35	山　口		○					
36	徳　島			○				
37	香　川						○	
38	愛　媛	○						
39	高　知				○			
40	福　岡				○			
41	佐　賀					○		
42	長　崎				○			
43	熊　本			○				
44	大　分				○			
45	宮　崎		○					
46	鹿 児 島	○						
47	沖　縄		○					
導入県数		10 県	12 県	9 県	12 県	3 県	1 県	1 県
実施県数		10 県	22 県	30 県	42 県	45 県	46 県	47 県

（注）奈良県は，2002 年度に一部の学校で実施していたが，2003 年度は未実施となっている。そのため，2003 年度の実施県数は，前年度実施県数に対して，9 県増，1 県減の計 30 県となっている。

（出典）文部科学省ウェブサイト「少人数教育の実現」の「学級編制・教職員定数改善等に関する基礎資料」より

とで一躍注目を集めた（青木 2013）。2020 年度の資料を見ると，原則として小中学校全学年で 33 人以下の学級編制基準を採用している(2)。制度上，都道府県教育委員会が学級編制基準を策定するから，都道府県がこのような少人数学級を行うことは理解できる。山形県では伝統的に教育に力を入れており，導入当時の知事の強い意向が働いた。その後，知事選挙の主要な争点となったが，結果的には少人数学級編制が継続している。知事の意向の背景には，教育の質的向上を目指すことの他に，政治的意図もあったと推測できる。少人数学級編制は人口の少ない地域ではなく人口の多い都市部において恩恵がある。知事選挙に際して，大票田となりうる都市部向けの政策としても理解できる（青木 2013）。もちろん，独自に国の標準で定められた上限人数を下回る学級編制基準を策定するには「自腹」を切らなければならない。山形県のような大きな規模の施策となると 10 億円近くまで達した年度もある。

これとは別に，市町村独自に少人数学級を推進した事例がある。本来，市町村が独自に少人数学級を行うことは想定されていなかった。しかし，2010 年度時点で，市町村が常勤教員を雇用して少人数学級を行っている。小学校で 66 市町村（650 人，477 校），中学校で 34 市町村（287 人，203 校）である。この他，非常勤講師を雇用し，教員のやりくりを行うことで少人数学級を実現する場合もある(3)。

このような独自施策のさきがけとなったのが志木市（埼玉県）と犬山市（愛知県）である（青木 2013）。これらの二つの市は，ごく初期に少人数学級を独自に実現した。それゆえに，実現に際しては県教育委員会との厳しい折衝を乗り越える必要があった。都道府県教育委員会は県内の市町村の足並みが揃うことを希望する。他方，両市では市長の強い意向で少人数学級導入を図った。それは住民の要望に応えるためであり，また自らの政治的栄達のためでもある。都道府県と市町村の間でもまた，平等と個別化の対立が生じるのである。両市は都道府県教育委員会に対して政治ルートや行政ルートを駆使して，少人数学級編制を認めさせた。

さて，地方自治体がこのように少人数学級を行うようになった背景には，法制度の改正や運用の見直しがあった（**表 11-2**）。かつて地方自治体の独自の少人数学級編制は黙認されることがあったが，それが明るみに出てしまえばやはり法令違反である以上，是正されてきた。2000 年代以降，制度が地方分権化されていくにしたがって，地方自治体の自律的政策選択が可能となっていった。

まず，2000 年度に公立義務教育諸学校の学級編制及び教職員定数の

表 11-2　少人数学級編制に関する法制度上の地方分権

2000 年度 標準法改正	都道府県教育委員会の認可が必要だったが，この改正で，事前協議と同意が必要とされた。
2001 年度 標準法改正	都道府県の判断により，児童生徒の実態等を考慮して，国の標準（40 人）を下回る特例的な学級編制基準を設定することを可能とする。
2003 年度 運用の弾力化	都道府県の判断により，児童生徒の実態等を考慮して，特例的な場合に限らず，全県一律に国の標準（40 人）を下回る一般的な学級編制基準を設定することを可能とする。
2004 年度 運用の弾力化	都道府県の判断により少人数学級を実施する場合について，関係する学校を研究指定校とすることにより，教育指導の改善に関する特別な研究が行われているものとして，加配定数を活用することを可能とする。
2012 年度 事後届出制	市町村が都道府県の**標準としての基準**に沿って，学級編制を行い，都道府県へは事後届出を行う。（従来は，事前協議と同意が必要だった：**従うべき基準**）

（出典）青木（2013），文部科学省ウェブサイト(4)より筆者作成

標準に関する法律（義務標準法）が改正され，それまで市町村の学級編制には都道府県教育委員会の認可が必要だった（機関委任事務：地方分権改革前に存在した集権的制度の象徴的存在）が，この改正で機関委任事務から自治事務（地方自治体の事務）へ変わったことで，認可は不要となり，事前協議と同意が必要とされた。

翌 2001 年度に再び義務標準法が改正され，都道府県の判断により，児童生徒の実態等を考慮して，国の標準（40 人）を下回る特例的な学級編制基準を設定することが可能となった。これによって，都道府県が独自に少人数学級編制を行えるようになった。この時点では特定の学年についての少人数学級編制を行うことが想定されていた。

さらに，2003 年度には運用の弾力化が行われ，都道府県の判断により児童生徒の実態等を考慮して，特例的な場合に限らず全県一律に国の標準（40 人）を下回る一般的な学級編制基準を設定することができるようになった。つまり，全県一律に全校種全学年での少人数学級編制ができるようになったのである。ここに至って地方自治体に「やる気」さえあれば，少人数学級編制が自由に実施することができるようになった。ただし，「やる気」があっても「先立つもの＝財源」がなければ早晩立ちゆかなくなる。そのために地方自治体が文部科学省に求めたのが加配定数の「流用」であった。加配定数は教職員定数の一種であり，教育上の特別な意図を実現するために毎年度の予算措置で決められるものである。これに対して，基礎定数は学級数などに応じて決まるものであり法律にその根拠がある。

そこで，2004 年度にさらなる運用の弾力化が図られ，都道府県の判断により少人数学級を実施する場合について，関係する学校を研究指定校とすることにより教育指導の改善に関する特別な研究が行われているものとして，加配定数を活用（＝流用）することが可能となった。この時点で，少人数指導から少人数学級への動きが加速した。

この背景には地方自治体の自律的政策選択があった。いったん少人数学級が認められてからは，地方自治体の動きが加速していった。都道府県が文部科学省に，市町村が都道府県にさらなる分権改革を求めていった。

さらに，その後2012年度からは市町村が都道府県の「標準としての基準」に沿って学級編制を行い，都道府県へは事後届出を行うこととなった（従来は，事前協議と同意が必要だった：従うべき基準）。「標準としての基準」とはいささか意味不明のように感じられるが，これこそが地方分権改革の到達点ともいえるものである。2000年までの教育行政の政府間関係の本質は，「最低基準＝最高基準」を文部省（当時）が地方自治体に遵守させてきたことにあった(5)。カリキュラムも学習指導要領の内容が「最低基準＝最高基準」として運用されていたため，全国の学校で画一的な内容の教育活動が行われた。学級編制もまた同様に「最低基準＝最高基準」という運用がなされてきた。つまり，40人を上限とする国の学級編制の標準に基づいて，都道府県教育委員会が自らの基準を策定することになっていたものの，実際には標準と基準が一致しており，基準が標準を上回ることも下回ることもできないように運用されていた。標準の本来の語義には多少の幅がある。それを額面通り受け取れば，都道府県教育委員会は地方分権改革以前も独自の基準を策定できたはずである。しかし，運用によってそれを阻んできたのである。地方分権改革以前の教育行政のスタンスは全国どこでも同じ教育サービスを提供することにあった。そうであるから，一部の地方自治体だけが少人数学級編制を行うことは認めることができない事態であった。

（2）地方自治体の自律的政策選択

地方自治体が行う自律的政策選択にはいくつかの類型がある。代表的なものは**上乗せ・横出し**である。少人数学級編制は国の標準，県の基準に「上乗せ」するものである[6]。これに対して，引き下げ（職員の非正規化，給与総額の削減といったものがある）もある。他方，教育分野での横出しの例として国庫負担の対象外である特別教育支援員の雇用がある。

自律的政策選択が始まると，当該地方自治体内では政治的動きが活発となる。上乗せ・横出しは資源を追加投入することを意味するから，主な発案者は首長である。首長の提案を具体化するのが教育委員会事務局である。首長の提案が議論される場は，主として議会である。もちろん，教育委員会でも議論されるが，議論が活発なのは議会のほうである。首長は教育に熱心であるという評判を得ることができ，政治的に成功することがある。議会は，一般質問を通じて，首長提案のチェックを行う。特に先進的な施策の場合には，他の地方自治体からの視察が多くなる（青木 2013，阿内 2021）。これらは旧教育委員会制度下の知見であるが，教育委員会事務局の能力が施策実現を左右するといえる。

3. 文部科学省から地方自治体への出向人事

従来，地方自治体への**出向人事**は政府間関係の行政ルートにおいて，法令，財政と並んで批判の対象だった。その後行政学の研究によって，出向人事の実態が明らかにされるとともに，出向人事が地方自治体にとってもメリットがあることが明らかになってきた（稲継 1996）。たとえば，中央政府の情報を地方自治体は出向官僚を通じて入手できる。さらに，地方自治体はそのメリットを享受するために戦略的に出向を受け入れることがわかっている。中央政府の押しつけというよりは，地方自治体からの要請によって出向人事が行われるのである。他方，中央政府にとっては人的なチャンネルを用いた地方自治体支配を行うというよりも，職員に地方自治体経験を積ませることができるというメリットがある[(7)]。

ところで，人事というチャンネルは中央政府から地方自治体への一方通行ではない。地方自治体から中央政府への出向人事も存在する。しかし，一般には中央政府のキャリア官僚が地方自治体に管理職として出向する（30歳そこそこで県本庁の課長）反面，地方自治体から中央政府への出向ではせいぜい係長どまりである。また，文部科学省に限っていえば，研修生という名称で文部科学省本省に地方自治体から派遣されるケースがあり，人手不足の文部科学省としては学校現場の情報を持つ人材として，あるいはマンパワーとして不可欠の人材となっている。

内閣官房の2020年度時点の資料から，中央政府から地方自治体への出向人事の全体像を紹介する[(8)]。過去約20年間（1999年から2020年）の間の出向者数の推移は全体ではやや増加傾向であるが，都道府県への出向はほぼ変わらず市町村への出向者数が増えている。省庁別（本省のみ，地方支分部局除く）の地方自治体への出向についてみると，総務省288人，国土交通省188人，警察庁166人，農林水産省137人，厚生労働省95人であり，文部科学省はこれに次いで59人である。省庁の定員に違いがあるが実数だけ見れば，文部科学省が地方自治体を「支配」しているとは言い難い人数である（伊藤 2019）。

次に，文部科学省の職員の地方自治体への出向について紹介する。元となるデータは『文部科学省国立大学法人等幹部職員名鑑』各年版に掲載された出向者リストである。対象とした期間は2001年から2016年であり，件数は798件である（青木・伊藤 2018）。

出向先は大部分が都道府県の教育委員会事務局の課長ポストである。出向する職員については，キャリア官僚が大部分であり，おおむね入省

10年前後つまり30代前半で出向する。文部省時代の地方自治体への出向についての研究（青木 2003）と比較すると，多様化が進んだことが指摘できる。

第一に，出向先の教育委員会事務局と首長部局の比率であるが，都道府県について見ると，文部省時代は教育委員会事務局へ9割（91.1％），首長部局へ1割弱（8.9％）だった。これに対して文部科学省となってからは，教育委員会事務局へ8割（82.5％），首長部局へ2割弱（17.5％）となっている。このように，教育委員会事務局への出向者のシェアが減少している。同様に政令市・市町村への出向についても，文部省時代は教育委員会事務局へ8割強（83.9％），首長部局へ2割弱（16.1％）だったのが，文部科学省になってからは，政令市で教育委員会事務局へ6割を切り（59.8％），市区で9割（89.1％），町村で8割（78.8％）となっている。

第二に，出向先となる地方自治体の種類が多様化した。文部省時代には，都道府県の他には，政令市（仙台市，千葉市，北九州市，福岡市），および市（北茨城市，成田市，掛川市，金沢市，垂水市，出雲市，鳴門市）にとどまっていた。これに対して，文部科学省となってからは町村への出向も見られるようになった他，政令市だけではなく一般の市区への出向が急増している。文部省時代は都道府県への出向が全体の9割を超えていたが（92.5％），文部科学省となってからは都道府県への出向は7割を切った（68.9％）。

第三に，継続的に受け入れている都道府県であっても，受け入れポストが多様化している。文部省時代には長期にわたって同一ポストで出向を受け入れていた例が見受けられた。たとえば，青森県では1977年と78年は保健体育課長を受け入れ，1979年から2000年までは文化課長を受け入れた。このような県が合わせて15県あった（青森県，宮城県，福島県，三重県，兵庫県，和歌山県，新潟県，岡山県，島根県，徳島県，香川県，高知県，長崎県，熊本県，鹿児島県)。これに対して文部科学省になってからは，これらの県のうち，出向の受け入れ自体が行われなくなった県（青森県）も出てきた他，受け入れポストが途中で何度も変わるようになった県（高知県）もある。なお，2010年代の傾向として，学力向上へ重点が置かれるようになり，義務教育課の課長ポストへの出向が目立つようになった（静岡県，岡山県，香川県，鹿児島県)。

2001年から2016年まで継続して教育委員会事務局の何らかの幹部職員ポストへの出向を受け入れてきた都道府県は12あり，首長部局に継続して受け入れてきた石川県を加えると13となる。これだけを見ると，文部科学省となってからも出向が継続しており，人的チャンネルを通じた文部科学省による地方自治体支配が行われているようにも見える。市区ばかりか町村にまで出向先が拡大しているのはそのような見方を裏付けているようにも見える。ただし，継続して受け入れている場合であっても長期間にわたり受け入れポストが同一であった都道府県は減っている（鹿児島県，熊本県，岡山県)。このように，地方自治体は出向受け入れにメリットを感じ，自らの政策課題に応じた運用を行っていると考えられる。

4. 教育の政府間関係についてのイシュー

（1）政令市の教員給与

政令指定都市への教員給与負担の権限移譲が2017年度から実行された。これは地方分権改革の文脈から理解されるが，政府間関係の大きな変動であるにもかかわらず，それほど注目されていない。しかし，20市に及ぶ政令市の人口が日本の全人口に占める割合は約20%であり，無視できる数値ではない（北村 2013：i)。さて，**表11-3**のように従来は教職員の採用等が政令市の権限でありながら，給与負担権限は都道府県に留保されていたものが，この変更後，給与負担の権限と責任が政令市に移譲された。このことを事例として，政府間関係の変更が一筋縄ではいかないことを理解してみよう。

教職員定数の決定が政令市の条例で行われることになり，学級編制もすでに独自に行うことができるようになっている。さらに，教員給与の決定権限も政令市へと移った。つまり，政令市は，たとえば少人数学級を行うために，1 人当たりの教員給与の水準を引き下げ，雇用する教員

**表 11-3　政令指定都市への給与負担等の移譲に伴う
義務教育諸学校教職員に関する事務の役割分担等の変更**

	現行制度	給与負担移譲後 （2017 年度を目途）
教職員の任命（任免，懲戒等） 教職員の服務監督 教職員の研修	指定都市教育委員会	
義務標準法による教職員定数の算定	各都道府県ごとに算定	各指定都市ごとに算定（各都道府県は指定都市を除いた定数を算定）
教職員定数の決定	都道府県の条例で定める	指定都市の条例で定める
学級編制	都道府県教育委員会が定める学級編制基準を標準として学級編制を行う	義務標準法が定める数を標準として学級編制を行う
給与，勤務時間その他の勤務条件	都道府県の条例で定める	指定都市の条例で定める
教職員の給料，諸手当，旅費等の負担	都道府県の負担（国庫負担 1/3）	指定都市の負担（国庫負担 1/3）

（出典）指定都市所在道府県・指定都市「県費負担教職員制度の見直しに係る財政措置のあり方に関する合意」2013 年 11 月 14 日

数を増やすことも自らの政策選択で行うことができるようになった。そして，給与負担の主体としても都道府県から自立した。つまり，文部科学省からの義務教育費国庫負担金は直接政令市へ交付される。政令市は自らの教員給与に関する事務処理も行うことになった。そのため，たとえば静岡市では文部科学省から出向職員を受け入れ，万全の体制で移管後の事務処理に備えた。ここまで見てくると，政令市への給与負担権限への移管は地方分権の観点からきわめて好ましい変化だと肯定的な評価を与えることができるように思えてくる。しかし，注意深く制度上の変化を見ることで，従来顕在化してこなかった政府間の相互関係が浮き彫りになる。都道府県側にとってはこの政令市移管は痛恨の極みとなる出来事である。一般にはこのことは気づかれない。

このことを解く鍵は，政令市が義務標準法によって教職員定数を算定できるようになることにある。これは義務教育費国庫負担金の根拠となるものである。これだけを見ても算定の範囲が都道府県全体から政令市へ変更になっただけと思うだろう。しかし，政令市のみを算定範囲とすることで，都道府県全体で行ってきた「やりくり」が都道府県としてできなくなってしまった。以前であれば，政令市の市域分として算定されていた教職員定数の端数を，政令市以外の地域に振り替えていた（小川 2001）。いわば，政令市から他地域（特にへき地）への定数の片務的負担関係が存在していたのである。教職員定数は学校単位で算定されるから，学校数が他の地方自治体よりも多い政令市ではその端数分の出る可能性もまた高い。これは政令市にとってはきわめて理不尽な状態として映ってきた。

では，移管後はどのようなことが予測できるか。端的にいえば，政令市が潤い（政令市にとってはこれまで不当に搾取されてきたものが返還されただけと考えるが），他の地方自治体が教職員定数上の困難に見舞われる。具体的には，学校事務職員が本来であれば未配置であった学校にも配置できていたものが，今後はそれが不可能となるかもしれない。ややデフォルメした例を示すと，かつては政令市から 0.5 人分の人件費を「召し上げ」，県が留保した 0.5 人分と合算して 1 人分を政令市以外のへき地に配置することができた（県によってはこうした端数を「しみだし分」などと呼ぶ（小川 2001））。しかし，政令市が独立するとこういう措置ができにくくなる。

このように，政府間関係の変更は一方には利益をもたらすが，他方には不利益をもたらすこともある。

（2）権限関係

日本の教育分野は融合型政府間関係をその特徴とする[(9)]。ここでは権限関係（役割分担）の図をもとにそのことを確認しよう。**図 11-1** から明らかなように，国（文部科学省）は制度設計，全国的基準設定，財政支援，都道府県に対する指導・助言を主要な役割としている。都道府県教育委員会は，小中学校については教職員給与の負担，人事，研修を担う他，市町村に対する指導・助言を主要な役割としている。この他，都道府県立学校（高等学校，特別支援学校）の設置および管理を担う。市町村教育委員会は，市町村立学校の設置および管理を主たる役割としている。なお，市町村教育委員会は特別な教育ニーズ（特別支援教育）に対応するため，スクールカウンセラー，支援員，介助員等を独自に雇用しているが，これは権限関係からは想像されにくい現象である。制度面に加えて，運用面・実体面についても想像力を働かせる必要がある。

さて，従来，文部科学省，都道府県教育委員会，市町村教育委員会の縦系列のルートによる上意下達的行政運営が批判されてきたが，最近の研究では地方自治体の自律的政策選択が明らかになっている。この図でも都道府県教育委員会や市町村教育委員会は知事・市町村長，都道府県議会・市町村議会から影響を受けており，文部科学省の「司令」一つで動くとは言いがたいことがわかるだろう。

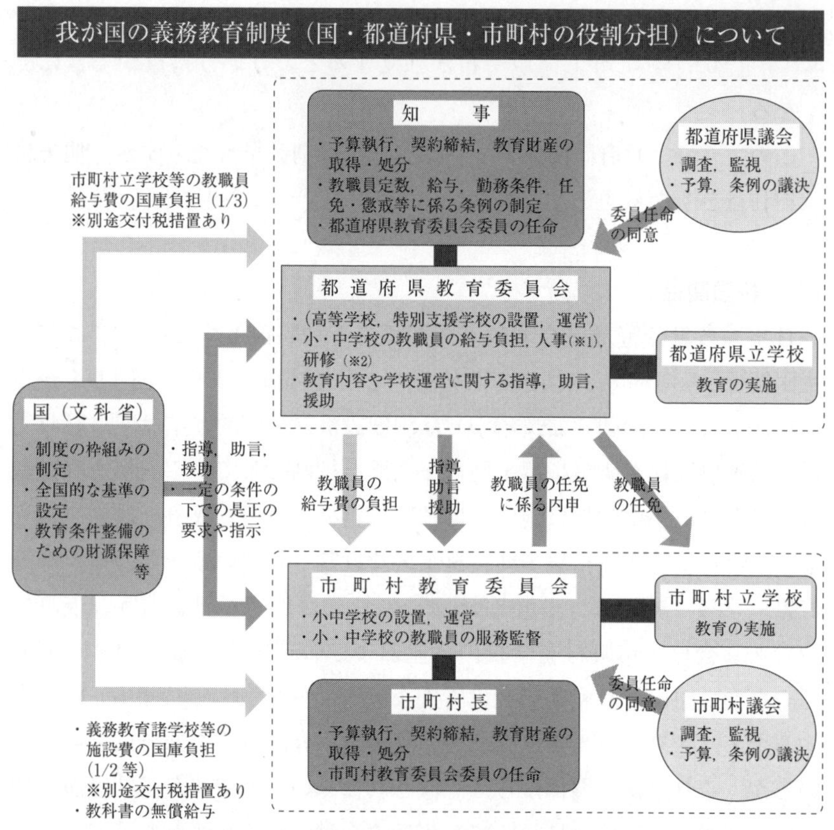

（出典）関西広域連合ウェブサイト(10)

図 11-1　教育の政府間関係

(3) 中核市における教員研修のジレンマ

政府間関係についてのトピックは中核市にもある。中核市には教員の研修権限が与えられている。中核市の中には金沢市のように教育改革で全国的に注目されるところがある。そのような中核市では特に研修権限を持つことと教育改革との関連で困難を感じる。というのも，独自の教育改革の担い手が教員であり，その教員は都道府県単位の人事異動の対象だからである。つまり，研修を通じて当該中核市の教育改革について理解を深めさせても，別の市町村へ異動してしまうからである。中核市長会の報告書では中核市の半数以上が教員の人事権限を欲していることが明らかとなっている（**表11-4**）。要するに中核市は他市町村と同じ扱いに不満を抱いており，自らの教育改革を進めようとすればするほど，それについて理解している教員を抱え込みたいと欲するようになっている。政令市へ給与負担権限まで分権化されたことを考えれば，中核市への人事権限移譲もまた政策課題となる可能性がある。

表11-4　中核市への権限移譲に関する意識調査（抜粋）

権限移譲項目	是非必要	必要	どちらともいえない	不要
公立小中学校教職員の人事権	14	16	4	7
公立小中学校教職員定数決定権限と学級編制	14	18	2	7
公立小中学校教職員給与・手当等の決定権限およびその財源移譲	13	16	2	10

（出典）中核市市長会権限移譲検討プロジェクト（2012，4頁）[(11)]

（4）教育事務所の統廃合

教育の政府間関係で忘れてはならないのが，教育事務所である。これは都道府県教育委員会の出先機関である。宮城県の場合，政令市である仙台市が県教育行政の範囲外にある。県内には５つの教育事務所（大河原，仙台，北部，東部，気仙沼，他に地域事務所が２箇所）がある。業務内容は**表 11-5** の通りである。

都道府県教育委員会は域内の市町村立学校の設置者ではないが，県費負担教職員の人件費を負担していることから，その給与や人事を扱う。一般に，都道府県の領域をすべて県本庁の直轄にするには広すぎるため，域内をいくつかのブロックに分けて教育事務所を設置して業務を行っている。小中学校の教員人事の範囲はこの教育事務所のエリアと一致していることが多い。平成の大合併により市町村面積が広がったため，教育事務所の統廃合が行われるようになってきたとされる。教育事務所は複数の市町村間の人事異動を調整する機能を持っていたが，市町村合併で広がった地方自治体のエリアと教育事務所のエリアが一致する

表 11-5　宮城県教育委員会北部教育事務所の所掌事務

〈総務班〉 市町村教育委員会に対する指導・助言および援助，教育機関の施設・設備の整備，公立学校共済組合・教職員互助会，教職員給料・旅費，その他の庶務 **〈教育学事班〉** 教職員の人事，教育職員の免許，就学事務，生涯学習，社会教育，生涯スポーツ，文化財，青少年育成 **〈指導班〉** 公立幼小中学校の教育課程，学習指導，保健安全，学校給食，情報教育，環境教育，進路指導，生徒指導，カウンセリング

（出典）宮城県ウェブサイト「北部教育事務所」[12]（一部表記を改めた）

とすれば，教育事務所をより広域にして再度複数の市町村をその担当とするか，もしくは広くなった地方自治体に権限移譲するという選択肢が考えられる。ただし，市町村合併が全国的に進んでいるものの，教育事務所の統廃合が行われていない県が 18 県もあるため（山田 2018），このことについてより詳細な研究が必要である。

過去約 20 年間の全国の教育事務所数の推移を研究した山田の研究によれば，全国の教育事務所数は 1998 年の 286 から 2017 年の 191 へと減少した（33.2％の減）。2017 年時点で教育事務所を置いていないのは三重県，滋賀県，奈良県，和歌山県，山口県，徳島県，長崎県である。このうち，この期間に全廃したのが三重県，和歌山県，山口県，長崎県である。26 の県が教育事務所の統廃合を実行し，13 の県で減少率が 5 割以上，つまり少なくとも教育事務所数を半減させたのである。教育事務所を全廃した県で顕著であるが，都道府県教育委員会と市町村教育委員会の関係が再編され始めている。

（5）水平的政府間関係

ここまでみてきたのは文部科学省と都道府県教育委員会，都道府県教育委員会と市町村教育委員会の関係という政府間関係のうち垂直的なものである。これに対して同じ層の政府同士の関係が水平的政府間関係である。

昭和の大合併以前から教育委員会は必置だったため，小規模自治体では設置コストが問題となっていた。そこで市町村の範囲と異なる教育行政区域を設置する「事務の共同処理」が注目された。たとえば，中学校を運営するために複数町村が一部事務組合を設置するような例である。現行制度でも地方自治法による規定を活用し，一部事務組合，広域連合，機関の共同設置，協議会，事務の委託，事務の代替執行，連携協約が可能となっている。総務省によると，教育分野（577件）は環境衛生（2,150件），厚生福祉（1,702件），防災（1,401件）に次ぐ[13]。ただ，昭和，平成の大合併によって市町村規模が大きくなり，制度的な水平的政府間関係はやや低調である。それでも指導主事の配置率が町村で低く，その共同設置が模索されるなど依然として水平的政府間関係による「事務の共同処理」の重要性は損なわれていない。さらに，地教行法第55条の2で，市町村が近隣の市町村と協力して教育行政の体制の整備・充実に努めること（努力義務）とされている点もあらためて考慮すべきである。つまり，この規定の「主語」は市町村であって，市町村教育委員会ではないのがポイントである。教育行政の在り方を考える主体として教育委員会にくわえて市町村（長）も含まれている。

〉〉注

(1) 文部科学省「令和2年度における国の標準を下回る『学級編制基準の弾力的運用』の実施状況について」。ただし，「市町村教委からの要望」という要件がある。本章では文部科学省・都道府県教育委員会・市町村教育委員会の垂直的政府間関係をとりあげたが，実際には都道府県同士，市町村同士の水平的政府関係（伊藤 2006）についても解明が待たれている。たとえば，長谷（2022）は少人数学級制について，都道府県間の施策（上限人数，導入条件等）の類似度を分析することで，他府県が参照するような県の存在を明らかにした。

(2) 山形県ウェブサイト「さんさんガイド第17集」
https://www.pref.yamagata.jp/700012/bunkyo/kyoiku/iinkai/kyouikuiinkai/kokono/sansan17.html

(3) 文部科学省ウェブサイト「少人数教育の実現」→「学級編制・教職員定数改善等に関する基礎資料」→「市町村費負担教員の推移と市町村独自少人数学級の取組」
https://www.mext.go.jp/a_menu/shotou/hensei/005/1295041.htm

(4) 文部科学省ウェブサイト「第 177 回国会における文部科学省成立法律」→「公立義務教育諸学校の学級編制及び教職員定数の標準に関する法律及び地方教育行政の組織及び運営に関する法律の一部を改正する法律」
https://warp.da.ndl.go.jp/info:ndljp/pid/11402417/www.mext.go.jp/b_menu/houan/kakutei/detail/1305316.htm

(5) 例外は 1990 年代以降の学校施設の建設事業である（青木 2004）。

(6) 横出しは，環境政策を例にすると，自動車の排気ガス規制について，国よりも規制対象となる有毒ガスの種類を増やすことである。

(7) 文部科学省から地方政府への出向者のほとんどは，2 年から 3 年間の出向を終えて，再び本省（虎ノ門）へ復帰する。企業の子会社への出向がネガティブなイメージで語られるが，それとは異なる。また，いわゆる中央省庁の退職者を大学や企業が受け入れる，いわゆる「天下り」とも異なり，高額の退職金を出向から復帰する際に受け取るわけではないし，出向先での勤務が安閑としているわけでもない。

(8) 内閣官房ウェブサイト「国と地方公共団体との間の人事交流の実施状況」（2020 年 10 月 1 日現在）
https://www.cas.go.jp/jp/gaiyou/jimu/jinjikyoku/jkj_kt_jissi_r030310.html

(9) 第 4 章では財政面に注目してそのことを指摘した。

(10) 北村・青木・平野（2017，284 頁）を参照。

(11) 中核市市長会権限移譲検討プロジェクト「地方分権時代の中核市における権限移譲のあり方について―円滑な権限移譲の実現に向けて―」（2012 年）

(12) 宮城県教育委員会ウェブサイト「北部教育事務所」
https://www.pref.miyagi.jp/soshiki/nh-kyoz/

(13) 総務省「地方公共団体間の事務の共同処理の状況調」（2021 年 7 月 1 日現在）

参考文献

阿内春生『教育政策決定における地方議会の役割—市町村の教員任用を中心として—』(早稲田大学出版部，2021 年)

青木栄一「文部省から地方政府への出向人事—1977 年から 2000 年までの全 825 事例分析—」『東京大学大学院教育学研究科教育行政学研究室紀要』第 22 号，19-36 頁 (2003 年)

青木栄一『地方分権と教育行政—少人数学級編制の政策過程—』(勁草書房，2013 年)

青木栄一『文部科学省—揺らぐ日本の教育と学術—』(中公新書，2021 年)

青木栄一編著『文部科学省の解剖』(東信堂，2019 年)

青木栄一・伊藤愛莉「文部科学省から地方政府等への出向人事—2001 年から 2016 年までの全 798 事例分析—」『東北大学大学院教育学研究科研究年報』第 66 集第 2 号，53-76 頁 (2018 年)

伊藤修一郎『自治体発の政策革新—景観条例から景観法へ—』(木鐸社，2006 年)

伊藤正次「組織間関係からみた文部科学省—『三流官庁』論・再考—」青木栄一編著『文部科学省の解剖』(東信堂，2019 年)

稲継裕昭『日本の官僚人事システム』(東洋経済新報社，1996 年)

小川正人「県教育委員会における『義務標準法』の運用と教職員配置の実際—ヒヤリング調査報告—」『東京大学大学院教育学研究科教育行政学研究室紀要』第 20 号，153-161 頁 (2001 年)

北村亘『政令指定都市』(中公新書，2013 年)

北村亘・青木栄一・平野淳一『地方自治論—2 つの自律性のはざまで—』(有斐閣，2017 年)

砂原庸介『分裂と統合の日本政治—統治機構改革と政党システムの変容—』(千倉書房，2017 年)

長谷信斗『水平的政府間関係による教育政策の相互参照—2010 年代の少人数学級政策に着目して—』東北大学教育学部卒業論文 (2022 年)

山田宗司『教育事務所再編がもたらす教員人事の広域化—山梨県を事例として—』東北大学教育学部卒業論文 (2018 年)

学習課題

1. あなたの住む都道府県や市町村，またはあなたの母校の学級編制について調べ，小中学校それぞれの一学級当たりの上限が何人かを確かめましょう。文部科学省の標準では，小学校について，一学級当たり35 人を上限としています（2026 年度に全学年で実施予定）が，中学校については一学級当たり 40 人が上限となっています。
2. あなたの住む地域に近い政令指定都市を一つ選択して，2017 年度にスタートした政令市による小中学校教職員の給与負担（県費負担教職員の給与負担責任の政令指定都市移管）について調べてみましょう。具体的には，政令指定都市のウェブサイトにある予算情報や地元の新聞記事を検索して，2016 年度と 2017 年度の政令指定都市の予算編成について調べてみましょう。市の人件費がこの移管によってどのぐらい膨らんだかを知ることができます。

12 家庭の教育費負担の現状と課題

村上祐介

《**目標&ポイント**》本章では，家庭の教育費負担をめぐる制度と実態，および課題について，そのあらましを説明する。
近年，経済状況の悪化や世帯所得の減少により，子育てや教育に係る家庭の費用負担の問題が大きくなっている。従来，日本は終身雇用と年功序列による安定した雇用を背景として，とりわけ高等教育において家計から多くの支出がなされてきた。しかしこうした「無理する家計」（小林 2008）は限界に達しており，家庭の教育費負担のあり方が問われている。
また，子どもの貧困をめぐる問題も近年の大きな課題である。生まれた境遇によって教育を受ける機会が制約され，本人の能力が開花するチャンスを奪われることは本人のみならず社会的にも大きな損失である。
以下では，まず公的な調査の結果から家庭の教育費負担の現状を概観する。その後，そうした負担を軽減するための具体的なしくみとして教育扶助と就学援助などを取り上げるとともに，教育費負担に関してどのような考え方が存在するかを述べる。最後に，子どもの貧困対策と今後の課題について言及する。
《**キーワード**》教育費，教育扶助，就学援助，選別主義，普遍主義，現金給付，現物給付，無償化，子どもの貧困

1. 家庭の教育費負担の現状

家庭の教育費負担については，文部科学省が1994年から隔年で実施している「子供の教育費調査」からその現状を把握することができる。

表12-1は，学校種ごとの学習費総額を示したものである。これによると，公立小で年間約32万円，公立中で年間約49万円が支出されてい

る。1か月当たりに換算すると，公立小で約2.7万円，公立中で約4万円を学習費として支払っている。なお，私立小は年間約160万円，私立中は年間約141万円となっており，公立よりもかなり高額である。

このうち，学校教育費は授業料，修学旅行，PTA会費，教材費，部活を含む教科外活動，通学費，制服，通学用品（ランドセルなど），その他の学校納付金が該当する。学校外活動費は，家庭内学習，家庭教師，学習塾，習いごとの月謝など，補助学習費およびその他の学校外活動費の合計である。

公立小で月約2.7万円，公立中で月約4万円という金額は塾や習いご

表12-1　学校種ごとの学習費総額（平成30年度）

（円）

区　分	幼稚園		小学校		中学校		高等学校（全日制）	
	公　立	私　立	公　立	私　立	公　立	私　立	公　立	私　立
学習費総額	223,647	527,916	321,281	1,598,691	488,397	1,406,433	457,380	969,911
公私比率	1	2.4	1	5.0	1	2.9	1	2.1
うち学校教育費	120,738	331,378	63,102	904,164	138,961	1,071,438	280,487	719,051
構成比（%）	54.0	62.8	19.6	56.6	28.5	76.2	61.3	74.1
公私比率	1	2.7	1	14.3	1	7.7	1	2.6
うち学校給食費	19,014	30,880	43,728	47,638	42,945	3,731	…	…
構成比（%）	8.5	5.8	13.6	3.0	8.8	0.3	…	…
公私比率	1	1.6	1	1.1	1	0.1	…	…
うち学校外活動費	83,895	165,658	214,451	646,889	306,491	331,264	176,893	250,860
構成比（%）	37.5	31.4	66.7	40.5	62.8	23.6	38.7	25.9
公私比率	1	2.0	1	3.0	1	1.1	1	1.4

（注）1　平成30年度の年額である。（以下の表において同じ）
　　2「公私比率」は，各学校種の公立学校を1とした場合の比率である。
（参考）公立・私立学校総数に占める私立学校の割合，および公立・私立学校に通う全幼児・児童・生徒数全体に占める私立学校に通う者の割合は，幼稚園では学校数：64.2%／園児数：84.5%，小学校では学校数：1.2%／児童数：1.2%，中学校では学校数：7.6%／生徒数：7.4%，高等学校（全日制）では学校数：30.5%／生徒数：33.0%である。
※高等学校（全日制）の生徒は，本科生に占める私立の割合である。
※学校数，幼児・児童・生徒数は，平成30年度学校基本調査報告書による。

（出典）文部科学省『子供の学習費調査（平成30年度）』

となどの学校外活動を含んでいるが，これを除いた学校教育費と学校給食費の合計だけでも，公立小で年間約10.7万円（月あたり約8,900円），公立中で年間約18.2万円（月あたり約15,200円）を要する。すなわち，塾や習いごとにまったく通っていない，または通えない場合であっても，小・中の子どもが一人ずついる家庭では，月に25,000円近くを支出する必要がある。

図12-1は幼稚園から高校までの学習費総額を，すべて公立に通った場合からすべて私立に通った場合までの6通りについて示したものである。ケース1のすべて公立の場合で541万円，ケース4のすべて私立の場合で1,830万円を支出している。都市部に多い小学校のみ公立，他は私立の場合は1,063万円となっている。

なおこれは大学での学費等は含んでいない。日本学生支援機構が実施

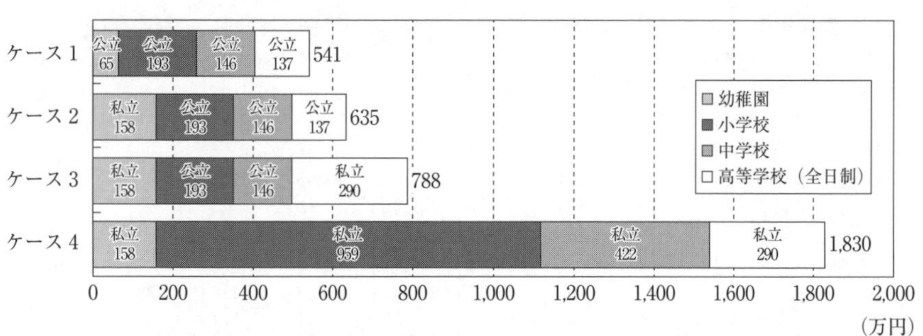

ケース1：全て公立に通った場合
ケース2：幼稚園は私立，小学校・中学校・高等学校は公立に通った場合
ケース3：幼稚園・高等学校は私立，小学校・中学校は公立に通った場合
ケース4：全て私立に通った場合

（注）金額は，各学年の平成30年度の平均額の単純合計である。

（出典）文部科学省『子供の学習費調査（平成30年度）』

図12-1　幼稚園（3歳）から高校3年生までの学習費総額

している「平成30年度学生生活調査」によれば，国立大学・自宅・東京圏では学費・生活費合わせて年間で約117万円，私立大学・下宿生（アパート等に居住）・東京圏では学費・生活費で合計年間260万円を要している。おおまかにいえば，大学まですべて国公立で自宅から通ったとしておよそ1,000万円，小学校のみ公立で他は私立，かつ大学は下宿の場合は2,000万円以上（いずれも東京圏，大学は生活費も含む）を家庭が支出していることになる。

これらの金額はいずれも平均値であり，学習費の総額は当然ではあるが世帯収入によって異なることが推測される。学校外活動費のうちの補助学習費（学習塾，家庭教師など）について見ると，年収400万円未満の世帯では，補助学習費は小（公立）で年間4.4万円，中（公立）で16.3万円，中（私立）で10.8万円となっている。それに対して年収1,200万以上の世帯では，小（公立）で年間21.5万円，中（公立）で36.1万円，中（私立）で28.1万円と，補助学習費は世帯収入によって大きな開きがあることがわかる。学習塾や家庭教師などの補助学習に関しては，家庭の経済状況によって教育サービスを受ける機会に大きな格差が存在している。

以上に見たように，家庭の教育費負担はすべて公立でも高校までで500万円以上要する。また，塾や習いごとにまったく通っていない場合でも，公立小・中に通うために年間で10～18万円ほどの費用が発生する。これは比較的所得の低い家庭にとっては大きな負担である。

義務教育は無償であることが憲法第26条で定められている一方，実際には少なくない金額が家庭の負担になっている。日本の公教育財政支出の特徴として，特に高等教育の私費負担が大きいという問題がある。OECD（国際経済協力機構）の調査によれば，2017年時点で，フルタイム学生一人当たりの教育支出は，OECD加盟国平均に比べて日本は初等教育でやや低く，中等教育，高等教育ではやや高い。一方で，公的支出の割合は，初等・中等教育では92％とOECD加盟国平均（90％）と同程度であるが，高等教育ではOECD加盟国平均が71％であるのに対して日本は31％と非常に低い（OECD 2020）。また，就学前教育については2018年時点で，就学前教育機関における総支出の48％が私費負担となっている。これはOECD加盟国の中で最も高い割合であり，OECD加盟国平均17％の2倍以上となっている（OECD 2021）。ただし2019年から3～5歳児の授業料・保育料が無償化されており，私費負担は一定程度軽減されている（第14章参照）。しかし，0～2歳児の保育や高等教育は依然として私費負担が重くなっている。

この後で述べるように，主に義務教育レベルでの経済的支援として教育扶助や就学援助といったしくみが存在するが，子どもの貧困が深刻化していることからもわかるように，教育費の負担軽減に関しては課題が多い。

2. 家庭の教育費負担軽減のしくみ

(1) 教育扶助と就学援助

教育を受ける権利は憲法第26条で保障されており，教育基本法第4条では**教育の機会均等**が定められている。同法第4条3項では，「国及び地方公共団体は，能力があるにもかかわらず，経済的理由によって修学が困難な者に対して，奨学の措置を講じなければならない」との規定が置かれている。また，学校教育法第19条では「経済的理由によつて，就学困難と認められる学齢児童又は学齢生徒の保護者に対しては，市町村は，必要な援助を与えなければならない」とされており，市町村が経済的支援を行う義務があることが記されている。さらに，子どもの貧困対策の推進に関する法律第2条では，「子どもの貧困対策は，子ども等に対する教育の支援，生活の支援，就労の支援，経済的支援等の施策を，子どもの将来がその生まれ育った環境によって左右されることのない社会を実現することを旨として講ずることにより，推進されなければならない」とあり，これも家庭の教育費負担を軽減する法的な根拠の一つであるといえる。

これらの規定を基に，経済的に困難な家庭に対する就学支援の一つとして，**教育扶助**と**就学援助**のしくみが設けられている(1)（**表 12-2**）。教育扶助は，生活保護世帯（要保護者）に対する扶助費である。学校給食，通学用品，学用品などが対象となる。負担率は国が 4 分の 3，地方が 4 分の 1 である。就学援助は，生活保護世帯の小中学生に対して，教育扶助の対象外である修学旅行費などを支給するとともに，生活保護に準ずる程度に困窮している小中学生（準要保護者）に義務教育に伴う費用の一部を給付している。要保護者への就学援助は国・地方が 2 分の 1 ずつ負担するが，準要保護者への就学援助は市町村が一般財源から全額支出している。

教育扶助や就学援助の対象者は長引く不況や保護者世代の収入が以前に比べて減少したことなどを受けて，ここ 20 年間で大幅に増えている（**図 12-2**）。1995（平成 7）年度は両方を合わせて対象者は約 6.1%（約 77 万人）であったのが，2011（平成 23）年度は約 15.6%（約 157 万人）まで増加している。ここ数年は数値の伸びは止まっているが，2019（令和元）年度でも約 14.5%（約 134 万人）と高い水準にある。ただし，これは地域差が大きく，都道府県レベルでも高いところでは 25%（すなわち 4 人に 1 人が対象者）にも達するのに対して，10% を切る都道府県もある。市町村や校区による差も大きい。

教育扶助や就学援助は義務教育における教育費支援の公的制度として重要な役割を果たしておりその意義は大きい。しかし一方で，いくつか

表 12-2　教育扶助と就学援助の関係

		保護者が義務教育のために支出する主な経費			
		学校給食費	通学用品費	学用品費	修学旅行費
要保護者	生活保護法の教育扶助を受けている小中学生	教育扶助（国 3/4）			
	保護を必要とする状態にあるが，教育扶助を受けていない小中学生	就学援助 （国庫補助）（国 1/2）			
準要保護者	要保護者に準ずる程度に困窮している小中学生（各市町村が認定）	就学援助 （国庫補助廃止，市町村の一般財源化）			

(注)「保護を必要とする状態にあるが，教育扶助を受けていない小中学生」には，主に教育扶助以外の扶助を現に受けている者が該当する。

（出典）鳫（2009）

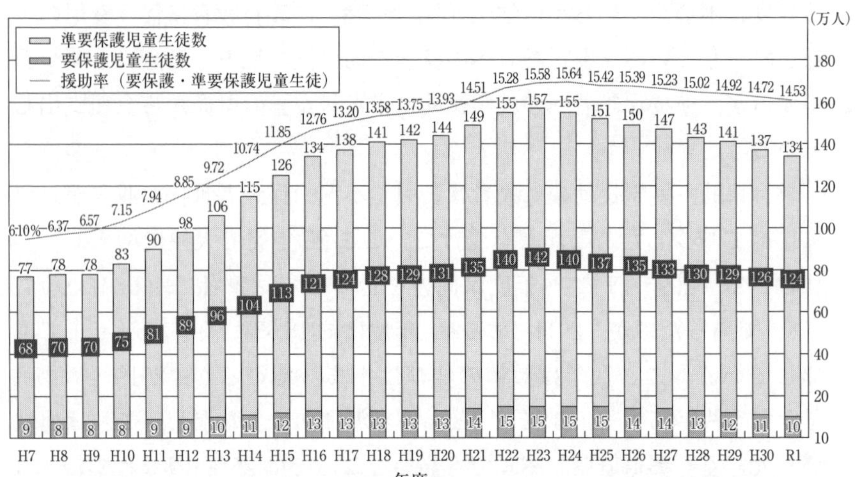

(注) 要保護児童生徒数　：生活保護法に規定する要保護者の数
　　 準要保護児童生徒数：要保護児童生徒に準ずるものとして，市町村教育委員会がそれぞれの基準に基づき認定した者の数

（出典）文部科学省『就学支援実施状況等調査（令和元年度）』

図 12-2　要保護および準要保護児童生徒数の推移（平成 7 ～令和元年度）

の課題や問題点も指摘されている。

第一に，教育扶助に関しては，本来生活保護の対象にもかかわらず，生活保護を受けられていない世帯が存在しており，そうした世帯では教育扶助も受給できていない問題がある。経済状況の悪化に伴い生活保護の対象は増えているが，一部の地方自治体では予算を抑えるために申請を受け付けないなどの「水際作戦」が行われるなど悪質なケースもあり，必要な人に教育扶助が行き渡っていない例がある。

第二に，就学援助は市町村間の格差が大きいという問題がある。かつて就学援助は国庫補助の対象となっており，国からの補助金が交付されていたが，地方への税源移譲などを行った三位一体の改革の際に国庫補助の対象から外れ，2005年度からは市町村の一般財源で支出されることとなった。これ以降，市町村間の格差が拡大すると同時に，従来の支給額を下回る地方自治体も現れるようになった。多くの地方自治体では生活保護の基準額の1.3倍程度の収入を基準としているが，地方自治体ごとにばらつきが大きく，1割程度の地方自治体では1.1倍以下という厳しい基準で運用されている（末冨 2017）。

市町村別の就学援助率もばらつきが大きいが，その要因としては，地方自治体の財政力というよりも，むしろ人口一人当たりの生活保護費や母子世帯の比率，また就学援助制度の周知がどの程度行われているかどうかが重要であるという（末冨 2017）。地方自治体の財政的な事情よりも，どの程度制度の周知がなされているか，またそれを知る機会があるかが就学援助率の高低を規定していると考えられる。すなわち教育扶助と同様に，就学援助も本来対象となるべき人が少なくない割合で援助を受けられていないことが推測される。

第三に，高校や大学段階での教育費負担の軽減も大きな問題である。教育扶助はかつて義務教育段階に限定されていたが，「貧困の連鎖」を断ち切るためには高校への進学は実質的に不可欠であることから，現在では高校段階まで教育扶助を受給することが認められている。しかし，大学進学については依然として教育扶助の対象にはなっておらず，教育の機会均等を保障する上で課題となっている。

就学援助制度は義務教育段階に限定されているが，高等学校段階では授業料を補助する高等学校等就学支援金制度と，都道府県の奨学金事業を補助する高校生等奨学給付金が設けられている。民主党政権下の2010年に公立高等学校授業料無償制・高等学校等就学支援金制度が創設され，公立高校の授業料相当分である約12万円が無償となった。合わせて，国・私立高校は高等学校等就学支援金制度で同額の補助がなされた。自民党に政権が移った後の2014年度からは所得制限（世帯年収約910万円，ただし家族構成などにより異なる）が設けられ，その際に生活保護受給または住民税非課税世帯に対して年間約3～15万円（2021年度の補助基準）を支援する高校生等奨学給付金が新設された。2020年度からは，私立高校生への就学支援金が大幅に拡充され，年収約590万円未満（家族構成などにより異なる）の世帯は年額約40万円の支援が受けられることになった。これらの制度は都道府県が上乗せして補助することもある。

日本の大学は公的な給付型奨学金がこれまできわめて少なかった。一方で，高等教育の費用負担が非常に重いことを受けて，2017年度からは日本学生支援機構で大学生向けの給付型奨学金（国公立・自宅生の場合で月額29,200円，私立・自宅外生の場合で月額75,800円（2021年度））の給付が実施されている。また，2020年度からは公費による授業料等の減免（世帯収入に応じて年間約23～70万円）も行われている。しかしいずれも対象は住民税非課税世帯（両親・本人（18歳）・中学生の家族4人世帯で年収約270万円未満）及びそれに準ずる世帯（同380万円未満，ただし支給金額や減免幅に制限あり）の学生に限定されている。以前に比べると低所得者層への支援は厚くなったが，対象者や支給金額の点では未だ不十分であることは否めない。

また，授業料等の減免は一定の要件を満たす大学等に限定されているが，要件を満たしていることの確認は文部科学大臣等が行う。その要件として現在は，「実務経験のある教員による授業科目が標準単位数の 1 割以上配置されている」「法人の理事に産業界等の外部人材を複数任命していること」などがある。現状の要件が授業料減免になぜ必要なのか，その根拠は必ずしも明確ではない。また，今後要件が追加・変更されることがあれば大学等の教育や経営をさらに制約する可能性があり，国による高等教育機関への統制が強化されるとの危惧もある。

家庭の教育費負担軽減に関しては以前に比べると社会的にもその必要性が認識され，具体的施策も少しずつ進んでいるが，財政規模や給付対象など，今後も検討すべき点は多い。

3. 子どもの貧困対策と今後の課題

（1）子どもの貧困対策に関する政策動向

子どもの貧困は従来から存在していたが，2008 年頃から，研究者やマスメディアの報道によって社会問題として認知されるようになってきた。2013 年 6 月に「**子どもの貧困対策の推進に関する法律**」が国会にて全会一致で可決・成立し，翌 2014 年 1 月の施行を受けて，同年 8 月に「子供の貧困対策に関する大綱」が策定された。その後，2019 年に法律が一部改正され，同年に大綱も改められた。2019 年に定められた新たな大綱では，子どもの貧困に関する指標として生活保護世帯に属する子供の高等学校，大学等進学率，食料又は衣服が買えない経験など 39 の指標を示し，それらの改善に向けた当面の重点施策として教育の支援，生活の安全に資するための支援，保護者に対する職業生活の安定と向上に資するための就労の支援，経済的支援等を挙げている。

また，2015年度からは**生活困窮者自立支援法**が制定され，自立相談支援事業，就労準備支援事業の他，生活困窮世帯の子どもの学習支援も行われている。これを受けて，自立相談支援機関の相談支援員等と学校やスクールソーシャルワーカーの連携，また，学習支援に関する事業，高等学校等の修学支援に関して自立相談支援機関等との連携を図ることとしている。

（2）給付をめぐる考え方

教育に限らず公的な給付のしくみを考えたとき，政策としてどのような選択肢があるのか，そのうちのどれを採用するのかが問題となる。その中で多く言及されるのが，選別主義と普遍主義，現金給付と現物給付のいずれを選ぶのかという点である。以下，阿部（2014）から，両者のメリットとデメリットを考える。

選別主義と普遍主義は，給付の範囲に関わる選択肢である。選別主義は，限られた一部の人（たとえば世帯所得が一定水準未満）をターゲットとして行う給付である。普遍主義は，所得や属性（年齢，地域，家族の人数等）に関わらず，全員が一律に給付を受けるものである。

普遍主義は財政支出が多額になる上，所得が高い人にも給付を行うために非効率的と受け止められがちであるが，選別主義は難点もある。第一に，対象者が一部であるため，その時々の世論などによって政治的に削減されやすい。第二に，受給すること自体が偏見や非難の対象になりうる（スティグマと呼ばれる）。第三に，所得の把握などに行政コストなどの費用を要する。第四に，所得制限があることで労働への動機付け（インセンティブ）に影響が生じうる。所得制限を超えると給付が受けられないとなると，所得自体を抑えようとするかもしれず，労働供給に影響を与えかねない。第五に，どのような制度設計をしても，必要な人が給付対象から漏れてしまう「漏給」が起こることは避けられない。逆にいえば，普遍主義であればこれらの難点は比較的生じにくいといえる。

子どもの貧困に関していえば，普遍主義的な制度が優れているとの見解もあるが，最近の研究では，再分配のパイ，すなわち財源の大きさによって決まるのであり，どちらが一概に優れているとはいえないとの理解も有力であるという。

現金給付と現物給付についても，それぞれ一長一短がある。現金給付は現物給付に比べて効果が確実な点がメリットである。現物給付はたとえば対人サービスであればスタッフの質によってサービスの質も大きく変わるなど，何をどのように給付するかによって効果に差が生じる。また，その家庭がもっとも必要とする部分に使うことができるのも現金給付のメリットである。その反面，給付がその意図通りに使われているかわからない（親の娯楽に使ってしまうこともあるが，たとえば学費の給付であっても目先の生活費に使わざるをえないといった場合もありうる）のも事実である。

現物給付に関しては，教育や保育，医療など市場原理だけではカバーできないサービスについては，現金給付ではなく現物給付が有効である。また外国の事例から，効果がある程度明確なものについても現物給付が有力な選択肢となる。さらに現金給付は選別主義的な場合はスティグマが生じやすいのに対して，現物給付の場合は，一見，普遍主義的な制度であっても貧困層をカバーするしくみを入れることが比較的容易である。たとえば保育サービスは日本では普遍主義的な制度であるが，保育料を所得階層ごとに設定することによって，貧困層に対する支援を重点的に強化することができる。

阿部（2014）では，貧困の影響が現れやすい乳幼児期は色のつかない現金給付，子育て費用が高騰しがちな学齢期以降は現物給付がより望ましいのではないかと述べている。このことからも，現金給付と現物給付についてもどちらかが一義的に優れているわけではないことがわかる。

（3）子どもの貧困対策をめぐる課題

子どもの貧困対策は日本では近年ようやく政策として展開されるようになってきたが，今後の展開をめぐってはいくつかの課題が挙げられる。

第一に，日本では税・保険料や年金，生活保護などで所得再分配が行われた後に，子どもの相対的貧困率(2)がむしろ上昇しており（阿部 2008），政策が結果的に子どもの貧困を悪化させてきた面がある。2009年のOECDによる調査では，先進国中で日本が唯一，所得再分配後に子どもの貧困率が上昇していた。2015年のデータでも，5歳以下については再分配後の貧困率が再分配前より高くなっている（阿部 2019）。貧困対策にとっては，制度として再分配の強化を行うことが重要である。また，先述したように選別主義と普遍主義の効果も結局は財政規模による可能性があり，貧困対策の量的な拡大も急務である。

第二に，子どもの貧困対策は現金給付だけでなく現物給付，さらに選別主義，普遍主義を問わず幅広い総合的な施策と，施策間の連携が求められる。末冨（2017）では，学校と学校外，特定の条件にあてはまる子どもとすべての子どもという二つの軸で四つの組み合わせがあるが，すべての組み合わせにわたる施策が必要であると述べている（**図 12-3**）。子どもの貧困は現金給付や現物給付にとどまらない，幅広い支援が重要であることが示唆される。

ただその中でも，就学前の段階における貧困対策と，ひとり親家庭への支援は子どもの貧困対策にとって特に重要であることもまた指摘でき

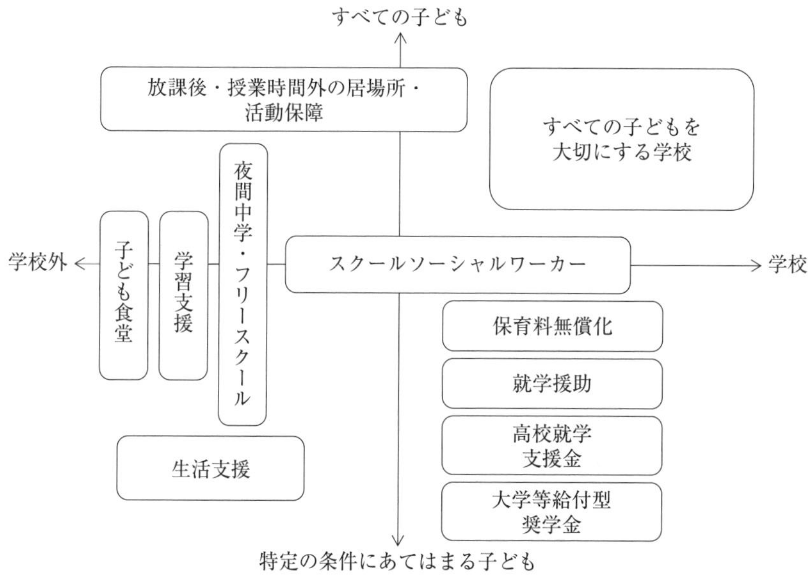

（出典）末冨（2017）

図 12-3　教育支援の類型化

る。他の時期以上に，乳幼児期における貧困が子どもにより強く影響するとの知見も米国でのいくつかの研究で明らかになっている（阿部 2014）。この点でいえば，小・中・高だけでなく，幼稚園や保育所などの就学前の段階でのソーシャルワーク（保育ソーシャルワーク）が現状では手薄であり，これを強化することが有効であろう。またひとり親家庭については相対的貧困率がその他の家庭に比べて高い上に，日本ではひとり親家庭に対する支援が不十分であるとの指摘が多く，こうした家庭への支援を重点的に行うことも検討すべきである。

第三に，子どもの貧困に関する実証的なデータを蓄積・分析することが学術的のみならず実践的にも重要である。「子供の貧困対策に関する大綱」では調査研究の充実が掲げられているが，日本では相対的貧困率のデータが政府によって公表されたのが2009年と比較的最近であった。子どもの貧困はいくつかの原因や背景で生じていると思われるが，そのメカニズムを解明して解決方策に結びつけるためにもデータの蓄積・公表の充実が求められる。

〉〉注

(1) この他に，特別支援学校や特別支援学級に在籍する児童生徒の保護者が負担する経費の一部を補助する特別支援教育就学援助がある。

(2) 相対的貧困率とは，所得の中央値（全体のちょうど真ん中の順位の所得金額）の半分に満たない世帯の割合を指す。日本では時期によっても異なるが，2000年代以前は10～15%，2000年代以降は15%前後で推移している。

参考文献

阿部彩『子どもの貧困』（岩波書店，2008年）

阿部彩『子どもの貧困Ⅱ』（岩波書店，2014年）

阿部彩『子どもの貧困率の動向：2012から2015と長期的変動』貧困統計ウェブサイト（2019年）

鳫咲子「子どもの貧困と就学援助制度」『経済のプリズム』65号（2009年）

小林雅之『進学格差』（筑摩書房，2008年）

末冨芳編著『子どもの貧困対策と教育支援』（明石書店，2017年）

OECD, *Education at a glance*（2020年，2021年）

学習課題

1. 日本における家庭の教育費負担の現状についてどのような課題があるのかを，学校段階（就学前，義務教育，高校，大学）ごとにまとめてみましょう。
2. 子どもの貧困対策として日本では具体的にどのような制度があるでしょうか。ウェブサイトなどを検索してなるべく多くの制度を挙げてみましょう。

13 幼児教育・保育と子育て支援

島田桂吾・村上祐介

《**目標&ポイント**》 本章では，幼児教育・保育の制度，政策やその課題について学ぶ。

日本の幼児教育・保育は，戦後長らく幼稚園と保育所の二つの施設によって担われてきた。主に幼稚園は教育，保育所は福祉の機能を果たすとされ，前者は文部科学省，後者は厚生労働省の管轄として，異なる位置づけとされてきた。ただ，1990年代頃からは少子化対策が社会的な課題となる一方で待機児童問題が深刻化するなど，幼児教育・保育を取り巻く環境が変化したことから，それ以前も課題であった幼保一元化が本格的に検討され始めた。近年の大きな変化としては，2006年度の認定こども園の設置や，2015年度に施行された子ども・子育て支援新制度の開始が挙げられる。また，幼児教育無償化をめぐる議論など，この数年で幼児教育をめぐる制度や政策は大きく動いている。本章では近年の制度改革で何が変わったのか，そのあらましを解説するとともに，地方自治体や地域などの役割も含めて，幼児教育・保育のしくみに関する今後の課題と展望を考える。

《**キーワード**》幼稚園，保育所，子ども・子育て支援新制度，幼保連携型認定こども園，幼児教育の効果，ペリー就学前実験

1. 幼児教育・保育のしくみとその変遷

まず，幼児教育・保育のしくみに関する歴史的な経緯を概観する。

日本では戦後，幼稚園と保育所が就学前の子どもの教育・保育を担ってきた。「幼保一元化」は課題とされつつも，実現には至らなかった。

幼稚園は明治初期の1876（明治9）年に東京で東京女子師範学校（現在

のお茶の水女子大学）の附属幼稚園が創設されたのが最初とされる。当初は国公立中心であったが，1900年過ぎ頃から私立幼稚園が増加し，1926（大正15）年には幼稚園を学校体系の一部として位置づける幼稚園令が公布された。一方，保育所は1890年に設立された新潟静修学校の託児施設がその始まりとされる。その後，保育所は私立（民間）中心に作られていき，公立保育所が最初にできたのは1919（大正8）年である。制度的には，1938（昭和13）年に内務省から厚生省が分離した際に制定された社会事業法によって，法律に基づく社会事業施設として託児施設が位置づけられた。

このように戦前から幼稚園は学校施設，保育所は福祉施設として発展していたが，第二次世界大戦後の1947（昭和22）年に学校教育法と児童福祉法が制定されると，幼稚園は学校教育法，保育所は児童福祉法に規定が置かれ，就学前の教育・保育は「幼保二元体制」で進められることになった。

その後，地域の実態に応じて幼稚園と保育所の整備が進められていく。義務教育以降の学校教育と異なる点は，整備のあり方が地域によってさまざまであったことである。具体的には，幼稚園と保育所の比率は，地方自治体ごとに大きく異なり，幼稚園が多くを占める地域もあれば，主に保育所が整備されてきた地域もあり，その様相は非常に多様である（松島 2015）。同じ都道府県内であっても，市町村によってその整備のあり方は異なることもあった。さらに，公立と私立の割合も地方自治体によってさまざまである。つまり，地域（市町村）によって，公立幼稚園，私立幼稚園，公立保育所，私立保育所の配置や比率は大きく異なる。これは，幼児教育・保育が地域の実情やニーズに合わせて発展してきたためであるが，一方で地域ごとに多様性に富むがゆえに，国・都道府県による施策の展開や拡充が難しい側面もある。

幼保一元化の流れが本格的に検討されるようになったのは1990年代頃である。その背景には，一つには少子化と待機児童問題の解消が，もう一つには行政の効率化に向けて幼・保の施設の共用化を目指したことにある（無藤 2015）。

少子化問題では，1990（平成2）年に合計特殊出生率（15～49歳の女性が出産した子どもの数）が1.57になったことを受けて（いわゆる1.57ショック），文部・厚生など4大臣の合意によって「エンゼルプラン」が策定され，緊急保育対策等5か年事業が開始された。エンゼルプランは引き続き1999年から新エンゼルプランに引き継がれ，保育サービスの充実が打ち出された。その後，2004（平成16）年には「子ども・子育て応援プラン」が，2013（平成25）年には「待機児童解消加速化プラン」が策定されている。幼保の施設共用化は，1998（平成10）年に「幼稚園と保育所の施設の共用化等に関する指針」と呼ばれる通知が出され，共用化が目指された。

近年の大きな変化は，認定こども園の創設（2006年）と，子ども・子育て支援新制度の施行（2015年）である。**認定こども園**は，幼稚園と保育所の機能を併せ持つ施設である。認定こども園制度は，急激な少子化の進行や教育・保育のニーズの多様化に対応するために，「就学前の子どもに関する教育，保育等の総合的な提供の推進に関する法律」（認定こども園法）が施行されて発足した。この頃，地方分権や規制緩和を目指す制度改革が多くの分野で進められていたことも，この制度の創設を後押しした。しかし制度創設後も，財政支援が不十分だったことや事務手続きが煩雑だったことから認定こども園の設置は進まなかった。

2009年に成立した民主党政権は当初，学校教育と保育を総合的に提供する総合こども園を新たに設置し，保育所はすべて総合こども園に移行（幼稚園は任意）することとしていた。しかし，待機児童解消策としての効果が疑問視されたことなどから，当時野党であった自民党・公明党は強く反対した。当時与党であった民主党は，国会では参議院で少数派の「ねじれ国会」の状態にあり，自民党と公明党の合意がなければ法案成立は難しい状況であったことから，最終的には民主党，自民党，公明党の 3 党の合意によって，認定こども園制度を改善する方向で制度改革を進めることになった。これにより，2012 年 8 月に子ども・子育て関連 3 法（子ども・子育て支援法，改正認定こども園法など）が成立し，2015 年度から新しく子ども・子育て支援新制度が施行された（東 2013）。

2. 子ども・子育て支援新制度

（1）新制度の枠組み

子ども・子育て支援新制度のポイントとして，制度を所管している内閣府のウェブサイトでは以下の点などが挙げられている（図 13-1）。

1. 認定こども園，幼稚園，保育所を通じた共通の給付（「施設型給付」）および小規模保育等への給付（「地域型保育給付」）の創設
2. 認定こども園制度の改善（幼保連携型認定こども園の改善等）
3. 地域の実情に応じた子ども・子育て支援（利用者支援，地域子育て支援拠点，放課後児童クラブなどの「地域子ども・子育て支援事業」）の充実

1. は，これまで認定こども園，幼稚園，保育所でそれぞれ異なっていた財政支援のしくみを「施設型給付」（現在は施設型給付費）として一本化した。認定こども園には幼保連携型，幼稚園型，保育所型，地方裁量型の類型がある。幼稚園（私立の一部を除く），認可保育所，認定こども園には公立・私立を問わず，市町村が一括して財政的な補助や支援を行うこととなった。

保育所については国の基準を受けて認可を得た認可保育所とそれ以外の認可外保育所があるが[(1)]，認可保育所については，公立・私立を問わず，児童福祉法第24条の規定で市町村が保育の実施義務を担うこととなっているため，一律に新制度の枠組みに入っている。一方で，私立幼稚園に関しては，保育所やこども園と同じ施設型給付費の枠組みに入るか，従来からのしくみである都道府県からの私学助成および「施設等利用給付」を受けるかを選択する。そのため，一部の私立幼稚園については新制度の枠組みに入らず，私学助成および「施設等利用給付」による補助を受けている場合もある。

また，待機児童問題や地域における保育機能の確保に対応するため，小規模保育所や家庭的保育などへの給付として「地域型保育給付」（現在は地域型保育給付費）の枠組みを設けた（**図13-1**）。地域型保育給付費には，定員6人から19人までの小規模保育に対する給付と，家庭的保育を行う定員が1～5人の子どもに対する財政支援がある。その他，家庭を訪問して保育を行う居宅訪問型保育や，企業などの事業所内で保育を行う事業所内保育がある。地域型保育給付費については，原則として0～2歳までに限定されているが，小規模保育施設については，国家戦略特区法の改正（平成29年6月成立，9月施行）により，特区内の小規模保育施設において，3歳以上の保育認定子どもの受入れが可能となり，地域型保育給付費の対象とされた。

2.の認定こども園の改善では，それまで幼稚園部分・保育所部分で別々の認可，指揮監督，財政措置を受けていた**幼保連携型認定こども園**について，小学校就学前の子どもの教育・保育・子育て支援を一体的に提供する単一の施設として，内閣府の所管の下に位置づけた。これにより財政措置や手続き等がすべて一本化された。また幼保連携型認定こども園は，教育委員会ではなく首長の所管に置かれることとなった。

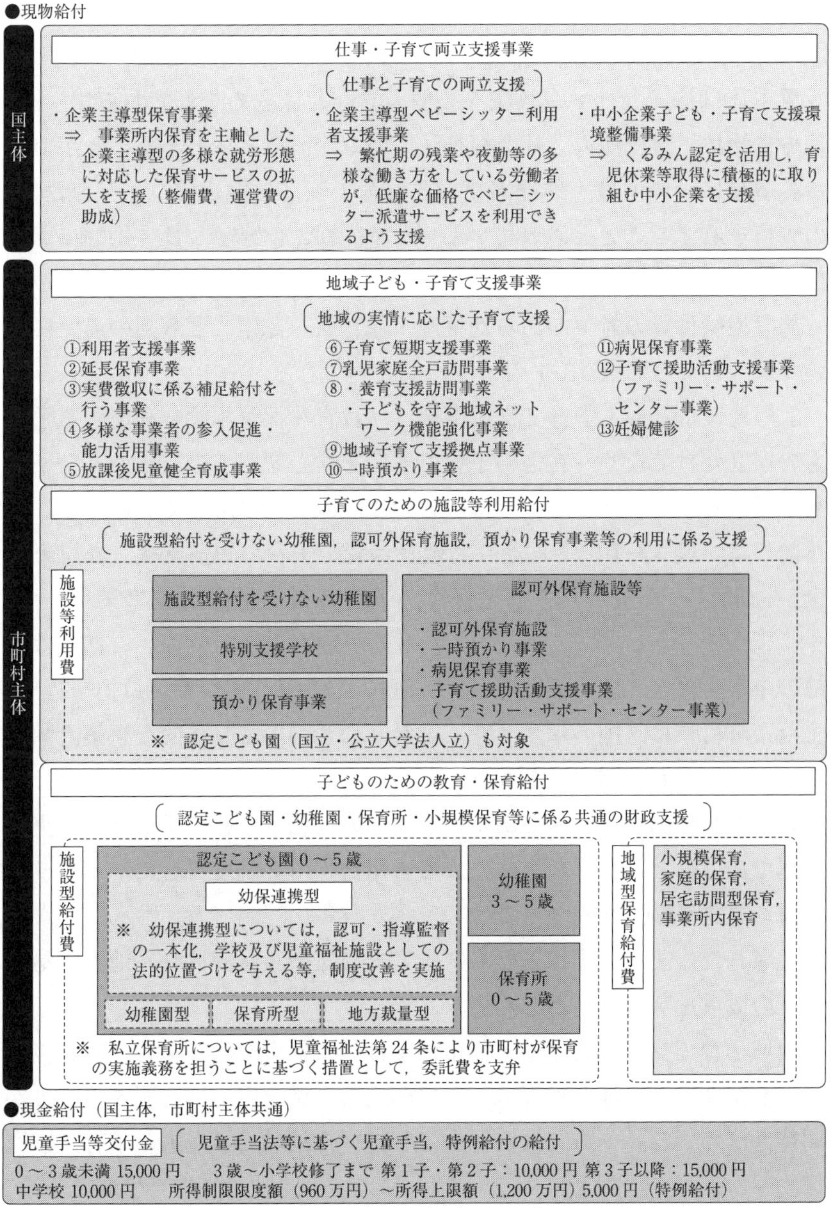

●現物給付

国主体

仕事・子育て両立支援事業

〔仕事と子育ての両立支援〕

・企業主導型保育事業
⇒ 事業所内保育を主軸とした企業主導型の多様な就労形態に対応した保育サービスの拡大を支援（整備費，運営費の助成）

・企業主導型ベビーシッター利用者支援事業
⇒ 繁忙期の残業や夜勤等の多様な働き方をしている労働者が，低廉な価格でベビーシッター派遣サービスを利用できるよう支援

・中小企業子ども・子育て支援環境整備事業
⇒ くるみん認定を活用し，育児休業等取得に積極的に取り組む中小企業を支援

市町村主体

地域子ども・子育て支援事業

〔地域の実情に応じた子育て支援〕

①利用者支援事業
②延長保育事業
③実費徴収に係る補足給付を行う事業
④多様な事業者の参入促進・能力活用事業
⑤放課後児童健全育成事業
⑥子育て短期支援事業
⑦乳児家庭全戸訪問事業
⑧・養育支援訪問事業
　・子どもを守る地域ネットワーク機能強化事業
⑨地域子育て支援拠点事業
⑩一時預かり事業
⑪病児保育事業
⑫子育て援助活動支援事業（ファミリー・サポート・センター事業）
⑬妊婦健診

子育てのための施設等利用給付

〔施設型給付を受けない幼稚園，認可外保育施設，預かり保育事業等の利用に係る支援〕

施設等利用費
- 施設型給付を受けない幼稚園
- 特別支援学校
- 預かり保育事業
- 認可外保育施設等
  - ・認可外保育施設
  - ・一時預かり事業
  - ・病児保育事業
  - ・子育て援助活動支援事業（ファミリー・サポート・センター事業）

※ 認定こども園（国立・公立大学法人立）も対象

子どものための教育・保育給付

〔認定こども園・幼稚園・保育所・小規模保育等に係る共通の財政支援〕

施設型給付費
- 認定こども園 0～5 歳
  - 幼保連携型
  - ※ 幼保連携型については，認可・指導監督の一本化，学校及び児童福祉施設としての法的位置づけを与える等，制度改善を実施
  - 幼稚園型　保育所型　地方裁量型
- 幼稚園 3～5 歳
- 保育所 0～5 歳

※ 私立保育所については，児童福祉法第 24 条により市町村が保育の実施義務を担うことに基づく措置として，委託費を支弁

地域型保育給付費
- 小規模保育，家庭的保育，居宅訪問型保育，事業所内保育

●現金給付（国主体，市町村主体共通）

児童手当等交付金　〔児童手当法等に基づく児童手当，特例給付の給付〕

0～3 歳未満 15,000 円　3 歳～小学校修了まで 第 1 子・第 2 子：10,000 円 第 3 子以降：15,000 円
中学校 10,000 円　所得制限限度額（960 万円）～所得上限額（1,200 万円）5,000 円（特例給付）

（出典）内閣府ウェブサイト(2)

図 13-1　子ども・子育て支援新制度の枠組み（2022 年時点）

なお，幼保連携型認定こども園は法律上，教育基本法第６条に基づく「学校」として位置づけられる（ただし，学校教育法上の「学校」ではない）。設置主体は株式会社や宗教法人，個人立などは認められておらず，国，地方自治体，学校法人，社会福祉法人のみが設置主体となることができる。職員については，幼稚園教諭と保育士資格を併せ持つ「保育教諭」の資格を有することとされている（ただし2022年の時点では経過措置が設けられている）。

施設型給付費の対象である幼稚園・保育所・認定こども園の違いについては，おおむね**表13-1**のようにまとめられる。

3.の地域子ども・子育て支援事業は，教育・保育施設を利用する子どもの家庭だけでなく，在宅の子育て家庭を含むすべての家庭および子どもを対象とする事業として，市町村が地域の実情に応じて実施する。具体的には，**図13-1**にある通り，延長保育，子育て短期支援，乳児家庭全戸訪問，一時預かり，病児保育，子育て援助活動支援事業（ファミリー・サポート・センター）など13の事業が定められている。これらは一部の事業を除き，国・都道府県・市町村が3分の1ずつ費用負担を行う。また市町村には，国の示す「基本方針」に基づいて具体的な事業計画を策定することが義務づけられた。

以上が具体的なしくみであるが，共通の枠組みとして①市町村が実施主体であること，②社会全体による費用負担，③制度ごとにバラバラな政府の推進体制を整備（内閣府に子ども・子育て本部を設置）することが明確化された。また，国に子ども・子育て支援会議を設置し，地方自治体もその設置を努力義務とした。

地域子育て支援事業は，大都市部では延長保育や病児保育，放課後児童クラブなどの多様な保育ニーズに応える事業を中心に展開することが期待されている。一方，人口が減少している地域では在宅の子育て家庭

表 13-1　幼稚園・保育所・幼保連携型認定こども園の比較

事項	幼稚園	保育所	幼保連携型認定こども園
法令	学校教育法	児童福祉法	就学前の子どもに関する教育，保育等の総合的な提供の推進に関する法律
目的	「幼児を保育し，幼児の健やかな成長のために適当な環境を与えて，その心身の発達を助長すること」（学校教育法）	「保育を必要とする乳児・幼児を日々保護者の下から通わせて保育を行うこと」（児童福祉法）	地域における創意工夫を生かしつつ，小学校就学前の子どもに対する教育及び保育並びに保護者に対する子育て支援の総合的な提供を推進するための措置を講じ，もって地域において子どもが健やかに育成される環境の整備に資すること（就学前の子どもに関する教育，保育等の総合的な提供の推進に関する法律）
対象	満 3 歳から小学校就学の始期に達するまでの幼児	保育を必要とする乳児（1 歳未満）・幼児（1 歳から小学校就学の始期まで）	満 3 歳以上の子ども及び満 3 歳未満の保育を必要とする子ども
設置者	国，地方公共団体，学校法人等	特に規定なし（地方公共団体，社会福祉法人，株式会社等）	国，地方公共団体，学校法人，社会福祉法人
設置基準	学校教育法施行規則，幼稚園設置基準	児童福祉施設の設備及び運営に関する基準	幼保連携型認定こども園の学級の編制，職員，設備及び運営に関する基準
保育内容	幼稚園教育要領	保育所保育指針	幼保連携型認定こども園教育・保育要領
保育時間	4 時間を標準	8 時間を原則	教育時間：4 時間を標準 保育時間等：8 時間を原則 ※延長あり
職員	○必置職員 ・園長，教諭 ○例外的に置かないことができる職員 ・教頭 ○置くことができる職員 ・副園長，主幹教諭，指導教諭，養護教諭，栄養教諭，事務職員，養護助教諭	○必置職員 ・保育士，嘱託医 ○例外的に置かないことができる職員 ・調理員	○必置職員 ・園長，保育教諭，調理員（調理業務の全部を外部委託又は外部搬入する場合は不要） ○配置するよう努めるもの ・副園長，教頭，主幹保育教諭，指導保育教諭，主幹養護教諭，養護教諭，主幹栄養教諭，栄養教諭，事務職員，養護助教諭
資格	幼稚園教諭普通免許状	保育士資格証明書	幼稚園教諭＋保育士資格＝保育教諭
入園（所）手続き	就園を希望する保護者と設置者の契約	保育を必要とする乳幼児を持つ保護者が保育所を選択し，市町村に申し込む	保育を必要とする乳幼児を持つ保護者が施設を選択し，市町村に申し込む

（出典）法律等をもとに筆者が作成

に対する支援などの役割を果たすことが期待されている。

子ども・子育て支援新制度では，市町村が主体となる施策として子どものための教育・保育給付，子育てのための施設等利用給付，地域子ども・子育て支援事業があるが，これとは別に国が主体となる事業として，仕事・子育て両立支援事業もある。これには企業主導型保育事業や，企業主導型ベビーシッター等利用者支援事業などが含まれる。

（2）新制度施行後の変化と課題

大きな変化として2点指摘する。1点目は，2017年度に**『幼稚園教育要領』『保育所保育指針』『幼保連携型認定こども園教育・保育要領』**の3法令が同時に改訂された。この改訂では，幼稚園，保育所及び認定こども園に共通する「幼児教育のあり方」，乳幼児からの発達と学びの連続性，小学校教育との接続のあり方などが明示された。これは「幼児教育の質」を保障するための取組とも捉えられる。

2点目は，2020（令和2）年10月1日から開始された**幼児教育・保育の無償化**である。無償化の対象は，①幼稚園，保育所，認定こども園等に通う3～5歳（幼稚園については満3歳児から）の利用料（新制度の対象とならない幼稚園については，月額上限2.57万円まで），②幼稚園の預かり保育（保育の必要性の認定を受けた場合，月額1.13万円まで），③認可外保育施設等（3～5歳：保育の必要性の認定を受けた場合，認可保育所における保育料の全国平均額（月額3.7万円）までの利用料，0～2歳：保育の必要性の認定を受けた住民税非課税世帯の子供たちを対象として，月額4.2万円までの利用料）である。

新制度の施行後，認定こども園は施行前の1,360園（2014年度）から8,585園（2021年度）と増加傾向にある。保育所，認定こども園，特定地域型保育事業施設は2015年度～2021年度の間で9,883園増加した。それに伴い，待機児童数は，2015年度は23,167人であったが，2021年度は 5,634 人にまで減少した。

このように新制度施行後，保育の量は拡大しているが，都市部では依然として待機児童問題が大きな課題となっており，一定の改善は見られるが必ずしも解決には至っていないのが現状である。また，保育の量拡大に対して保育の質の確保が追いついていないとの指摘もある（松島 2016）。

東京大学大学院教育学研究科附属・発達保育実践政策学センターが 2015 年度に実施した全市区町村への質問紙調査によると，認可保育所の整備・増設，また既存の幼稚園・保育所の認定こども園への移行といった量的な充実については，30％を超える地方自治体が「特に重点を置いて取り組むべき課題」であると答えているのに対して，認可外保育施設や小規模保育所の認可保育所への移行，施設に対する監査，外部評価の実施，認可外保育施設における保育の質の保証など，保育の質に関する施策を重点的な課題と考えている地方自治体は 5％未満となっている。待機児童問題が社会的にも大きな課題として認識されている中で，地方自治体は保育の量の確保・拡大に関しては強く意識しているが，反面で保育の質に関しては後回しになりがちであることが指摘できる。

なお，2023（令和 5）年 4 月から，子どもの最善の利益を第一に考え，子どもに関する取組・政策を社会の真ん中に据えた「こどもまんなか社会」を実現するために「こども家庭庁」が設置される予定である。

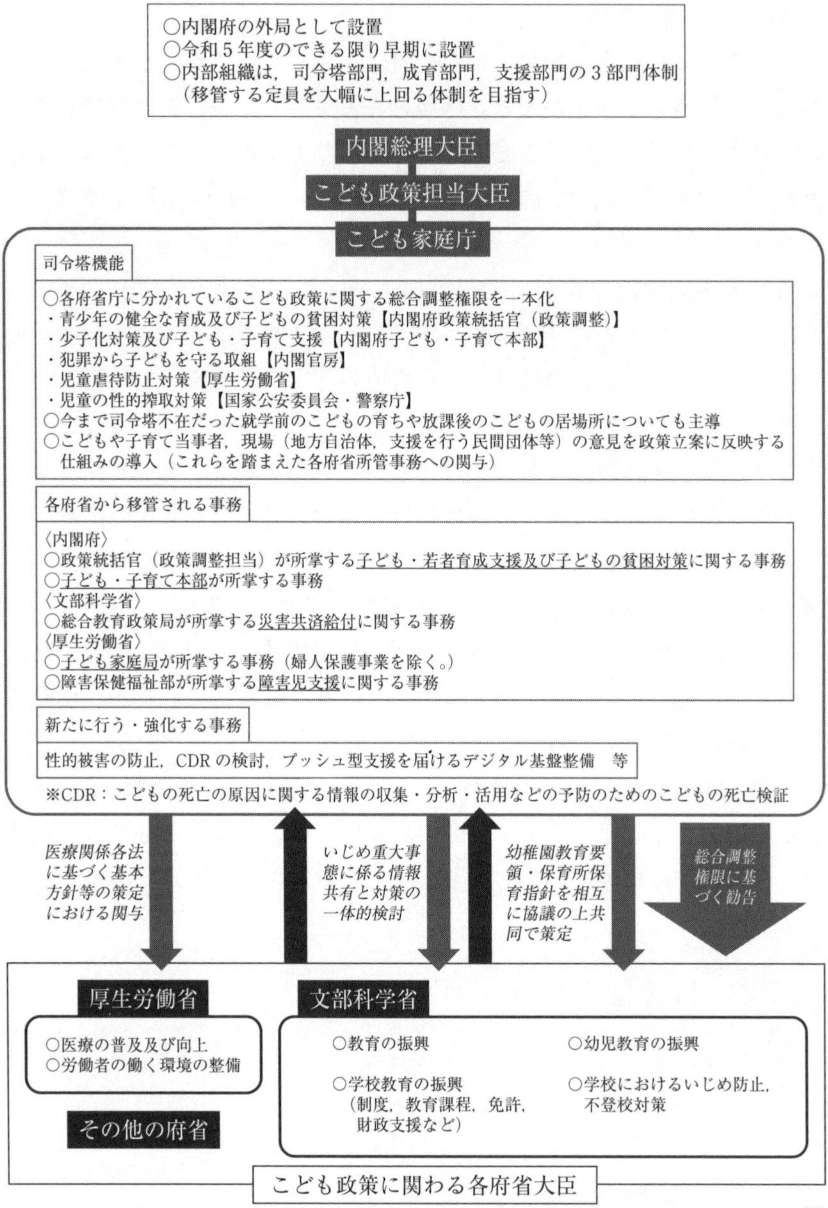

○内閣府の外局として設置
○令和5年度のできる限り早期に設置
○内部組織は，司令塔部門，成育部門，支援部門の3部門体制
（移管する定員を大幅に上回る体制を目指す）

内閣総理大臣

こども政策担当大臣

こども家庭庁

司令塔機能

○各府省庁に分かれているこども政策に関する総合調整権限を一本化
・青少年の健全な育成及び子どもの貧困対策【内閣府政策統括官（政策調整）】
・少子化対策及び子ども・子育て支援【内閣府子ども・子育て本部】
・犯罪から子どもを守る取組【内閣官房】
・児童虐待防止対策【厚生労働省】
・児童の性的搾取対策【国家公安委員会・警察庁】
○今まで司令塔不在だった就学前のこどもの育ちや放課後のこどもの居場所についても主導
○こどもや子育て当事者，現場（地方自治体，支援を行う民間団体等）の意見を政策立案に反映する仕組みの導入（これらを踏まえた各府省所管事務への関与）

各府省から移管される事務

〈内閣府〉
○政策統括官（政策調整担当）が所掌する子ども・若者育成支援及び子どもの貧困対策に関する事務
○子ども・子育て本部が所掌する事務
〈文部科学省〉
○総合教育政策局が所掌する災害共済給付に関する事務
〈厚生労働省〉
○子ども家庭局が所掌する事務（婦人保護事業を除く。）
○障害保健福祉部が所掌する障害児支援に関する事務

新たに行う・強化する事務

性的被害の防止，CDRの検討，プッシュ型支援を届けるデジタル基盤整備　等

※CDR：こどもの死亡の原因に関する情報の収集・分析・活用などの予防のためのこどもの死亡検証

医療関係各法に基づく基本方針等の策定における関与

いじめ重大事態に係る情報共有と対策の一体的検討

幼稚園教育要領・保育所保育指針を相互に協議の上共同で策定

総合調整権限に基づく勧告

厚生労働省

○医療の普及及び向上
○労働者の働く環境の整備

その他の府省

文部科学省

○教育の振興
○幼児教育の振興
○学校教育の振興
（制度，教育課程，免許，財政支援など）
○学校におけるいじめ防止，不登校対策

こども政策に関わる各府省大臣

（出典）内閣官房ウェブサイト(3)

図 13-2　こども家庭庁の組織・事務・権限について

3. 幼児教育・保育における地方自治体の役割

子ども・子育て支援新制度の実施主体が市町村であることからも，幼児教育や保育は個々の園だけで完結するわけではなく，公立・私立の別を問わず，地方自治体や地域が果たす役割もまた重要であることは言うまでもない。ここでは市町村が学校の設置義務を負っている義務教育との比較で，幼児教育における地方自治体や地域の役割がどのような特徴を有しているのかを考えてみたい。

幼児教育・保育における市町村の役割は大きい。市町村は，個々の子どもに対する保育認定（1号，2号，3号），施設等利用給付認定（「新1号，新2号，新3号」）(4)の他，認可保育所の設置（公立の場合），施設への委託費の交付，認可保育所や認定こども園の利用調整，保育料の設定などを行っている。その中で幼稚園に関しては，公立幼稚園の設置管理に加えて，職員の採用や異動，研修，園などへの指導助言などの役割がある。

職員の採用や異動，研修は任命権者が行う。したがって公立幼稚園では通常，市町村がその権限を有する。第7章でも言及したように，公立小・中学校の教員は都道府県が人事（採用・異動など）および研修を統一的に行う（県費負担教職員制度）のに対して，幼稚園では市町村が独自に人事・研修を行う権限を有している(5)。それに加えて，地域によっては公立幼稚園が存在しない，あるいは公立はあっても私立幼稚園が多くを占める地方自治体も少なくないため，幼児教育における地方自治体の役割は義務教育のそれに比べて以下の点で独特な面が強い。

第一に，都道府県の役割である。幼児教育・保育に関する都道府県の権限は，幼稚園（市町村立は届出制）・保育所・認定こども園の設置認可（保育所，認定こども園に関しては，政令市・中核市は独自に設置認可を行う）と私立幼稚園への私学助成（新制度の適用を受けない場合），市町村や園への指導助言があるが，私立園が多数を占める市町村があるなど義務教育とは事情が大きく異なる。また，幼稚園は学校教育法上の学校であるが県費負担教職員制度は採っておらず，かつ，都道府県立の幼稚園や保育所，認定こども園はほとんど存在しない。そのため市町村への指導助言にあたる都道府県教育委員会の幼児教育担当の指導主事は義務教育の教員が務めることが多い(6)。このように，幼児教育・保育は義務教育に比べると市町村主義が強いしくみになっているため，都道府県による園や市町村への指導助言や支援は，義務教育のそれに比べると十分とはいえない面がある。これに対して文部科学省は近年，幼児教育センターを各都道府県等に設置することで，指導助言や支援機能の強化を図ろうとしている。

第二に，公立が多くを占める小・中とは異なり，幼稚園は私立が多数を占めるという特徴がある。幼・保や公・私の比率，位置づけが地方自治体によって多様であるため，特に私立幼稚園に対する地方自治体からの指導助言や支援などは難しい面がある。最近は，教育委員会の専門職員である指導主事や，（都道府県・市町村を問わず）地方自治体が独自に採用した幼児教育アドバイザーなどの職員が園を巡回して指導助言や相談にあたることが増えているが，そうした場合でも私立園へのアプローチが課題となることが少なくない（東京大学大学院教育学研究科附属発達保育実践政策学センター 2017)。ただ，幼保小連携や研修，特別支援などに関しては私立園であっても地方自治体の支援を求めるニーズは比較的高い。そうしたニーズに地方自治体が応えることで，幼児教育・保育の質を高めるとともに，公・私の連携を円滑に進めることができる可能性がある。

4. 幼児教育の効果をめぐる議論

子ども・子育て支援新制度や，幼児教育・保育の無償化・負担軽減など，幼児教育・保育に関しては近年，公的支出を充実させる方向が打ち出されている。この背景としては，待機児童問題の深刻化や人口減少に伴う労働力の確保（女性が働き続けられる環境づくり）といった社会的な課題が指摘できる。合わせて幼児教育への投資が高い効果をもたらすことが長期間にわたる研究から明らかになっており，こうした学術的な成果も，幼児教育への投資の有効性に注目を与えた要因の一つであると思われる。

その中でも特に有名な研究として，ノーベル経済学賞を受賞した経済学者のジェームズ・ヘックマンらが検証を行ったことで知られるペリー就学前実験（Heckman 2013=2015）が挙げられる。この実験では，1960年代に米国において貧困地区に住む 4 ～ 5 歳児を対象として，無作為に就学前教育プログラムに参加する子ども（実験群）とそうでない子ども（統制群）を分けて，前者のグループには就学前教育を 2 年間行った。その上で，その後両者にどのような違いが生じているのかを，およそ半世紀にわたって調査している。それによれば，就学前教育を行ったグループは，そうでないグループに比べて，学歴，収入，貯蓄率，逮捕歴などで差が生じている。ヘックマンによれば，学力テストの成績などの認知能力だけでなく，自律心や忍耐力などの非認知能力が就学前教育によって高まり，それが大きな影響を与えているという。

ヘックマンは一連の研究を通じて，幼児教育への投資が，経済学では通常両立が困難と考えられている公平性と効率性を同時に達成する希有な公共政策であることを示唆している。

ただ，こうした知見が日本にそのまま適用できるかという点に関しては慎重な意見もある。子どもの貧困の研究で著名な阿部彩は，(1) ペリー就学前実験では就学前教育プログラムの他に親への家庭訪問なども行っており，就学前プログラム独自の効果なのか，そうした施策との組み合わせで生じた結果なのかはわからない，(2) 日本では既に9割近くの子どもが就学前の3～5歳に何らかの幼児教育・保育プログラムを受けており，公的な保育サービスを受けていない子どもが対象であったペリー就学前実験とは状況が異なる，(3) 日本と米国では貧困の深刻度に差があり，日本の子どもたちに同じ効果が出るかどうかは疑問があること，などを指摘している（阿部 2014）。

同様に，日本で幼児教育の無償化を行うことの効果を疑問視する向きもある。日本は無償化以前から既に9割以上が就学前の教育・保育を受けており，さらに保育所の保育料は所得に応じて設定されている。それを一律無償化することは高所得者の負担を軽減することになり，かえって格差が拡大する恐れがあるといった批判もある。また，保育士の待遇改善，研修にむしろ公的支出を振り向けるべき，あるいは初等中等教育や高等教育への投資を増やすべきとの見解もある。幼児教育・保育と他の支出のいずれを優先するのか，また幼児教育・保育の中でどの支出を優先的に拡充するのか（保育料か，保育士の待遇か，あるいは施設なのか，など）は，エビデンス（証拠）も重要であるが，結局はわれわれ市民が何を重要と考えるのかという価値の問題に帰着する。幼児教育・保育の質をどう確保するかも含めて，今後の幼児教育・保育への公的支出のあり方が問われている。

〉〉注

(1) 認可外保育所の中には，国の法令上は認可外保育所であるが，地方自治体が独自基準に基づいて認証した保育所に対して補助金を交付している場合がある（たとえば東京都の認証保育所など）。

(2) 内閣府ウェブサイト
http://www8.cao.go.jp/shoushi/shinseido/outline/pdf/setsumei_1.pdf

(3) 内閣官房ウェブサイト
https://www.cas.go.jp/jp/seisaku/kodomo_seisaku/pdf/kihon_housin_gaiyou.pdf

(4) 施設等利用給付認定は，子ども子育て支援新制度に移行していない幼稚園（私学助成の幼稚園）や認可外保育施設，幼稚園の預かり保育や一時保育などの利用料について，幼児教育・保育の無償化による助成を受けるために新設された。新 1 号認定：幼稚園（新制度園を除く）を利用する満 3 歳以上，新 2 号認定：保育が必要な理由に該当する，3 歳児クラスから 5 歳児クラス，新 3 号認定：保育が必要な理由に該当する，住民税非課税世帯の満 3 歳に達する日以後最初の 3 月 31 日まで。

(5) ただし，初任者研修などの法定研修については，教育公務員特例法の定めにより都道府県が行うこととなっている。

(6) ただ，このことは必ずしもデメリットだけとはいえず，幼保小連携の観点からの指導という点などではメリットもある。それよりも幼児教育担当の指導主事は人数が非常に少ないことの問題がむしろ大きいように思われる。

参考文献

東弘子「新しい子育て支援制度の検討状況―就学前施設を中心に―」『調査と情報』788 号（2013 年）

阿部彩『子どもの貧困Ⅱ』（岩波書店，2014 年）

東京大学大学院教育学研究科附属発達保育実践政策学センター『平成 28 年度「幼児教育の推進体制構築事業』実施に係る調査分析事業 成果報告書」（2017 年）

http://www.mext.go.jp/a_menu/shotou/youchien/1385242.htm
松島のり子「保育・幼児教育制度の研究動向―子ども・子育て支援新制度を中心に―」『教育制度学研究』第 23 号（2016 年）
松島のり子『保育の戦後史―幼稚園・保育所の普及とその地域差―』（六花出版，2015 年）
無藤隆「幼児教育改革と幼保一体化」小川正人・岩永雅也編著『日本の教育改革』（放送大学教育振興会，2015 年）
Heckman, James. J, *Giving Kids a Fair Chance*.（大竹文雄監訳，古草秀子訳『幼児教育の経済学』（東洋経済新報社，2013 年＝2015 年）

学習課題

1. 特定の地方自治体を一つ選び，幼児教育・保育施設はどのようになっているのか（公立・私立，幼稚園・保育所・こども園の配置や施設数など）を調べてみましょう。また，その自治体で地域子ども・子育て支援事業として何が行われているのかを調べてみましょう。
2. 子ども・子育て支援新制度が待機児童問題にどのように対応しようとしているのかをまとめてみましょう。また現在，待機児童問題がどのように改善されているのか，あるいは改善されていないのかを考えてみましょう。

14 高等教育行政と私学行政

村上祐介

《目標＆ポイント》本章では前半では高等教育，後半では私学に関して，それぞれ制度的なあらましを解説する。

高等教育行政については，行政・政策の歴史的展開と，2004年の国立大学法人化の背景，現在の高等教育政策をめぐる現状を取り上げる。現在，日本の高等教育はさまざまな課題を抱えているが，そうした課題が生じた経緯や理由について検討する。

私学行政については，私学法制や私学助成制度など基本的な法制度のあらましを述べ，公立学校行政とどのような点が異なるかを考察する。私学の意義は自主性の確保にあるが，同時に公共性も求められる。両者をどのように実現していくかが私学行政の大きな課題である。

《キーワード》高等教育，国立大学法人化，大学改革，グローバル化，少子化，私学法制，学校法人のガバナンス，私学助成

1．高等教育行政・政策の動向

（1）高等教育行政・政策の経緯

明治政府が発足すると，国家形成に資する人材の育成が課題となり，高等教育機関の整備が進められた。1877（明治10）年，日本最初の大学である東京大学が誕生すると，1886（明治19）年に帝国大学令が公布され，その後，京都，東北，九州，北海道に帝国大学が設立された。その後，1918（大正7）年に大学令が公布され，公立や私立による大学の設置が認められた。また，京城（ソウル），台北（台湾），大阪，名古屋にも帝国大学が設けられた。1945（昭和20）年の敗戦までに大学は48校が設

置されたが，同時に量的には旧制の専門学校が戦前の高等教育を支えてきた。

戦後，学制改革により 6-3-3-4 制が導入され，新制大学が誕生した。新制大学は帝国大学の他，旧制高校や師範学校などが母体となった。女子大学もこの時期に正式に大学として認められた。また暫定措置として短期大学が設けられたが，後に恒久化された。

1960 ～ 70 年代にかけては，大学紛争と高等教育の量的拡大への対応が重要な課題であった。大学紛争は量的拡大に伴う教育条件の低下も背景にあったが，1969 年には東大入試が中止となるなど社会全体に影響を与えた。1970 年代以降は高等教育の計画的整備が進められたが，その多くを担ったのは私立大学であり，その教育研究条件の維持・向上を図るために 1970 年代に経常費補助が創設された。また，高度経済成長に伴う中堅技術者の養成を目的として，5 年制の高等専門学校（高専）が 1962 年に発足した[1]。

高等教育で著名な研究であるマーチン・トロウの段階的移行モデルでは，大学進学率が 15％未満をエリート型，15％～ 50％をマス型，50％以上をユニバーサル型としているが（トロウ 1976），日本で大学・短大進学率が 15％を超えたのが 1960 年代半ば頃，大学（学部）の進学率が 15％を超えたのが 1970 年頃であった（**図 14-1**）。

高等教育における転換点の一つとなったのが 1991（平成 3）年に行われた大学設置基準の大綱化であった。それまでは一般教育と専門教育を区分し，一般教育については「人文」「社会」「自然」の系列にわたる履修を義務づけていたが，そうした区分を撤廃して大学の裁量に委ねることとした。これにより各大学で教養部が解体されるとともに，さまざまな名称の学部が生まれた。

1970 年代以降から 1990 年代にかけては，大学の量的整備は基本的に

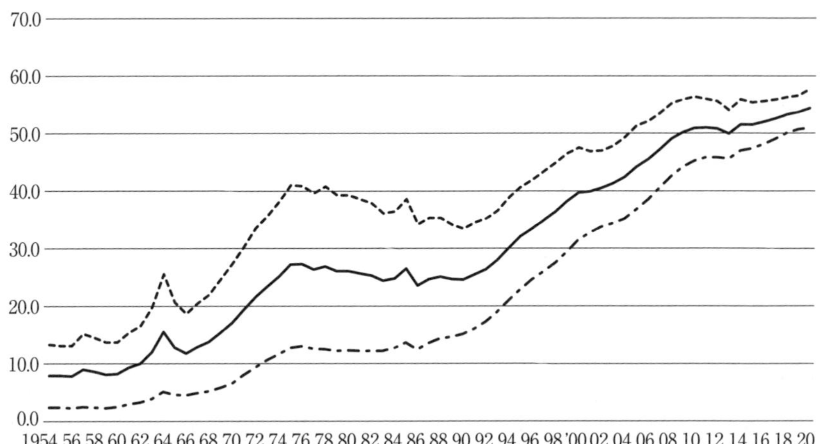

（出典）文部科学省「文部科学統計要覧（令和 3 年版）」より作成

図 14-1　大学（学部）進学率の推移

計画に基づいて行われてきた。18 歳人口が減少する 1990 年代からは新増設・定員増は原則抑制の方針が採られた。しかし，規制緩和が進んだ 2003 年には計画的な整備は撤廃され，都心部への大学集中が問題となった近年に至るまで，大学設置基準を満たした新増設の申請は原則認可する方針に転換された。

（2）国立大学法人化と大学改革

近年の高等教育での大きな改革は 2004 年に行われた**国立大学法人化**である。それまで文部科学省の機関であった大学を独立した法人とし，自由度の高い運営費交付金によって教育研究の質向上や，より個性豊かな魅力ある国立大学の実現を目指した。発端は公務員数の削減を行うために約13万人を抱えていた国立大学の教職員を非公務員化することであったが，結果的に国立大学法人という新しい枠組みを設けることになった。法人化によって経営の自律性を高めようとする一方で，6年ごとに中期計画を策定し，それを評価することによって国立大学がその説明責任を果たすしくみを取り入れた。中期計画と評価という枠組みは他の独立行政法人でも同様のしくみとなっており，国立大学法人でも導入された。

国立大学法人化は，決定と実施の分離（エージェンシー化），評価による統制など，NPM（第3章参照）の手法に基づく制度改革といえるが，その一つとして学長のリーダーシップ強化と権限集中が挙げられる。基本的な組織としては学長と理事からなる役員会，経営に関する重要事項を審議する経営評議会（学外者が過半数である必要がある），国立大学の教育研究に関する重要事項を審議する教育研究評議会があるが，学長の権限は法人化以前に比べて非常に強くなっている。法人化前は大学の自治を尊重して学内の選挙に基づき学長が選出されていたが，法人化後は教育研究評議会と経営評議会からそれぞれ選出された学長選考会議が学長を選ぶこととなった。ただし，学長自身と理事が学長選考会議の委員になることが可能であった。教授会など学内の意向に縛られず，学長のリーダーシップを発揮するためにこうしたしくみが採り入れられた。そのため法人化後は，学内での意向投票の結果とは異なる人物が学長に選出されることもある。加えて2015年には学校教育法が改められ，教授会は「重要な事項を審議する」機関から「決定権者である学長等に対して意見を述べる」機関としてその役割が限定された。

一方で，学長選考をめぐるトラブルの多発や学長によるパワーハラスメントなど，学長に権限が集中しすぎることの弊害が多く見られるようになった。それを受けて2020年の国立大学法人法改正では，(1) 学長選考会議の名称を学長選考・監察会議と改め，同会議は学長の職務執行状況について報告を求めることができる，(2) 学長は同会議の委員にはなれず，理事は教育研究評議会において選出された場合に委員になることができる，(3) 監事のうち 1 名以上は常勤とし，学長に不正行為や法令違反があると認めるときは，学長選考・監察会議に報告できる，などの規定が改められた。ただし法改正後も依然として，学長選考・監察会議の委員の多くを学長が指名した者で占めることが可能なしくみとなっている。また，学長の任期制限はなく，教職員・学生の意向を反映する公式の制度も設けられていないなど，国立大学法人のガバナンスのあり方は引き続き検討すべき課題が多い。

大学にとっては入試改革も引き続き大きな課題となっている。1979 年から開始された国公立大学の共通一次試験は，1990 年からは大学入試センター試験として私立大学も参加可能となり，この形式が長らく続いてきた。一方で，2017 ～ 18 年に公表された新学習指導要領では主体的・能動的な学びが強調されるなど，従来の知識・技能だけでなく，答えが一つではない問題に自ら解を見出していく思考力・判断力・表現力等の能力や，主体性をもって多様な人々と協働して学ぶ態度といった点も学力として重視されるようになってきた。これを受けて，文部科学省は 2015 年に高大接続システム改革会議の最終報告でセンター試験に代えて記述式問題を含めた「大学入学共通テスト」を導入することや，英語については 4 技能（読む・聞く・話す・書く）を適切に評価するため，民間等が実施する資格・検定試験を活用することとしていた。しかし，記述式問題での採点の公平性確保が難しいことや，民間試験の受験機会，費用負担で格差が生じうることなどへの批判が強く，「大学入学共通テスト」への移行は行われたものの，その「目玉」であった記述式問題や英語民間試験の活用は見送られた。

2. 高等教育行政の現状と課題

現代の高等教育を取り巻く環境変化としては，グローバル化の進展と少子化の進行が挙げられる。日本政府は 2008 年に留学生 30 万人計画を発表したが，その後も日本に留学する学生の数は増加しており，コロナ禍直前の 2019 年度は約 312,000 人（日本語教育機関の約 90,000 人を含む）となっている。一方，日本からの留学は OECD の調査によれば 2018 年度に約 59,000 人となっている。統計上の定義が異なることや少子化の影響も考えられるため一概に比較はできないが，2004 年度は約 83,000 人であり，それ以降の状況を比べても日本からの留学は減少傾向であるといえる。なお，新型コロナウイルス感染症により，2020 年度以降，留学生の受け入れや日本からの留学は激減したが，中長期的にどの程度の影響が残るのかは流動的である。

2000 年代半ば以降，インターネットの発達により一流大学が遠隔講義を開講するようになると，各国のトップ大学が世界中から学生を集めるようになり，国を超えた大学間競争が激化している。これもグローバル化による変化の一例である。日本は国際化の遅れが指摘されており，この点が課題となっているが，高等教育を英語でなく母国語で受けられることにはメリットもあり，その良さを活かしながら同時に国際化を進めていくことが求められる。

グローバル化と合わせて，少子化も大学の経営や入試を含む教育に大きな影響を与えている。とりわけ私学にとっては経営上深刻な問題である。少子化の中で大学進学率自体は向上しており，2010 年代初めには大学（学部）への進学率が 50％を超えてユニバーサル化の段階に入ったともいえる。希望すれば大学に入れる全入時代ともいえる中で，大学で何をどのように学ぶかが改めて問われている。一方で，大学進学は地域経済や就職の状況などにより依然として地域間格差が大きく（朴澤 2016），少子化の中にあっても高等教育における機会均等は引き続き考えるべき課題である。

近年の日本では国立大学法人化や学長のリーダーシップ強化などの大学改革が矢継ぎ早に進行しているが，それが成功しているとは言い難い。端的に言えば，日本の論文数は諸外国と比べて伸び悩んでいる。**表 14-1** は主要国の論文数のシェアを示したものであるが，論文数のシェアで 1997〜99 年は世界第 2 位であった日本は，その後順位を落として 2017〜19 年には第 5 位となっている。同様に，Top10％論文のシェアは 1997〜99 年の第 4 位から，2017〜19 年の第 11 位へと後退している。

これにはさまざまな要因が考えられる。第一に，運営費交付金の削減である。法人化が行われた際に運営費交付金が毎年 1％減少することが定められ，国立大学への運営費交付金が 10 年間で約 1 割減少するなど，法人化以後の財政は苦しい状況にある。「選択と集中」の方針により，一部の大学やプロジェクトに資金が集中しすぎているとの指摘もある。第二に，運営費交付金の減少に伴い，特に若手研究者の任期付雇用が激増するなど，研究者の雇用状況が悪化し，連動して博士課程の志願者は 2000 年代半ば以降減少している。第三に，研究者が研究に割ける時間は大きく減少しており，全勤務時間に占める研究活動の比率は，2002 年調査の 46.5％から 13 年調査では 35.0％，さらに 2018 年調査では 32.9％に減少している（日経リサーチ 2019）。

国立大学のガバナンスに関しても，経営の自由度が増したとの評価がある一方で，中期計画によって国の統制が法人化以前に比べてむしろ強まっている，また学長に権限が集中しすぎている，との批判もある。

総じて言えば，近年の日本の研究力は各種調査等で見る限り国際比較の観点からは低下の一途をたどっているといわざるを得ず，国立大学法

表 14-1　主要国の論文数の推移

論文数

全分野	1997-1999 年（PY）（平均）		
国・地域名	整数カウント		
	論文数	シェア	順位
米国	227,492	31.8	1
日本	68,685	9.6	2
ドイツ	63,541	8.9	3
英国	62,007	8.7	4
フランス	46,795	6.5	5
カナダ	30,379	4.2	6
イタリア	29,609	4.1	7
ロシア	27,103	3.8	8
中国	22,426	3.1	9
スペイン	20,189	2.8	10
オーストラリア	18,792	2.6	11
オランダ	17,546	2.5	12

全分野	2017-2019 年（PY）（平均）		
国・地域名	整数カウント		
	論文数	シェア	順位
中国	405,364	25.0	1
米国	384,978	23.8	2
英国	115,280	7.1	3
ドイツ	110,153	6.8	4
日本	82,934	5.1	5
フランス	75,297	4.6	6
インド	75,141	4.6	7
イタリア	71,858	4.4	8
カナダ	68,472	4.2	9
オーストラリア	63,672	3.9	10
韓国	61,268	3.8	11
スペイン	58,977	3.6	12

Top10％補正論文数

全分野	1997-1999 年（PY）（平均）		
国・地域名	整数カウント		
	論文数	シェア	順位
米国	34,984	49.0	1
英国	7,985	11.2	2
ドイツ	6,777	9.5	3
日本	5,192	7.3	4
フランス	4,971	7.0	5
カナダ	3,943	5.5	6
イタリア	2,951	4.1	7
オランダ	2,547	3.6	8
オーストラリア	2,203	3.1	9
スイス	2,067	2.9	10
スペイン	1,857	2.6	11
スウェーデン	1,779	2.5	12

全分野	2017-2019 年（PY）（平均）		
国・地域名	整数カウント		
	論文数	シェア	順位
米国	54,994	33.9	1
中国	50,511	31.2	2
英国	19,085	11.8	3
ドイツ	15,373	9.5	4
イタリア	10,514	6.5	5
オーストラリア	10,452	6.5	6
フランス	9,894	6.1	7
カナダ	9,863	6.1	8
スペイン	7,860	4.9	9
オランダ	7,125	4.4	10
日本	6,832	4.2	11
スイス	6,070	3.7	12

（出典）文部科学省科学技術・学術政策研究所（2021）

人化をはじめとする近年の大学改革は，後世から「失敗」であったと総括される可能性がきわめて高いといわざるをえない。

3. 私学行政のしくみ

(1) 私学に関する法制度

前述した通り大学ではその拡大期に私学が大きな役割を果たすなど，日本の学校制度を理解する上で私学は欠かせない存在である。私学に関する法制度は，公立に類似した面もあるが，全体としてその自主性を尊重した独特のしくみとなっている。

私学法制の基本法的な性格を有するのが**私立学校法**である。第二次世界大戦前の私学は，19世紀末に定められた私立学校令の下で国の厳しい監督下に置かれていたが，戦後間もない1949年に私立学校法が制定され，同法の基本理念である私学の自主性と公共性が現在に至るまで重視されている。

私立学校法は，その後何回かの改正を経ているが，最近では2004年に学校法人における管理運営制度の改善（理事会の法定化など），財務情報の公開，私立学校審議会（後述）の構成の見直しなどが行われた。また，2014年には学校法人への不祥事への対応として，所轄庁（国または都道府県知事）による必要な措置命令の新設等に関する改正が行われた（廣澤 2015）。2019年の改正（2020年度より施行）では，学校法人の責務として運営基盤の強化，教育の質の向上，運営の透明性の確保が新たに定められるとともに，中期計画の作成が義務付けられた。合わせて，財務書類等の公表の義務づけなど情報公開の充実，監事の責任の強化などが行われた。

その他には，1975年に制定された**私立学校振興助成法**（私学助成法）も重要な法律である。この法律は，私学に対する行政からの補助金である私学助成を定めたものである。同法では，私学の教育条件の維持と向上，私学に在学する児童・生徒等の経済的負担の軽減，私立学校の経営の健全性を高めることをその目的としている。

私立学校法と学校教育法では，私立学校の所轄を大学・高等専門学校については文部科学大臣，幼・小・中・高校等と特別支援学校については都道府県知事と定めている。公立学校とは異なり，教育委員会が所管していないことが特徴である。戦後教育改革の際，私学が教育委員会の所管であると公立が優先され私学の自主性が尊重されないのではないかなどの理由で，私学の所管を教育委員会とすることに対しては私学関係者からの反対が多かった。都道府県ごとに私学教育委員会を置くことも検討されたが，最終的には都道府県知事の所轄となった。

私学行政はほとんどの地方自治体で知事部局が所管しているが，地方自治法の規定で教育委員会に補助執行させることが可能となっている。ただ，実際に教育委員会が私学行政を担当している例は少ない。また地教行法では，知事は専門的事項について教育委員会の助言・援助を求めることができることになっている。

知事は私学に対して法令違反があった場合には改善勧告や学校の閉鎖などを命ずることができるが，実際には知事部局が私学に対して命令や監督を行うことは少なく，助成金の交付や設置認可が主な業務となっている。なお，2014年からは，学校法人への不祥事による対応を期すため，所轄庁による役員の解任勧告や立入調査などの規定が設けられた。

地方自治体における私学行政の特徴的な点は，知事部局が所管していることの他に，諮問機関（決定権は持たない）である私立学校審議会が置かれていることである(2)。知事は，法律で定められている重要事項に関しては，私立学校審議会の意見を聴かなければならないことになっている。私立学校審議会では，私立学校の設置認可や定員の変更認可，学校法人に関することなど私立学校法で定められた事項の審議や，知事に対する建議を行う。従来は，委員の4分の3以上は私学関係者で構成することになっていたが，関係者の意向が必要以上に反映されすぎるとの批判があり，2004年の法改正で削除された。

私学法制は上記のように展開してきたが，規制の強弱と助成の大小を組み合わせると，①規制が弱く助成も少ない放任主義，②規制は強いが助成は少ない統制主義，③規制は弱いが助成は大きい育成主義，④規制が強く助成も大きい同化主義の4種類に分けられ，時期によって私学の制度・政策は大きく変化してきたと考えられる（市川 2004）。戦前は統制主義，戦後は放任主義，1970年代半ば（私学助成法以降）は育成主義，近年は育成と放任の分割主義であると位置づけられる（市川 2004）。

（2）私立学校内部のガバナンス

学校教育法では，学校を設置できるのは国，地方自治体の他は学校法人のみであると定めている[(3)]。

学校法人には他の法人とは異なる規制が加えられている。具体的には，理事，監事，評議員を必ず置くことになっている。理事は学校法人の業務を決定する機関である。理事は5名以上（うち1名以上は外部理事）でそのうち1名は寄附行為（学校法人の根本規則にあたるもの。財団法人の用語をそのまま用いている）の定めるところにより理事長となる。監事は2名以上（うち1名以上は外部監事）で，学校法人の業務や財産の状況を監査し，毎会計年度，監査報告書を作成する。理事と監事については，その配偶者または三親等以内の親族が複数含まれてはならない（特定同族の禁止）とされている。これは学校法人の公共性を考慮して，少数の親族による専断を防ぐための規定である。

評議員は理事の専断を防ぐため，職員・卒業生を含めて，理事定数の2倍を超える数が選出される。予算や中期計画，役員報酬の支給基準，寄附行為の変更など私立学校法で定められている重要事項に関しては，理事長は評議員会の意見を聴くことになっている。

私立学校の校長は必ず学校法人の理事に入ることになっているが，私立学校のガバナンスでは，経営（理事会，評議員会など）と教学（校長，教授会など）は分離している。ただし，理事長と校長（大学は学長）を一人が兼務していることも少なくない。

2022年の時点では，学校法人のガバナンス改革の議論が進められている。2021年12月には，文部科学省の有識者会議が理事会の権限を大幅に縮小し，学外者で構成される評議員会を最高議決機関とする改革案を提言した。しかし私学側はこれに反発し，大学設置・学校法人審議会に設けられた学校法人制度改革特別委員会は，評議員会のチェック機能の強化などを柱とする報告書を2022年3月に発表した。

（3）私学助成制度

私学助成については私立学校法で，国や地方自治体は私学助成ができるとの規定があるが，戦後しばらくは助成の中心は貸付（融資）であった。1970年に日本私学振興財団法が制定された頃から経常費の補助が行われるようになり，1975年の私学助成法によってそれが制度的にも固まった。

私学助成は大学・高専については国が，幼，小・中・高校等，特別支援学校については都道府県が交付を行う。総額は，国・都道府県が行う私学助成を合わせて，2021年度で約4,100億円となっている。私学助成法では経常費の2分の1以内の補助を行うことが可能となっている。大学では経常費に占める私学助成の割合は1980年頃は30％近かったが，財政事情の厳しさなどから，現在では約10％にとどまっている。

国が行う助成は一般補助と特別補助に分けられる。一般補助は助成の約90％を占めており，基本的に教員や学生の人数に応じて配分されている。残りの約 10%は特別補助として，自らの特色を活かして改革に取り組む大学等を重層的に支援する。たとえば2021 年度は，数理・データサイエンス・AI 教育の充実や，新型コロナウイルス感染症の拡大に対応した教育研究の取組支援などに対して特別補助が交付されている。

都道府県が行う助成は国からの補助金と県独自での上乗せがあり，上乗せ分は財政事情や私学の規模などによって県ごとに異なる。かつては一般財源（他の用途でも使用可能）である地方交付税交付金で国から県に財源が配分されており，一般財源であるため県ごとの助成金の格差は大きかった。一方，特定財源（私学助成のみに使用可能）である国庫補助金になってからは県間格差が縮小した。ただ，以前は多額の私学助成を支出していた都道府県も，国庫補助金になってからは他県と大きく変わらない助成水準になっている（小入羽 2019）。

各私立学校への配分方法は県ごとに異なり，教員数と生徒数に応じて配分，前年度をベースに配分などとなっている。この点も都道府県ごとに多様であり，私学助成に関しては以前から地方自治体の裁量や自律性が大きかったことがうかがえる。

私学助成については憲法第 89 条との関わりが当初から問題となってきた。憲法第 89 条は「公金その他の公の財産は，宗教上の組織若しくは団体の使用，便益若しくは維持のため，又は公の支配に属しない慈善，教育若しくは博愛の事業に対し，これを支出し，又はその利用に供してはならない」としており，私立学校が「公の支配」に属するかどうかが争点となってきた。

これに関しては政府見解として，「私立学校については，私立学校振興助成法，学校教育法，及び私立学校法に定める所轄庁（監督庁）の監督規定により『公の支配』に属しており，これに対する助成は憲法第

89条に照らし適法である」(小野 2009)との解釈が出されており,実務的には合憲であるとの解釈が定着していると考えられる。

ただし学説としては合憲・違憲を含めてさまざまな見解がある(結城 2013)。違憲説は,学校教育法や私立学校法の監督規定では「公の支配」としては弱く,私学が公の支配に属するとはいえない,との解釈を採っている。また合憲説では政府見解とは異なるが,憲法第26条(教育を受ける権利)などと合わせた体系的・総合的な解釈が必要であり,現行の法制度をもって「公の支配」の要件を満たすとの学説も有力である。

私学助成は学校法人への補助(機関補助)であるが,最近では,私立学校(とりわけ高校)に通学する世帯への補助(個人補助)も行われている。2020年から,それまで国公私立高校の授業料を年間118,800円補助していた高等学校就学支援金制度が拡充され,私立高校(全日制)の場合,年収590万円未満(家族構成などにより異なる)の世帯では年間396,000円まで補助が受けられることになった(東京都などでは都道府県独自の上乗せ措置を行なっている)。また,授業料以外の教育費負担を軽減するための高校生等奨学給付金もあり,私立高等学校等に在籍する者は国公立に在籍する者よりも助成額がやや大きくなっている。

より手厚い個人補助の一つとしては,たとえばバウチャー制度(教育クーポンを各家庭に配布し,各家庭が公立・私立を問わず学校を選択してクーポンで授業料を支払うしくみ)がある。諸外国では一部導入されている例があるが,日本でも2000年代初めに検討が行われたことがある。機関補助と個人補助はそれぞれ一長一短がありどちらが優れているかは一概には言えないが,家庭の経済状況が厳しさを増す中で,公立に通う場合も含めた家庭の教育費負担をどう軽減していくか,引き続き検討する必要がある。

4. 私学行政の課題

私学にとって喫緊の課題は，少子化と 18 歳人口の減少への対応である。現在の 18 歳人口はもっとも多かった 1949 年生まれ（約 270 万人）の半分以下になっており，さらに今後 100 万人未満に減少していく見込みである。現時点でも，私立大学の約半数は入学者が定員を下回っており，将来的に 18 歳人口が 100 万人を切る中で，どのように私学を維持していくかが問われることになる。

私立大学に関しては 1990 年代後半に立地の規制が緩和されてから，受験生の確保のために利便性のよい都市部に集中するようになり，郊外のキャンパスを都心に移転する大学が相次いだ。これに対して国は都心部のキャンパスの定員増を 2017 年から抑制することとした。

また，株式会社など，学校法人以外による学校の設置をどう考えるかも論点である。2000 年代に入り，公教育の供給主体の多様化が進んでいるが，公共性を維持しつつ学校法人制度をもう少し緩やかなものにしていくのか，あるいは学校法人以外でも学校を設置できるように規制を緩和するのかも将来的な検討課題である。

私学行政は，私立学校法にある私学の自主性と公共性の確保が重要であるが，両者は矛盾する側面がある。すなわち，公共性の確保には一定の規制が必要となることが多いが，このことは私学の自主性確保とは相容れない面がある。私学助成と行政による監督・指導はまさに両者の相克が表れているが，サポートとコントロールの関係あるいは両者のバランスをどう考えるかは，私学の理念や社会的意義にも直結する。この点は今に至るまで，私学をめぐる行政・政策の根本的な問題であるといえる。

〉〉注

(1) この他に1976年には「職業若しくは実際生活に必要な能力を育成し，又は教養の向上を図る」ことを目的とする専修学校制度が設けられた。高等学校卒業者が入学する専修学校専門課程は高等教育に位置づけられることもある。2019年度からは実践的な職業教育に重点を置いた大学として専門職大学などが制度化された。

(2) 国が所轄庁である大学・高専については，大学設置・学校法人審議会が設置されている。

(3) 例外として，構造改革特区により株式会社立やNPO立の学校の設置も認められている。なお，私立幼稚園についてはその他の法人や個人立も認められている。幼稚園は学校法人以外による設置も多いが，小・中・高・大に関しては株式会社立学校はきわめて少なく，NPO立学校は未だ例がない。また，放送大学や沖縄科学技術大学院大学はそれぞれ法律により設置されている。

参考文献

市川昭午「私学の特性と助成政策」『大学財務経営研究』第1号（2004年）

小野元之『私立学校法講座（平成21年改訂版）』学校経理研究会（2009年）

小入羽秀敬『私立学校政策の展開と地方財政―私営助成をめぐる政府間関係―』吉田書店（2019年）

日経リサーチ『大学におけるフルタイム換算データに関する調査報告書』（2019年）

廣澤明「私立学校法」戸波江二他『ガイドブック教育法（新訂版）』（三省堂，2015年）

朴澤泰男『高等教育機会の地域格差―地方における高校生の大学進学行動―』（東信堂，2016年）

マーチン・トロウ（天野郁夫，喜多村和之訳）『高学歴社会の大学―エリートからマスへ―』（東京大学出版会，1976年）

文部科学省科学技術・学術政策研究所『科学技術指標2021』

結城忠「憲法89条後段と私学に対する公費助成」『白鷗大学論集』28巻1号（2013年）

学習課題

1. 国立大学法人化のメリットとデメリットとしてどのような点が挙げられるでしょうか。ウェブサイトや論文などを検索して調べてみましょう。
2. 近年，私立学校のガバナンスの在り方についてどのような課題が指摘されており，それに対してどのような対応が行われてきたのかを調べてみましょう。また最近の改革や改革案に関して，あなたの考えを述べてみましょう。

15 教育改革と教育政策の課題

川上泰彦

《**目標&ポイント**》この25年ほどで，いわゆる「教育改革」は国レベルでから地方（都道府県・市町村）レベル，学校レベルへと拡散し（多層化），そのプロセスにはさまざまな関係者が参入するようになった（多元化）。従来に比べて，教育をめぐる改革・改善・改良は常態化しており，変革・調整のプロセスは政治家や専門家の手による「遠いもの」から，格段に身近なものとなった。こうした変化を踏まえて，教育政策を俯瞰的に理解することは，状況の総合的な理解を助けるのはもちろんのこと，学校現場などにおいて，当事者として政策に関わる場合でも，関係者間で問題の「見え方」の違いや利害関心の違いを理解するのに有効である。これまでの学習内容の振り返りを通じて，改めて「教育を社会科学的にとらえること」について考えてみたい。
《**キーワード**》教育改革，民主性，専門性，効率性，確かな根拠に基づく政策立案（Evidence Based Policy Making：EBPM）

1. 常態化する「改革」

現代日本における「**教育改革**」は，もはや常態化したものになろうとしている。現在に至る教育改革の端緒となったのが，1971（昭和46）年の中教審答申「今後における学校教育の総合的な拡充整備のための基本的施策について」（四六答申）であるが，この答申は近代学校制度の成立した明治期の「第一の教育改革」，終戦後の「第二の教育改革」に次ぐ「第三の教育改革」を意図するものであった。一方，1984年から87年にかけて4回にわたる答申を行った臨時教育審議会においても，明治期の「第一」および戦後の「第二」に次ぐ「第三の教育改革」が標榜された。その後，「平成」の 30 年間は，さまざまな対象・内容・手法による「教育改革」が繰り返し提案・実行され，むしろ「安定期」を見出すのが難しい状況にあり，それは現在も続いている。「四六答申」から実に半世紀が過ぎる中で，少なくとも「教育改革」が完結したという認識は共有できておらず，われわれはさまざまな「社会の急激な変化」を背景に，ほぼ常態化した「教育改革」の中に身を置いている。

一般的に「改革」という語の対象範囲は，すべてを改める「革命」よりも部分的であるが，現行の制度や組織を前提とする「改善」や「改良」よりも広範とされる。また農地改革，税制改革，機構改革といった語を並べるとわかるように，「改革」としての制度変更は短期間に断行されることが含意される傾向にある。したがって「教育改革」が半世紀にわたるという状況は，「革命」には及ばないにせよ「改善」「改良」よりも強い現状変更のプレッシャーが，短期的という建前のもとで実際は長期的にかかり続けてきたことを示している。いわゆる「改革疲れ」が指摘される文脈も，こうした状況に求めることができるだろう。

このように「教育改革」が長期化・常態化したのは，なぜだろうか。四六答申や臨教審答申においては，さまざまな教育改革が提案される一方で，その実現に向けた政策過程においては現状維持的な力が働き，結果として諸提案の実現に向けた動きが見られなかったという点が指摘されている。学習指導要領の変遷（第 8 章）等でも指摘したように，学校教育の量的拡大や社会情勢の変化に応えるような教育の改革・改善を求める声は，すでに 1970 年代から出現していた。しかし，当時の文部省内における「主流派」官僚と自民党文教族が現状維持的な志向性を有していたのに加え，教育領域（下位政府）の外部諸勢力からも十分な支持を得ることができず，これが改革を遠ざけることにつながっていた（ショッパ〔著〕小川〔訳〕2005）。

しかし，こうした動向は，1990 年代の政治改革（選挙制度改革・政治資金制度改革）と 2001（平成 13）年の省庁改編を契機とする「政治主導」によって，変化することとなった。国政レベルでは，従来の教育領域（下位政府）による合意型・調整型の政策形成が，内閣主導のトップダウン型政策形成となり，財務省・総務省・経済産業省といった諸官庁（制度官庁）など「外部」の政策提案に，文部科学省が受け身的な対応を余儀なくされる，という状況がもたらされた（小川 2010）。これに加えて，1990 年代以降は国—地方関係において分権化が進展したことで，これまで国レベルで行われてきた政策に関する「最適」の選択が，都道府県や市町村に移行・分散した。また，同様の文脈の中で，学校についても自主的・自律的経営の余地が拡大し，一部の政策については各学校が「最適」を選択できるようになった（これが第 5 章でいう「『学校マネジメント』の誕生」である）。

したがって「教育改革」の常態化は，1990 年代までと 1990 年代以降とで，異なる説明ができる。1990 年代までは進行スピードの遅さから，「教育改革」の長期化が説明できるが，1990 年代以降については改革の多元化・多層化が「教育改革」の常態化を招いていると指摘できる。教育領域「内部」に限定されないさまざまな政治的文脈が教育政策に影響を与え（多元化），そうした改革の舞台が国政のみならず地方レベル，学校レベルにも拡散した（多層化）ことで，改革は連続的・永続的な性質を帯びることとなった。おそらく今後も，この構図には変化がないと考えられる。

そしてこの 1990 年代以降の変化は，教育に関する改革と改善・改良の境界を曖昧にした。特に都道府県・市町村が独自にルールを設定し，独自の政策選好を教育に反映できるようになったことで，国レベルの制度が想定していないような課題に応える施策も，独自に企画・実施できるようになった。さらに，国レベルでの制度を変更しなければ実施できないと思われていた施策についても，地方の裁量（と費用負担）による実現が可能となった。

たとえば第 11 章で取り上げたような，小・中学校での少人数学級の実施を考えたとき，従来であれば国レベルの基準（義務標準法や小学校・中学校の各設置基準等）を変更することが必要であった。当然，財政的な裏づけの規模も大きなものとなるため，その実現には長期的で大がかりな交渉・調整が必要であった。これに対して，分権化の進展を経て，国政レベルでは少人数学級の政策化が進まない状況下であっても，都道府県・市町村単位での合意形成と費用負担により，少人数学級を実現させるケースが見られるようになった。すなわち，政策の必要性と実施方法（特に費用負担など）については地方政治の中で合意を調達し，運用上のルールについては都道府県・市町村レベルの（教育）行政で調整が行われれば，地方レベルで少人数学級が実施できる（逆に政治と行政の双方で調整ができなければ，実施は不可能になる）ことが示された（青木 2013，橋野 2017）。他にも，本書でいえば第 8 章で示したような，自治体や学校によるカリキュラム編成についても同様の変化が指摘できる。学習指導要領の変更や教科書の改定を行わなくても，自治体や学校の創意によるカリキュラム作りが可能になっていた。

また，国の示すルールや基準に応じた政策展開をするだけでなく，各地方・学校が各々の事情に合わせて独自の解釈を行ったり類似制度を立ち上げたりする例も観察されるようになった。コミュニティ・スクールはこの好例で，2017（平成 29）年の地方教育行政法改正以前，文部科学省は「コミュニティ・スクールの指定状況」を取りまとめる中で「コミュニティ・スクールに類似する取り組みを行っている小・中・義務教育学校」に別途言及していた。法改正でコミュニティ・スクールの定義が広がったためにこの記載は消えたが，新たに学校と地域の連携を深めたいと考えた自治体にとって，国の規定する通りのコミュニティ・スクールだけが政策の選択肢ではなく，地域にとっての最適化を図るようなアレンジが可能であり，それが実際に行われてきたことがわかる。

このように，教育政策を現状よりもよい（適切な）ものに変えたいと考えたとき，従来であれば大がかりな制度変更として「改革」が志向されていたが，現行制度をもとに地方レベルや学校レベルで行える「改善」「改良」の範囲が広がり，一部ではこれが交錯するようになった。第1章では，教育政策において「なんらかの政策課題が提起されたり，発見されたりした場合に，その解として見出されるものが必ずしも課題の解決につながらないものであったり，政策論議の際に変質してしまったりすることがある」と指摘したが，改革と改善・改良のクロスオーバーは，そうした事態をより起こりやすくしている。

政策課題の解決に向けて，着手すべき対象は国なのか地方なのか学校なのか，法制度なのか行政プロセスなのか運用の工夫なのか，を改めて見据えることが求められる。またいずれの局面においても，民意を背景に課題を発見し方策を検討する「政治」の**民主性**と，知識とルールを背景に選択肢を提示し実施する「行政」の**専門性**と，現場情報を背景に状況を判断して資源を有効活用する「経営」の**効率性**の観点が求められる。改革の状態化は，あらゆる局面で「行政，政治，経営というものの『見方』」を求めているのである。

2. 調整の多層化・多元化

先に述べた通り，政策決定における政治主導の進展と，国—地方における分権化の進展により，教育における政策課題の解決は多層化・多元化した。国レベル，都道府県レベル，市町村レベル，学校レベルと，さまざまな単位で課題解決が追求できるようになったが，それは同時に，それぞれの組織単位，それぞれの政策領域において，民主性・専門性・効率性の調整が求められるようになったことを意味している。

たとえば第 2 章では 2014（平成 26）年の教育委員会制度改革を扱ったが，ここで示されたのは，「教育行政の責任の明確化」の方向性であった。直接公選による民意を背景に持つ首長が教育政策に及ぼす影響力を強めることで，自治体の総合行政としての一貫性を高め，（直接公選による）民主性への応答と，部局横断的な効率性の向上が期待されていると指摘できる。しかし一方では，「政治的中立性・安定性・継続性」や「執行機関の多元主義」は後退したともいえ，教育行政（教育委員会）の提供する専門的判断の重要度は相対的に見て，低下したという点も指摘できる。

これと対照的なのが第 8 章の教育課程行政で，学習指導要領の検討過程や教科書の検定過程・採択過程においては教育（行政）関係者による専門的判断が重視されていた。選挙を介した民意が教育内容や教育方法に直接反映されることについては，中立性確保の観点からも想定されていない。2017（平成 29）年に告示された，現行の学習指導要領では，学校でのカリキュラム・マネジメントが追求されているが，これは各学校単位での教育活動について最適化を追求するものといえる。従来の専門性重視の方向性に加えて，新たに現場の効率性に目が向けられつつある動向として整理できよう。

また第 13 章の子育て支援行政について見ると，幼稚園と保育所はそれぞれのニーズをとらえながら，別々の制度として定着してきた。これが 1990 年代以降，少子化対策や待機児童対策という文脈で政治的関心を集めるようになり，同時に行政の効率化の観点からは，施設の共用化（幼保一元化）が検討されるようになった。しかし制度の一元化が果たされない中で，当面の関心が保育量の確保に傾いた結果，保育の質の維持・向上については，対応が後回しになりがちであることが指摘された。こうした動向は，民主性への応答を重視する中で，幼稚園・保育所・認定こども園それぞれの専門性が温存され，一方で保育供給における効率性の追求は立ち遅れているという動向が整理できよう。

これらの例は，民主性と専門性と効率性をどのようなバランスで追求するのかが，政策領域によって異なることを示していた。また，いずれの例においても，環境や政治情勢の変化がバランスのありように影響していた。つまり，どの領域の政策課題なのか，どのレベルの組織において，どのような環境下で調整が行われるかによって，どのような価値や原理が重視されるかが異なっていた。議論の整理を複雑にしている背景の一つといえるだろう。

ちなみに，民主性と専門性と効率性のバランスをめぐる議論は，当事者にとって必ずしも議論の全体を見下ろした（俯瞰した）形で示される訳ではないため，議論の当事者には，俯瞰の技術が必要になる。また，同じ事象や課題についても，立場の違う当事者であれば事態の見え方が異なるということも，知っておかねばならない。たとえば第 13 章の子育て支援行政の課題について，幼稚園・保育所関係者であれば，市町村の行政関係者であれば，議員や首長であれば，それぞれどのようにこの状況が見えるだろうか。異なる立場での「見え方」を想定できるようになるのは，大切なリテラシーといえよう。

さて，では多元的・多層的な調整が行われることで，教育政策には何がもたらされる（と期待される）だろうか。まず考えられるのは，最適な組織単位による最適な政策選択が可能になる，という点である。国よりも地方（都道府県よりも市町村）や学校単位で「最適」を選択するほうが，状況に応じた政策をより容易に選択できる。たとえばある教科の教科書が 1 種類しかない（選択できない）場合と，複数の教科書から都道府県単位・市町村単位で選択できる場合，さらには各学校単位で選択できる場合を比べると，後者になるほど「最適」な教材の選択は容易になるだろう。この「最適」には，児童・生徒の状況に合った選択ができるという意味に加え，特定の意図や志向，価値観を反映した教材の選択が容易になるという意味も含まれる。より小さな組織単位のほうが，そうした調整も容易になるからである。

もう一つ考えられるのは，小単位の組織がそれぞれ「最適」を選択すれば，その集合体として全体にも「最適」がもたらされるだろう，という点である。第 4 章で扱った教育財政では，地方がそれぞれコストの最適化（効率化）を追求してゆけば，その集合として国家レベルでも財政の効率化が進むだろう，という前提が見受けられる。地方交付税交付金制度や，義務教育費国庫負担金における総額裁量制などが好例で，地方による部分最適の追求が集合することにより，国家レベルでも全体最適（財政効率化）が果たされるとの期待がある。

ただし，多元的・多層的な「最適」追求には弊害もある。一つは広域調整機能の欠落が見込まれることであり，これによってサービスの切り下げ競争や，よいサービスの偏在化を引き起こすことが危惧される。たとえば第 12 章では，就学援助（＝準要保護）の認定水準に市町村間で差があることを示したが，もしこの差が拡大し，さらにその地域差に関する情報が広く知られるようになった場合，福祉施策の手厚い自治体に福祉の必要な世帯が流入し（福祉のマグネット効果：welfare magnet），福祉施策が自治体財政を圧迫する懸念が出てくる。さらに，そうした事態を各自治体が避けようとすれば，自治体間で福祉の切り下げ競争が発生することも懸念される。また第 7 章の人材マネジメントに関連して，教員の採用が市町村単位や個別学校単位になった場合を考えると，能力の高い教員は労働条件や環境のよい地域や学校に偏在することが予測できる。これらは部分最適の追求が全体最適の追求に必ずしも結びつかない例であり，この状況を解決するには広域的な調整や平準化が必要となる。

また，自治体間・学校間で施策を導入する／しないの選択が分かれたように見えても，実際は施策を選択できる／できないの問題であった，というケースも考えられる。特に学校スタッフの追加的な雇用や新しい施設・設備の導入といった，財政的な負担を伴う施策の場合は，「最適」をめぐる選択の違いという建前に地域間の不平等が隠されてしまい，教育の機会均等が脅かされる状況も考えておかねばならない。

さらに上記の問題は，広域での政策化や制度変更を必要とする課題を先送りするリスクも生む。たとえばある教育課題に対して教職員の配置充実が必要になったときに，市町村や学校が（劣悪な雇用条件でスタッフをそろえるなど）最適とはいえない方法で，当面の対応を進めてしまうと，スタッフ不足という課題はひとまず回避され，問題の顕在化は遅れる。結果的に，都道府県や国による政策化や広域的な「底上げ」を必要とするロジックも弱まってしまい，政策化が遠のく，といったケースが考えられるだろう。

政策課題解決の多元化・多層化は，こうしたさまざまな論点を，さまざまな組織単位で検討することを求める。国レベルでの最適，都道府県レベルでの最適，市町村レベルでの最適，各学校レベルでの最適のそれぞれについて政治・行政・経営の各観点から検討を行う一方で，それらが一致するのかしないのかの検討も必要である。もし各レベルの最適が一致しないのであれば，相互の最適を調整する場面が発生する。地方政府における二つの「自律性」の議論（北村・青木・平野 2017）同様，ヨコ（組織内）とタテ（組織間）の双方について最適の調整が想定されなければならないのである。

3.「どう調整されるべきか」を考える

最後に，政策課題の解決が多元化・多層化する中で，「どう調整されるべきか」の最適解は，技術的・機械的に導き出されるわけではないという点を指摘しておきたい。

本書の各章では，一つの政策課題を前に，さまざまな調整原理が並立する様子が繰り返し指摘され，それらの相互理解と調整のダイナミズムが描かれていた。たとえば第 10 章では，科学技術行政における「選択と集中」の性質と文部科学行政における「機会均等」の調整原理が，文部科学省内で「同居」する様子が示されていた。また第 2 章で扱った教育委員会制度では，首長・教育長のリーダーシップと政策の一貫性を求める志向性と，民衆統制や抑制均衡原則を重視する志向性との間で，せめぎ合いが観察された。この他にも，教員の人事や教育財政における部分最適と全体最適も必ずしも整合的な関係とは言えず，政策の特質等を踏まえた調整が求められていた。

教育「外部」との調整でも，同様のことが指摘できる。第 3 章および第 12 章では，子ども全体の利益や学力保障を重点的に考える「教育」と，子ども全体というより困難な状況の子どもに焦点を当てる「福祉」が連携する上でのコミュニケーションと相互理解の必要性が指摘されていた。また小・中学校の学校統廃合について，従来は子どもの教育環境の問題や，自治体の財政問題という側面から検討が行われてきた（川上 2015）[1]。しかし，学校には防災機能や地域コミュニティの拠点としての機能も期待されており，2011（平成 23）年の東日本大震災後は，改めてその側面に光が当てられた（東日本大震災復興構想会議 2011）。人口減少社会を迎える中で，これらの側面をどうバランスするかは，今後も葛藤が想定される。さらに第6章では，学校におけるさまざまな周辺職が市町村費により非正規雇用されていることが示されたが，これらの原資には，市町村における雇用促進（失業対策）の補助金を充てるケースが多く見られた。教育条件の向上というニーズを，単年度で給付される（不安定な）雇用促進の補助金でまかなう状況は，他の原資が期待できない中では一種の「最適解」かもしれない。しかし，指導環境の充実や改善を重視するか，雇用促進という意義を重視するかにより，今後どういった策をとるのが望ましいかは異なることになる。

このように，組織が課題解決を行おうとする際には，それぞれの関係者が政策の「望ましい姿」を持っており，単純な優劣がつけられない中で調整が行われる。課題の性質に応じてどの「望ましさ」がより優先されるかは議論の焦点となりうるものの，それぞれの関係者がどのように課題をとらえ，どの程度の幅をもって「望ましさ」をとらえているか（個人でもさまざまな「望ましさ」を比較考量できるという人もいる一方で，ある一つの「望ましさ」を唯一のものとする人もいる）で，議論の様子は異なってくる。当然，互いに相容れない「望ましさ」を持つもの同士で，何らかの結論を導き出すといった場面もあり，政策課題の解決とは，この葛藤関係を前提とする調整のプロセスといってよいだろう。

こうした「望ましさ」の相違を前提としたとき，第1章で示した「**確かな根拠に基づく政策立案（Evidence Based Policy Making：EBPM）**」にはある種の期待が発生しやすい。すなわち，価値中立的なエビデンスを得ることで，思い込みや限られた経験による現状把握や，それに基づく（リスクのある）政策判断を避けることができるだろう，という期待である。しかし第1章で示したのは，エビデンスが中立的であるという前提そのものに無理があるということであり，エビデンスが抽出され提示される過程においては，積極的な意図の有無に関係なく，何らかの思惑が反映されてしまうということであった。

さらに言えば，エビデンスはそれだけで課題解決を指し示すわけではなく，解釈を経て初めて課題解決の方向が導き出される。この解釈のプロセスにも，政策の「望ましさ」に関する価値観が反映されるため，先に挙げたEBPMの価値中立的イメージは，ここでもう一段階揺らぐことになる。たとえば全国学力・学習状況調査の結果が満足いくものでなかった自治体が，挽回を期して小・中学校での学力向上施策に注力する様子はよく見られるが，一般的な政策評価の文脈では，成果が出ない事業は廃止や縮小の対象となるはずであろう。成果不振であっても重点的に資源が投入される様子からは，学力向上策をある種の「聖域」とする価値観が見てとれる。このように，たとえ価値中立的なエビデンスが得られたとしてもなお，教育の行政・政治・経営の各段階では「望ましさ」に関する価値観を反映する形でエビデンスが活用される。エビデンスそのものにも思惑や価値観が付随し，さらにその解釈にも何らかの「望ましさ」の前提が反映されるという構造の理解は，改革の常態化する現代において重要である。

教育を社会科学的に観察し，理解するということは，教育現象を大局的に理解する助けにもなり，また何らかの改善や問題解決を考えるときには，政策選択を豊かにする。教育現象を大局的に理解するにあたっては，表面的・局所的な観察に満足せず，データや体系的な推論を駆使した整理を試みるとともに，立場や関わり方による価値観（事態をどうとらえているのか，どのような課題解決を「望ましい」ととらえているのか）の多元性を把握し，関係を整理することが効果的になる。

そして，教育問題の改善や解決を考える際には，問題の大局的な理解と分析を基礎に，改善後・解決後の「望ましさ」の想定が求められる。エビデンスを駆使した政策形成の持つ政治性を理解た上で，行政（専門性）・政治（民主性）・経営（効率性）のどの側面を重視するのか，また施策の提供する価値や効果にはどのようなものがあり，そのどこを重視するのかを検討し，因果推論を踏まえた施策の策定と実施が求められる。

こうした個別の現象や課題の理解と解決の延長線上にあるのが，社会や制度の理解である。本書で示してきたような，行政・政治・経営の三側面にわたる教育の理解が，より豊かな社会の理解につながることを期待したい。

〉〉注

(1) たとえば市町村の財政的側面に限定しても，小・中学校運営にかかる支出分だけを考慮するか，学校があり，教員がいることに伴う収入分（地方交付税交付金や，義務教育費国庫負担金による人件費など）まで含めて考慮するかによって，選択の「最適」は異なっており，限定合理性の問題が指摘できる（川上 2015）。

参考文献

青木栄一『地方分権と教育行政：少人数学級編制の政策過程』（勁草書房，2013 年）
小川正人『教育改革のゆくえ ―国から地方へ―』（ちくま新書，2010 年）
川上泰彦「地方教育委員会の学校維持・統廃合判断に関する経営課題」『日本教育経営学会紀要』57 号，186-192 頁（2015 年）
北村亘・青木栄一・平野淳一『地方自治論―2 つの自律性のはざまで（有斐閣ストゥディア）―』（有斐閣，2017 年）
橋野晶寛『現代の教育費をめぐる政治と政策』（大学教育出版，2017 年）
東日本大震災復興構想会議『復興への提言―悲惨のなかの希望―』（2011 年）
レオナード・J・ショッパ〔著〕／小川正人〔監訳〕『日本の教育政策過程』（三省堂，2005 年）

学習課題

1. 第 1 章から第 14 章までの内容から一つ政策課題を選んで，民主性を重視したときの方向性，専門性を重視したときの方向性，効率性を重視したときの方向性をそれぞれ考察して，比較してみましょう。
2. 新聞やニュース等で取り上げられている教育課題について，改善策を検討してみましょう。その際，国レベルでとりうる改善策，地方レベルでとりうる改善策，学校レベルでとりうる改善策をそれぞれ挙げ，比較してみましょう。

索引

●配列は五十音順，＊は人名を示す。

●さ　行

●た 行

●な　行

●は　行

●ま　行

●や　行

●ら　行

●英　字

分担執筆者紹介

村上　祐介（むらかみ・ゆうすけ）

・執筆章→2・3・12・13・14

1976年　愛媛県に生まれる
2004年　東京大学大学院教育学研究科総合教育科学専攻博士課程単位取得退学（2009年博士〈教育学〉の学位取得〈東京大学〉）
現在　東京大学大学院教育学研究科准教授

〈職歴〉　日本学術振興会特別研究員，愛媛大学法文学部講師，准教授，日本女子大学人間社会学部准教授を経て，2012年より現職。
〈専門分野〉　教育行政学
〈主要テーマ〉　教育行政制度の実証分析，教育行政の政治学的分析

〈主要業績〉
・単著書
『教育行政の政治学―教育委員会制度の改革と実態に関する実証的研究―』（木鐸社，2011年）
・編著書
『教育委員会改革5つのポイント』（学事出版，2014年）
・共著
『教育政策・行政の考え方』（有斐閣，2020年）
・共編著書
『新訂　教育行政と学校経営』（放送大学教育振興会，2020年）
『地方政治と教育行財政改革』（福村出版，2012年）
など

（執筆の章順）

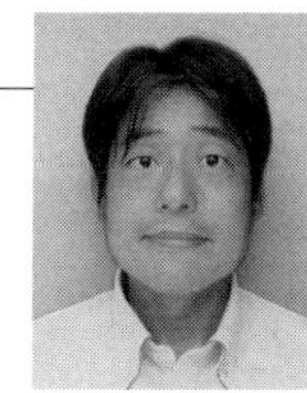

島田　桂吾（しまだ・けいご）

・執筆章→3・13

1983年　埼玉県に生まれる
2008年　東京大学大学院教育学研究科修士課程修了（教育学修士）
2012年　東京大学大学院教育学研究科博士課程（単位取得退学）
現在　静岡大学教育学部　准教授

〈職歴〉　静岡大学大学教育センター学術研究員，静岡大学教育学部講師を経て，2021年より現職。
〈専門分野〉　教育行政学，幼児教育制度学

〈主要業績〉
・共著
『教育委員会改革５つのポイント』（学事出版，2014）
・共編著書
『保育学用語辞典』（中央法規，2019）
　など

編著者紹介

青木　栄一（あおき・えいいち）

・執筆章→1・4・9・10・11

1973年　千葉県に生まれる
2002年　東京大学大学院教育学研究科総合教育科学専攻博士課程修了，博士（教育学）
現在　東北大学大学院教育学研究科教授

〈職歴〉　日本学術振興会特別研究員（PD），東京大学教育学研究科基礎学力研究開発センター拠点形成特任研究員，国立教育政策研究所教育政策・評価研究部研究員，東北大学大学院教育学研究科准教授を経て，2021年より現職。
〈専門分野〉　教育行政学，行政学，政府間関係論，公共政策論
〈主要テーマ〉　教育・科学技術の官僚制分析，教育の政府間関係，教員・官僚の労働時間とワークライフバランス

〈主要業績〉
・単著書
『文部科学省―揺らぐ日本の教育と学術―』（中央公論出版社，2021年）
『地方分権と教育行政―少人数学級編制の政策過程―』（勁草書房，2013年）
『教育行政の政府間関係』（多賀出版，2004年）
・編著書
『文部科学省の解剖』（東信堂，2019年）
『教育制度を支える教育行政』（ミネルヴァ書房，2019年）
『復旧・復興へ向かう地域と学校』（東洋経済新報社，2015年）
・共著
『地方自治論―2つの自律性のはざまで―』（有斐閣，2017年）
・監訳
『アメリカ教育例外主義の終焉―変貌する教育改革政治―』（東信堂，2021年）

川上　泰彦（かわかみ・やすひこ）

・執筆章→5・6・7・8・15

1976年　兵庫県に生まれる
2009年　東京大学大学院教育学研究科学校教育高度化専攻博士課程修了，博士（教育学）
現在　兵庫教育大学大学院学校教育研究科　教授

〈職歴〉　東京大学大学院教育学研究科基礎学力研究開発センター拠点形成特任研究員，佐賀大学文化教育学部講師，准教授，兵庫教育大学大学院学校教育研究科准教授を経て，2020年より現職。
〈専門分野〉　教育行政学，教育経営学
〈主要テーマ〉　地方教育行政，教員人事行政，学校組織における相互作用・協働

〈主要業績〉
・単著書
『公立学校の教員人事システム』（2013年，学術出版会）
・編著書
『教員の職場適応と職能形成―教員縦断調査の分析とフィードバック―』（2021年，ジアース教育新社）
・共編著書
『地方教育行政とその空間―分権改革期における教育事務所と教員人事行政の再編―』（2022年，学事出版）
・分担執筆
「教員供給の問題を教育行政学はどう分析・解題するか―労働（市場）分析とエビデンスの政治への着目―」（『今日の社会状況と教育行政学の課題（日本教育行政学会年報47)』46-64頁，2021年）
「教員の仕事の量的・質的分析」（雪丸武彦・石井拓児〔編〕『教職員の多忙化と教育行政―問題の構造と働き方改革に向けた展望―』174-188頁，福村出版，2020年）
「教職員の人事と職能成長研究の進展と今後の課題」（日本教育経営学会〔編〕『教育経営学の研究動向（現代の教育経営　第3巻)』36-47頁，学文社，2018年）

放送大学教材　1529692-1-2311（ラジオ）

改訂版　教育の行政・政治・経営

発　行　　2023年3月20日　第1刷
編著者　　青木栄一・川上泰彦
発行所　　一般財団法人　放送大学教育振興会
〒105-0001　東京都港区虎ノ門1-14-1　郵政福祉琴平ビル
電話　03（3502）2750

市販用は放送大学教材と同じ内容です。定価はカバーに表示してあります。
落丁本・乱丁本はお取り替えいたします。

Printed in Japan　ISBN978-4-595-32383-6　C1337